Pia Volk

Deutschlands schrägste Orte

Ein Fremdenführer für Einheimische

Mit Illustrationen
von Lukas Wossagk

C.H.Beck

Die ersten beiden Auflagen dieses Buches
erschienen 2021 in gebundener Form
im Verlag C.H.Beck.

1., durchgesehene Auflage in C.H.Beck Paperback. 2023

© Verlag C.H.Beck oHG, München 2021
www.chbeck.de
Umschlaggestaltung: Konstanze Berner, München
Umschlagillustrationen: © Lukas Wossagk;
Hintergrund: © Shutterstock
Satz: Janß GmbH, Pfungstadt
Druck und Bindung: Druckerei C.H.Beck, Nördlingen
Printed in Germany
ISBN 978 3 406 80664 3

myclimate
klimaneutral produziert
www.chbeck.de/nachhaltig

Inhalt

Vorwort

Dieses Buch ist in einer Zeit entstanden, in der Covid-19 nicht nur meinen Aktionsradius ziemlich einschränkt. Bis 2019 war ich als Journalistin jeden Monat irgendwo anders. Flughäfen waren mein zweites Zuhause. Ich weiß, welcher wann umgebaut wurde, wo man am besten übernachten kann, ohne in ein Hotel zu müssen, und wie viel Wartezeit man wo benötigt, um die Passkontrolle hinter sich zu bringen. Ich kann Fachgespräche über die Vorzüge des A380 führen (dem ich nachtrauere), über Sitzabstände und Entertainmentprogramme unterschiedlicher Airlines. Mein ökologischer Fußabdruck wird mich auf direktem Weg in die Hölle bringen.

Ich reise gerne, weil ich gerne Dinge lerne. Das kann man natürlich auch aus Büchern. Aber schon während meines Geographiestudiums hatte ich oft das Gefühl, dass Wissen durch mein Hirn spaziert, sich umschaut, denkt: «Ach, kein Stuhl mehr frei», und sich aus den Ohren wieder hinausschleicht. Wenn ich aber irgendwo anders bin und Menschen mir von ihrem Leben erzählen und wie sie von dem Ort geprägt wurden, an dem sie aufgewachsen sind, oder wie sie versuchen, die Gegend zu prägen, in der sie jetzt leben, dann entwickle ich ein Verständnis, das über angelesenes Wissen hinausgeht. Vor Ort habe ich keine Daten und Fakten gelernt, ich habe den Ort gespürt. Und diese Gefühle bleiben. Sie begleiten mich durch meinen Alltag und helfen mir, die Welt ein bisschen besser zu verstehen.

Ich bin oft ins Ausland gereist, weil ich dachte, da gäbe es jede

Menge mehr zu lernen und zu erfahren als in Deutschland. Vielleicht hat mich auch nur der Geschichtsunterricht in der Schule gelangweilt, mit all den Namen und Zahlen, die ich mir sowieso nie merken konnte. Für mich hießen alle Karl, Friedrich, Therese, und jeder war über achtzehn Ecken mit jedem verwandt. Manchmal half das, manchmal aber stritten sich die Familien die ganze Zeit, und irgendwann fing immer irgendjemand einen Krieg an. Deshalb stehen in Deutschland im Prinzip überall Burgen, es gibt überall Wein und Bier, und alle bestehen darauf, dass genau ihr Dialekt der schönste im Land ist …

Für einige Menschen mag Deutschland schon lange eine Wundertüte gewesen sein, aber ich bin lieber ins Flugzeug nach Honolulu oder sonstwo gestiegen. Doch die Recherche zu diesem Buch hat mir gezeigt, dass meine Sichtweise sehr einseitig war. Jetzt erwische ich mich dabei, dass mir jemand vom Outback Australiens vorschwärmt, der roten Erde und der Kargheit – du weißt es doch, du hast da mal gelebt, Pia. Und ich denke dann: Ja, stimmt, aber das findest du auch am Bahnhof Teutschenthal in Sachsen-Anhalt, wenn auch in kleinerer Form. Man muss auch nicht nach New York fliegen, um sich in den Häuserblöcken zu verirren, die alle gleich aussehen und 7th Street und 13th Avenue oder so heißen. Mannheim reicht vollkommen, da ist es dann eben D4, 11. Jaja, schon klar, die Hochhäuser fehlen, aber die hat ja Frankfurt am Main, das eine Stunde nördlich liegt. Das entspricht der Entfernung vom südwestlichsten Punkt New Yorks auf Staten Island zum nordöstlichsten in der Bronx. Zwischen Mannheim und Frankfurt liegen diverse andere Städte, die zusammengenommen jede Menge Theater und Kulturprogramm haben, ohne die strikten Alkoholgesetze der USA. Und schon richtig, die Pariser Katakomben führen einem auf eindrucksvolle Weise vor, was alles im Verborgenen unter unseren Städten liegt – aber das tut auch das Kellersystem unter Oppenheim –

minus die aufgereihten Schädel, die ja nicht unbedingt ein ansehnlicher Anblick sind.

Unser Land ist voller ungewöhnlicher Orte, und jeder lässt einen auf ganz eigene Weise staunen: Wir haben kleine Atlantisse, untergegangene Orte in Seen und an den Küsten. Wir haben Parks mit Maschinen, so groß wie Reihenhaussiedlungen und so komplex, man würde sich nicht wundern, würden sie morgen ein Eigenleben entwickeln und die Herrschaft übernehmen. Wir haben einen Baum mit Postadresse, eine aus Trümmern gebaute, illegale Kirche, einen Wanderweg über das Gelände eines Atomkraftwerks und Megalithgräber auf Europas größtem Truppenübungsplatz, bei deren Besuch man sich erst versichern muss, dass nicht geschossen wird.

Bei uns ist es viel seltsamer, als es das Klischee von Bier, Brot und Blasmusik vermuten lässt. Natürlich wusste ich das irgendwie. Aber nun habe ich dafür Belege gesammelt. Ich habe gelernt, wie grün das Ruhrgebiet ist, und mich ein bisschen in das Wendland verliebt, wo Atommüll zwischengelagert wird.

Nachdem ich über das Gelände des Atomkraftwerks Neckarwestheim gewandert bin, wollte ich nicht um das ganze Gelände herumlaufen, um zu meinem Auto zu gelangen. Deshalb habe ich mich auf der Suche nach einer Abkürzung in die Büsche geschlagen, durch ein kleines Wäldchen, habe frische Wildschweinspuren entdeckt, habe mir panikartig ein Weg zwischen den Bäumen hinaus gebahnt, nur um vor einer mit Elektrozaun gesicherten Rinderweide zu stehen. Zurück zu den Wildschweinen wollte ich nicht, also bin ich über den Zaun geklettert (Entschuldigen Sie, Herr und Frau Landwirtin!), habe versucht, möglichst unbemerkt am Rindvieh vorbei zu kommen, um auf der anderen Seite auf genau dem Feldweg zu gelangen, den ich auch erreicht hätte, hätte ich den offiziellen Weg genommen. Als ich es später einer Person aus dem Rathaus erzählte, sagte sie, es sei doch schön, dass man hier noch kleine Abenteuer erleben könne. Und ja, das stimmt, vermutlich hätte ich das in Amerika nicht probiert. Oder falls doch, hätte ich es vielleicht nicht überlebt.

Im Tropical Island, wo es Deutschlands größten Indoor-Regenwald gibt, habe ich mich mit dem hausinternen Feuerwehrmann unterhalten und mir vorgestellt, wie es wäre, wenn der Amazonas-Regenwald auch hausinterne Feuerwehrmänner hätte.

Zum Leuchtturm Arngast, zu dem normalerweise regelmäßig ein Schiff fährt, bin ich (Covid-19 hatte die Fahrten reduziert) mit einem Wattführer hingelaufen. Er sagte mir irgendwann, er habe uns ein Boot für die Rückfahrt organisiert. Ich dachte an eine kleine Schaluppe, aber dann fuhr die Fähre vor, darauf der Kapitän und eine bunte Mischung von Menschen – Kinder, Campingplatzbewohner, Leute, die zufällig am Hafen waren. Niemand von uns hatte erwartet, dass dieses Boot fahren würde, es war für alle eine Überraschung. Und weil wir auf die Flut warten mussten, haben wir auf dem Schiff gegrillt und uns des Lebens gefreut, und der Kapitän hat mir auf Karten erklärt, wie man anhand der Leuchttürme navigiert.

Deutschland war mir noch nie so fremd wie während dieser Recherche. Es war spontan, überraschend, leicht, unbeschwert, selbstironisch. Es war schön, lustig und entspannt. Ich habe jede Menge Erzählungen gehört, die so ganz und gar nicht zu den essentialistischen Vorstellungen von Tradition, deutscher Seele und Heimat passen. Schon immer gab es Ereignisse, die in Sackgassen endeten; Visionen, die im Moment ihrer Verwirklichung bereits überholt waren, und Zufälle, die zu unkonventionellen Lösungen geführt haben. Sie zeigen, dass auf dem Territorium, das man Deutschland nennt, seit jeher Menschen gelebt haben, die in irgendeiner Form einen Sprung in der Schüssel hatten, nicht in die Zeit gepasst haben oder umgekehrt, die Zeit nicht mehr zu ihren Ideen. Manchmal ist auch nur die Natur ihren eigenen Regeln gefolgt. Einige dieser Ideen, Ereignisse oder Visionen haben sich in die Landschaft eingeschrieben. Sie haben Spuren hinterlassen und über einige davon lesen Sie in diesem Buch.* Es soll dazu anregen, wieder nachzufragen: Wieso? Weshalb? Warum? Und könnte es nicht auch ganz anders sein oder gewesen sein? Es ist ein Aufruf zum Neugierigsein, dazu, ganz schamlos Menschen auf die Nerven zu gehen und am Ende den Kopf zu schütteln und zu denken: Wow! Deutschland, echt schräg.

Eine Übersichtskarte über alle Orte finden Sie unter:
https://piavolk.net/deutschlands-schraegste-orte/

---

* Wenn Sie selbst Orte kennen, die ungewöhnlich, seltsam oder verschroben sind, mailen Sie mir: wow@piavolk.net

Obskure Objekte

Bräutigamseiche

54° 08′ 10.6″ nördlicher Breite; 10° 33′ 20.5″ östlicher Länge

Im Dodauer Forst in Schleswig-Holstein steht eine alte, knorrige Eiche. Sie sieht aus wie aus einem Märchenfilm. Sie hat einen massigen Stamm und eine große, in die Höhe strebende Krone, die an eine aufsteigende Wolke erinnert. Ein Ast ist abgestorben, man erkennt die verharzte ovale Narbe am Baum. Wenn man genau schaut, sieht man, dass die obere Krone mit Drahtseilen stabilisiert wurde. Um sie herum wachsen gertenschlanke Kiefern und Fichten, neben ebenso gradlinigen Buchen. Die alte Eiche ist besonders. Nicht nur ihres Wuchses wegen. Auch, weil sie eine eigene Adresse hat: Bräutigamseiche, Dodauer Forst, 23701 Eutin. Menschen auf der Suche nach der großen Liebe schreiben an die Eiche. Im Grunde fand hier Online-Dating statt, lange bevor man wusste, was das Internet überhaupt ist. Denn die Eiche konnte Geheimnisse für sich behalten. Nur wer wusste, wo er zu suchen hatte, fand sie.

Wo diese Geschichte beginnt, lässt sich nur annähernd rekonstruieren. Es spielen mit: ein Mann, eine Frau, ein Baum und Menschen, die noch keine Vorabendserien oder Netflix schauen, sondern sich die Geschichten dazu selbst ausdenken. Am Ende des 19. Jahrhunderts betreibt die Frau des Försters, Magda Witt, im Dodauer Forst ein Café. Ob sie dafür überhaupt eine Lizenz hatte, weiß heute niemand mehr. Aber die wunderbaren Lauben, in denen man dort sitzen konnte, und die leckeren, selbstgebackenen Kuchen sorgten dafür, dass selbst aus dem fernen Hamburg Menschen anreisten, um hier die lauen Sommernachmittage zu verbringen. In den umliegenden Ortschaften ließ man die Pferde anspannen, um am Sonnabend oder Sonntag dort einzukehren.

Ganz in der Nähe des Cafés steht die knorrige Eiche. Dort, so erzählten sich die Gäste, habe Minna Ohrt, die Tochter des vorherigen Försters, Briefe für ihren Geliebten hinterlassen. Dieser war Carl August Wilhelm Schütte-Felsche, den alle nur Willy nannten, Sohn des Leipziger Fabrikanten Adolphe Schütte-Felsche. Der Vater leitete gemeinsam mit seiner Frau Johanna in Leipzig ein Schokoladenimperium, in das 1886 der ältere Sohn Oskar Wilhelm Adolph, zwei Jahre später Willy selbst eingestiegen war. Es gibt Schokoladenpapiere, auf denen der Dodauer Forst abgebildet ist. Heimlich sollen sich die beiden Briefe geschrieben haben und im Astloch der alten Eiche hinterlegt haben – so lange, bis der Förster letztendlich von der Verbindung überzeugt war und in die Heirat einwilligte. Nur, sagen die Nach-

Obskure Objekte

kommen der Familie Schütte-Felsche, stimmt diese Geschichte nicht.

Willys Großvater väterlicherseits hatte eine Halbschwester, die mit dem Förster Ohrt in Eutin verheiratet war. Auf einem der vielen Familienfeste in Eutin begegneten sich deren Tochter Minna Ohrt und Willy Schütte-Felsche. Sie verliebten sich und heirateten 1891. Das Fest sollte eigentlich im Forsthaus stattfinden, aber weil das Wetter so schön war, verlegten sie es an die alte Eiche. Es gibt dieses eine Foto der Hochzeitsgesellschaft. Minna und Willy stehen vor der alten Eiche. Ihre Krone ist noch ausladender, der fehlende Ast noch stabil und kräftig. Um sie herum versammeln sich rund dreißig Menschen, alle haben den ernsten Blick, den man damals noch auf Fotos hatte, weil man sehr lange unbeweglich stehen musste, damit das Bild nicht verwackelte. Minna trägt ein ausladendes weißes Kleid, einen Hochzeitsstrauß in der linken Hand, der eher nachlässig nach unten hängt. Mit dem rechten Arm hat sie sich bei Willy eingehängt, der eine Kopfbedeckung zwischen den Fingern klemmen hat. Er sieht stolz aus, sie wirkt etwas angespannt. Ob es der glücklichste Tag ihres Lebens ist, kann man zumindest nicht an ihren Gesichtern ablesen.

Die Nachkommen der Schütte-Felsches sagen heute, die Geschichte über die heimliche Liebe und die Briefe seien mehr der Fantasie als der Realität entsprungen, Beweise existieren nicht. Was man aber weiß, ist, dass die Sommergäste in Eutin sich die Geschichte von der Eiche, die Menschen zusammenbringt, erzählten. Man taufte sie Bräutigamseiche. Warum es nicht Brauteiche oder Liebeseiche geworden ist, weiß niemand. Jene, die sich einen Partner wünschten, hinterließen ihre sehnsuchtsvollen Briefe, in der Hoffnung, dass sie jemand fand, der einen ähnlichen Wunsch hegte. Seit 1927 wird die Eiche offiziell von der Post bedient. Seit 1993 hat sie eine eigene Postleitzahl.

Obskure Objekte

Mittlerweile weiß man von mindestens dreizehn Paaren, die sich durch die Eiche gefunden haben. Es ist eine Art virales Marketing, bei dem eine fiktive Idee ihr eigenes Leben entwickelt und Realität wird. Die Bräutigamseiche trägt ihren Namen zu Recht, nur eben wahrscheinlich nicht aufgrund von Willy Schütte und Minna Ohrt.

Noch heute kann man in das Astloch greifen und Briefe finden. Ein 42-jähriger Mann sucht eine Frau, die mit ihm Motorrad fährt. Seinen Brief hat er getippt und Fotos von sich dazugelegt. Eine 76 Jahre alte Dame hat eine Postkarte geschrieben, eine Landschaft ist darauf. Die Handschrift ist zittrig und sieht aus, als habe sie mal Sütterlin gelernt. Ihr Wunsch ist so einfach und doch so herzergreifend: Sie wünscht sich jemanden, der bleibt.

Haus des Karl Junker, Lemgo

52° 01′ 33.7″ nördlicher Breite; 8° 55′ 03.1″ östlicher Länge

Was treibt einen Künstler an? Warum leben manche von ihnen in Saus und Braus in Berlin, London und New York? Andere ziehen sich in die Einöde zurück und schaffen monumentale Werke. Manche davon kann man aus genau diesem Grund nicht übersehen: Sie sind zu groß, um ignoriert zu werden. Über alles andere lässt sich streiten. In Lemgo, 80 Kilometer südwestlich von Hannover, steht ein solches Werk. Es ist ein quadratisches Holzhaus, das über und über mit Ornamenten versehen ist. Stellt man die Augen etwas unscharf, könnte man sich einbilden, dass es einst von dicken Reben überwuchert war, die es dann gesprengt hat. Zurück blieben armdicke Holzstücke, die sich über, um und durch das Haus ziehen. Doch tatsächlich ist das Haus nicht verhext, in ihm hat der Mann gelebt, der es erschaffen hat: Karl Junker.

Im Grunde weiß man über ihn so gut wie nichts. Er wurde am 30. August 1850 in Lemgo geboren. Seine Mutter starb, als er knapp drei Jahre alt war, ein Jahr später auch sein Bruder. Als er sieben ist, folgte den beiden der Vater. Alle drei raffte die Tuberkulose hin. Der Großvater wurde der Vormund. Alleinerziehende Väter waren damals mehr als ungewöhnlich, geschweige denn alleinerziehende Großväter. Die Großmutter war bereits 14 Jahre vor Junkers Geburt verstorben. Man weiß nicht, wer sich um Junker in diesen jungen Jahren gekümmert hat, ob es tatsächlich der Großvater war oder Nachbarn, der Pfarrer oder sonst wer. Es gibt nur wenige gesicherte Daten über ihn. Er lernte Tischler und ging auf Wanderschaft: Berlin, Hamburg, München, Italien. In München schrieb er sich in der Akademie der Künste in der Naturklasse ein. In der Casa Baldi in Olevano Romano bezeichnete er sich selbst als Maler aus München. In den 1880er Jahren kehrte er nach Lemgo für einen Auftrag zurück, kurze Zeit später zieht er wieder dorthin und beginnt mit fast 40 Jahren den Bau des Hauses, in dem er 22 Jahre lang leben, malen, schnitzen, kochen, schlafen, leben, aber nicht lieben wird, bis er am 25. Januar 1912 an den Folgen einer Lungenentzündung stirbt.

Das Haus sieht von außen etwas verschroben aus, eine Mischung aus Fachwerkhaus und Gruselkabinett. Als habe sich jemand bemüht, etwas Freundliches, Schönes zu bauen, aber in jedem Stück spiegelt sich seine düstere Seele. Junker hatte das Geld zum Bau des Hauses vom Großvater geerbt, und tatsächlich war das Unterfangen keine impulsive, spontane Aktion, sondern das Ergebnis detaillierter Planung. Sogar ein Modell des Hauses hat er vorab geschnitzt. Als er es realisierte, bemalte er all die hölzernen Elemente in Rot, Blau, Ocker und Grün, die er stellenweise mit metallisch glänzendem Lack überzog. Man fragt sich, ob es nicht noch anstrengender gewesen ist, in dieser überbordenden Buntheit zu leben als in der Düsterheit, die das Innere heute ausstrahlt. An einigen Stellen kann man die Farbtöne noch erahnen, aber überwiegend steht man vor dunklem Holz, das grob behauen und geschnitzt wurde. Holz hat eine eigene Ausstrahlung, es ist wuchtig, nimmt Räume ein, an einigen der Möbelstücke und Ornamente erkennt man noch die Kerben, die das Schnitzmesser hinterlassen hat. Wie mögen nur seine Hände ausgesehen haben?

Das Haus von Karl Junker ist maßlos, in einfach allem: dem Holz, den Ornamenten, den Farben, der Größe. Junker lebte alleine hier, hatte aber Schlafzimmer, Kinderzimmer, Arbeitszimmer, Salon, Küche. Ein Haus für eine Familie, er indes lebte in einer Kammer unterm Dach. Das Treppenhaus ist vertäfelt, und über der Vertäfelung laufen Ornamente und Holzstücke, die miteinander verbunden sind. Man fühlt sich wie in einem düsteren, rosenüberwucherten Gang irgendwo in einem verwunschenen Wald. Im gesamten Haus verteilt findet man christliche Szenen und germanische Symbole. Um was ist es ihm gegangen? Lässt sich aus diesem Werk wirklich auf etwas schließen? Die Menschen in Lemgo haben ihn für einen exzentrischen Eigenbrötler gehalten, der oft grimmig dreinsah, aber vor allem zu Kindern sehr nett war. Gegen Eintritt führte er Menschen durch sein Haus. Eine Zeit lang ließ er sich Mittagessen kochen. Aber hauptsächlich arbeitete er an seinen Ideen, dem Haus, den Möbeln, Einbauten, Architekturmodellen, Bildern.

Nachdem er gestorben war, hat sich 90 Jahre lang niemand so richtig um das Haus gekümmert. Die Nachbarn hatten den Schlüssel und gaben ihn gegen Eintritt zur Besichtigung heraus. Alte Menschen aus Lemgo erinnern sich, wie sie als Kinder im Haus herumgeturnt sind, einem Abenteuerspielplatz gleich, ihre

Obskure Objekte

Namen in das Holz geritzt und gekritzelt haben. 1962 hat die Stadt das Haus gekauft und 2004 saniert. So dass nun jeder hindurchstreifen und sich darüber wundern kann, über dieses Werk, das sich keinem Stil zuordnen lässt, über den Künstler, über den man fast nichts weiß, und über die Schönheit, die diesem Mysterium innewohnt.

Frankfurter Küche in der Siedlung Römerstadt

50° 09′ 05.8″ nördlicher Breite; 8° 37′ 52.0″ östlicher Länge

Es gibt Dinge in unserem Alltag, die wir nicht hinterfragen: Warum sieht ein Stuhl aus, wie er eben aussieht? Wer hat die Form einer Toilettenschüssel entwickelt? Wieso ist in Küchen der Mülleimer meist unter der Spüle? Ist eben praktisch, könnte man sagen, wie eben so eine ganze Küche praktisch ist. Nur war das nicht immer so. Wie man eine Küche ideal einrichtet, darüber hat zum ersten Mal Margarete Schütte-Lihotzky in den 1920er Jahren nachgedacht. Der Frankfurter Stadtbaurat und Planungsdezernent Ernst May hatte sie beauftragt. Er plante, innerhalb von fünf Jahren 5000 Wohnungen «für das Existenzminimum» zu bauen, Sozialbauten würde man heute sagen. Aber statt sie möglichst kostengünstig schnell hochzuziehen, hat Ernst May minutiös geplant und planen lassen. Das macht die zehn Siedlungen, die zwischen 1926 und 1936 in verschiedenen Stadtteilen Frankfurts wie ein Kranz um das Zentrum herum entstanden sind, so ungewöhnlich.

Zehn Prozent aller Wohnungen ließ Ernst May in der Siedlung Römerstadt im Stadtteil Heddernheim errichten, rund acht Kilometer nördlich des Zentrums: 1220 Wohnungen, davon 663 Einfamilienhäuser. Als die Siedlung 1928 fertig wurde, war sie die erste vollelektrifizierte Siedlung Deutschlands. Geplant war, dass der Mietpreis 25 Prozent eines Arbeitereinkommens nicht übersteigen sollte, allerdings waren es später 37 Prozent, weshalb im Wesentlichen Angestellte die Ein- und Mehrfamilienhäuser bezogen.

Wandert man heute aufmerksam durch die Straßen der Siedlung Römerstadt, begreift man schnell die Struktur: An den Straßenenden stehen jeweils dreistöckige Gebäude, die ursprünglich in einem Rotton gestrichen waren, einige sind es auch heute noch. Dahinter beginnt die Reihe mit sich gegenüberliegenden zweistöckigen Reihenhäusern. Nach hinten hinaus haben alle einen eigenen Garten. Auch entlang der Gartenwege kann man spazieren. Dort sieht man manchmal Schilder: «Wir schneiden unsere Hecken selbst». Seit 1972 steht das Ensemble unter Denkmalschutz, es unterliegt daher Auflagen: Hecken dürfen nicht höher als 80 Zentimeter sein. Regelmäßig lässt die Wohnungsbaugesellschaft sie kürzen.

An anderen Stellen ist man dabei, den alten Zustand möglichst wiederherzustellen. Ernst May hatte Fenster mit blauen Rahmen einbauen lassen, seine Türen hatten ein Glasfenster und darunter ein zweites, das man einer Durchreiche gleich öffnen konnte. Die Fronten der Häuser, die nach Südosten ausgerichtet sind, waren weiß gestrichen, um das Licht zu reflektieren, und hatten einen Vorgarten. Jene, die mehr Schatten hatten, waren in einem dunkleren Beige gestrichen mit einem kurzen ummauerten Eingangsbereich. Ernst May baute im Stil der Neuen Sachlichkeit – klar, nüchtern und reduziert, monoton und anonym ist es hier trotzdem nicht.

Hinter jedem Detail in seinen Siedlungen steckten eine Idee und eine Vision. Er plante minutiös, weil er geprägt war von den Mietskasernen vom Anfang des 20. Jahrhunderts, die eng und

Obskure Objekte

lichtlos waren und in denen sich Krankheiten schnell ausbreiteten. In ihren Küchen kochten Menschen nicht nur, sondern wuschen sich und ihre Wäsche, hängten sie darin auf, und meistens schlief dort auch mindestens ein Familienmitglied. Dazu kamen die Nachwirkungen des Ersten Weltkriegs, in dem mehrere tausend Menschen in der Stadt Frankfurt, in der Ernst May auch aufgewachsen war, verhungert waren. Die Gärten waren deshalb nicht Ort der Erholung, sondern dienten der Versorgung. May stellte für sie sogar einen Bepflanzungsplan auf. Für die Menschen in den Mehrfamilienhäusern ließ er eine Kleingartenanlage errichten. Was er nicht einkalkulierte – einfach, weil er es nicht voraussehen konnte –, war, wie schnell Autos zum Massenprodukt werden sollten. Keines der Häuser hat eine Garage. Als die ersten Menschen dort einzogen, fuhren Busse im Drei-Minuten-Takt in Richtung Zentrum. Heute parken Autos eng an eng auf den Straßen.

Alle von ihm erbauten städtischen Wohnungen hatten mehrere Besonderheiten. Neben dem eigenen Garten für jede Familie und der Elektrifizierung gab es auch Warmwasser. Im Bad hing ein Boiler, der nachts aufheizte, so dass man tagsüber fließend warmes Wasser hatte, auch das war in der Zwischenkriegszeit ungewöhnlich. Standard wurde Warmwasser erst Ende der 1950er Jahre in Deutschland.

Am ungewöhnlichsten aber war, dass alle Wohnungen mit einer Küche ausgestattet waren. Es war sozusagen die erste Serieneinbauküche der Welt. Wie sie damals aussah, kann man heute im Haus der Ernst-May-Gesellschaft sehen. Sie hat eines der Häuser angemietet und in seinen ursprünglichen Zustand zurückgebaut. Sechseinhalb Quadratmeter groß ist die Küche: 3,44 mal 1,87 Meter. Um herauszufinden, wie man bequem kochen und agieren kann, hat die Architektin Margarete Schütte-Lihotzky sich in Mitropa-Speisewagen umgesehen. Inspiriert von dem Buch

Obskure Objekte

«The New Housekeeping. Efficiency Studies in Home Management», hat sie ausgemessen, wie lang welche Wege sind. Sie hat aufgelistet, welche Tätigkeiten wie ausgeführt werden. Im Grunde hat sie die Ideen der Arbeitsteilung, die Frederick Winslow Taylor sich ausgedacht und Henry Ford an den Fließbändern seiner Autofabriken streberhaft umgesetzt hat, auf die Küchenarbeit angewandt. Mit dem Ergebnis, dass eine Frau in ihrer Küche nur 8 Meter für den Weg vom Schrank, zur Arbeitsfläche, zum Herd und Esstisch zurücklegen musste, während es in einer Standardküche der damaligen Zeit 19 Meter waren.

Schütte-Lihotzky konzipierte das Nebeneinander von Spülwasser, Klarwasser und Abtropfgestell. Jeder noch so kleine Bereich wurde in einen Schrank umgewandelt, wie jener über der Tür zum Wohnraum, oder der schmale Raum neben der Tür, der zu einem Besenschrank wurde. Unter der Anrichte installierte sie Abstellflächen, die man herausziehen konnte, um die Anrichte zu vergrößern. Damit man beim Kochen Mehl, Salz und andere Zutaten nicht umständlich aus Vorratsgläsern holen musste, nutzte sie das System der Schütten. Sie wurden aus Aluminium, einem Rohstoff ohne viel Eigengewicht, gefertigt, bis auf jene für Salz und Mehl. Die Salzschütte bestand aus wasseraufsaugendem Kiefernholz, jene für Mehl aus Eiche, dessen Gerbstoffe den Mehlkäfer fernhielten. Der Herd war elektrisch – ein absolutes Novum, von dem Ernst May sich nicht sicher war, wie es angenommen werden würde. Deshalb hat er Öfen installieren lassen, die man sowohl mit Kohle als auch mit Strom betreiben konnte. Er antizipierte die Sorgen der Bewohner und integrierte Lösungen in seine Konzepte. Ein Bügelbrett ließ sich von einer Wand herunterklappen und am Herd ablegen, wo das Bügeleisen erhitzt oder eingestöpselt werden konnte. Die Küchen strich man in Blau- und Grüntönen, weil man herausgefunden hatte, dass sich Fliegen nicht gerne auf solche Oberflächen setzen.

Obskure Objekte

Die Bewohner Frankfurts waren anfangs skeptisch gegenüber den neuen Siedlungen und ihrer Ausstattung. Deshalb organisierte im Frühjahr 1927 das Frankfurter Hochbauamt eine Ausstellung über «Die neue Wohnung und ihren Innenausbau». Ein Teil davon war verschiedenen Küchentypen für unterschiedliche Haushaltsgrößen gewidmet, gefertigt aus unterschiedlichen Materialien und als Bonus die Speisewagenküche. Es bestand so viel Interesse, dass anschließend eine Beratungsstelle für rationelle Kücheneinrichtungen am Hochbauamt eingerichtet wurde.

«Jede denkende Frau muss die Rückständigkeit bisheriger Haushaltsführung empfinden und darin schwerste Hemmung eigener Entwicklung und somit auch der Entwicklung ihrer Familie erkennen», schrieb Margarete Schütte-Lihotzky 1927 in einer Schrift für die Reichsforschungsanstalt über die von ihr entwickelte Küche. Dabei vergaß sie, dass für viele Menschen die Küche nicht nur Ort notwendiger Hausarbeit war, sondern auch Lebensmittelpunkt. Kinder liefen umher, Großmutter und Mutter standen nebeneinander und kochten gemeinsam, während die Nachbarin den neuesten Klatsch erzählte. Schütte-Lihotzkys Küche aber entbehrte jeglicher sozialer Elemente: Sie war nicht gemütlich und so unflexibel, dass man sie auch nicht gemütlich machen konnte. Aus dem lebendigen Treffpunkt war ein Haushaltsfließband geworden, das auf Schritt- und Grifferparnis auf minimalem Raum getrimmt worden war. Aber die verstaubte Gemütlichkeit aus Großmutters Zeiten stellten die Menschen anderweitig her. Ernst May hatte die Häuser für ein minimalistisches, fast spartanisches Möbeldesign entworfen. Nur die Wände waren tapeziert. Die Menschen aber zogen mit ihren massiven Schrankwänden und Polstergarnituren in die 86 Quadratmeter großen Viereinhalbzimmer-Wohnungen ein.

Nach der Weltwirtschaftskrise 1930 ging Ernst May in die

Obskure Objekte

Sowjetunion. Bis dahin hatte er nicht die geplanten 5000 Wohnungen gebaut, sondern 10 000. Sie waren bezugsfertig oder bereits bezogen, weitere 2000 waren im Bau. Die Frankfurter Küche war so erfolgreich, dass der französische Arbeitsminister sie in 260 000 Wohnungen einbauen lassen wollte. Sie wurde von den Amerikanern und den Schweden aufgegriffen, von wo aus sie in den 1950er Jahren, während des Wirtschaftswunders, in die deutschen Häuser und Wohnungen zurückkehrte.

Nonnenchor im Kloster Wienhausen

52° 34′ 50.2″ nördlicher Breite; 10° 11′ 07.1″ östlicher Länge

Wenn ich meine Hosen- oder Jackentasche ausleere, finden sich darin Taschentücher, Einkaufszettel, ein Plastikstöpsel von Kopfhörern, Kaugummis, ein Lippenfettstift, ein Taschenmesser, Tampons, ein paar Münzen, eine Einkaufswagenmarke, Krümel, von denen ich mich frage, wie sie da überhaupt hineinkommen. Schlüssel, Bonussammelkarten, Ohrringe (oder Teile davon), Anstecker, Aufkleber, Sonnenbrille, herausgerissene Sudokus, der Zettel eines Glückskekses. Manchmal auch Notizen, die ich mir gemacht habe. Immer mal wieder fällt mir etwas davon aus der Tasche, ohne dass es mir in der Regel auffällt. Und wenn ich doch einmal etwas vermisse, so finde ich es nicht wieder, weil ich mich kreuz und quer durch die Welt bewege.

Bei den Frauen, die über Jahrhunderte im Kloster Wienhausen gelebt haben – erst Nonnen, seit der Reformation evangelische Stiftsdamen –, war das anders. Was ihnen seit dem 14. Jahrhundert aus den Taschen ihrer Tracht gefallen ist, hat

sich unter dem Fußboden im Nonnenchor des Klosters angesammelt.

Das Kloster Wienhausen wurde um 1230 von Agnes von
Landsberg gegründet. Es war eine Zeit, in der überall Männer
zwischen den Menschen und Gott vermittelten: Beichtväter,
Laienpröpste, Prediger. In dieser Zeit der intensiven religiösen
Suche begannen Frauen Klöster zu gründen. Ende des 14. Jahrhunderts wird es über 300 von ihnen geben. Wienhausen ist
eines davon.

Warum gingen Frauen zu jener Zeit ins Kloster? Was veran-
lasste sie dazu? Zum einen wurden Kinder bereits im Grund-
schulalter ins Kloster gegeben. Nicht sie, sondern ihre Familien
entschieden darüber. Andererseits kann man bei Frauen, wie
auch bei Männern, die Mönche werden, annehmen, sie haben
ein genuines Interesse an Gott. Ansonsten hätten sie auch un-
verheiratet im Haushalt von Geschwistern leben können. Für
andere wiederum mag bei der Entscheidung das Schicksal ihrer
Schwestern eine Rolle gespielt haben, die hart arbeiten mussten
und nach Geburt des weiß-Gott-wievielten Kindes starben.

Innerhalb des klösterlichen Gemäuers normierte das Gebet
den Tag. Es teilte ihn in Untereinheiten, zwischen denen es Pha-
sen des Lesens, Arbeitens, Essens und auch der (kurzen) Freizeit
gab. Der Ort, an dem die Frauen sich zum Gebet trafen, war der
Altarraum, auch Chor genannt. Der Nonnenchor in Wienhausen
ist ein rechteckiger Saal in der ersten Etage des Klosters. Seine
Wände und die Decke sind über und über mit Bibelszenen bemalt. Diese Farbigkeit ist einmalig diesseits der Alpen. Viele der
Szenen kennt man, aber wer genau hinschaut, dem fällt auf, dass
neben Noah in seiner Arche nicht nur seine Söhne sitzen, sondern auch seine Tochter. Sie wird auf anderen Bildern gerne vergessen. Auf der Darstellung des Sündenfalls sind natürlich Adam
und Eva, Schlange und Äpfel zu sehen. Allerdings hat Eva nur

einen Apfel in der Hand, Adam aber zwei. Man kann das als Andeutung sehen, dass er vielleicht nicht ganz so unschuldig war wie kolportiert. Auf dem umlaufenden Fries werden nicht nur Taten der Märtyrer gezeigt, auch die Märtyrerinnen bekommen ihren Platz. Für uns sind das minimale Variationen, aber früher kannten die Menschen die Geschichten der Bibel besser als wir, und ihnen dürften sie sofort aufgefallen sein. Die Darstellungen zeigen, dass die Nonnen den biblischen Frauen eine Bedeutung zurückgaben, die sie vorher selten bekommen hatten. Das als feministisch zu bezeichnen, wäre vielleicht übertrieben, aber zumindest werden in der Bemalung des Nonnenchors Frauen sichtbar gemacht. Das ist ein erster Schritt in Richtung Emanzipation, vor allem angesichts der Tatsache, dass Frauen um 1335, als der Nonnenchor bemalt wurde, ausschließlich als diejenigen gesehen werden, die dafür Schuld trugen, dass die Menschen den Garten Eden verlassen mussten.

Unterhalb dieser überwältigenden Malereien verlaufen direkt an der Wand zwei fest installierte Klappstuhlreihen mit insgesamt 89 Chorstühlen. Nur die Äbtissin saß auf einem fast wie ein Thron anmutenden hölzernen Sessel. Die anderen Stühle sind von der Form, wie man sie vielleicht aus dem Hörsaal oder dem Kino kennt, nur eben aus Holz. Von ihnen leitet sich das Sprichwort ab, man solle bitte die Klappe halten. Die Stühle machten Geräusche, wenn frau aufstand, und frau musste die Klappe halten, um sich möglichst leise zu erheben. Vermutlich waren selten alle besetzt.

Unter den Stühlen im gesamten Nonnenchor sind breite Eichenbohlen verlegt. Viele hundert Füße haben Kuhlen in das Holz hineingeschliffen. Über die Jahrhunderte hat es gearbeitet, hat sich zusammengezogen. Dabei haben sich Spalten so breit wie Briefkastenschlitze geöffnet, in denen die Dinge verschwunden sind, die den Nonnen aus den Taschen gefallen sind. Manche wurden vielleicht sogar absichtlich dort hineingesteckt. Als man 1952 die Bohlen anhob, weil man elektrische Leitungen verlegen wollte, hat man, begraben in dickem Staub, über 1000 Gegenstände gefunden. Bis heute hat man den Fund keiner wissenschaftlichen Gesamtschau unterzogen, sondern Forscher haben immer wieder hie und da einige Objekte und Schriftstücke herausgepickt und analysiert.

Während man im Nonnenchor steht, versucht man, sich das Leben vorzustellen, das die Frauen hier geführt haben, räumlich isoliert, aber geistig privilegiert. Die Funde geben einige Hinweise darauf. Natürlich sind darunter viele Dinge, die so alltäglich waren wie meine Einkaufszettel: Liedtexte und Gebetszettel in Latein und Niederdeutsch verfasst, Fragmente liturgischer Handschriften, Texte von niederdeutschen Osterspielen. Es sind die Dinge, von denen man erwartet, dass sie gläubige Frauen mit in einen Chor bringen.

Andererseits fand man auch Ungewöhnliches: verknotete Fäden oder Stoffstreifen, verschnürte Zweige und Eierschalen. Wie passt das zum Christentum, und vor allem, wieso hat jemand Eierschalen und Zweige in der Tasche? Eine Interpretation ist, dass beides als eine Art Lebens- und Fruchtbarkeitszauber in die Ritzen gesteckt wurde. Das Ei als Symbol kennen wir von Ostern her. Die Menschen im Mittelalter glaubten nicht einzig und allein an den christlichen Gott und seine Lehre. Die Wissenschaft entwickelte sich zwar seit dem 12. Jahrhundert, aber die Erkenntnisse kamen in kleinen Dosen. Es gab lange Zeit viele Dinge, die unerklärlich waren und blieben. Man schrieb deshalb allen möglichen Dingen und Menschen übernatürliche Kräfte zu. Unter dem Nonnenchor fand man auch ein in Stoff gekleidetes Wurzelmännchen in einer kleinen Schachtel. Im 15. Jahrhundert glaubte man, dass diese Alraunen ihrer Besitzerin Glück und Reichtum brachten; allerdings musste sie sich vor dem Tod

Obskure Objekte

von ihnen trennen, sonst nahmen sie ihr ihre Seele. Am sichersten davor war man, wenn man die Alraunen an einem heiligen Ort loswurde – wie unter dem Chorgestühl.

Zu diesem Sammelsurium an Spiritualität kommen Funde, die religiös, aber nicht alltäglich sind, wie Andachtsbilder und Pilgerzeichen. Letztere waren so etwas wie die Anstecker des Mittelalters: kleine Plaketten aus einer Blei-Zinn-Legierung, die mit farbigem Papier oder Pergament versehen waren. Man kaufte sie, wenn man auf Pilgerfahrt ging, und nähte sie sich an die Kleidung. In Wienhausen fand man Pilgerzeichen aus Magdeburg, Wilsnack, Nikolausberg, Trier, Maastricht und Einsiedeln. Sie wurden von Pilgern mitgebracht; wie sie von ihnen zu den Nonnen und in den Chor kamen, wissen wir nicht. Aber es zeigt, dass die Frauen in irgendeiner Form Kontakte hatten, die sie den Klausurregelungen zufolge nicht hätten haben dürfen – aber zwischen Theorie und Praxis klaffte schon damals eine Lücke.

Man fand in den Ritzen auch lateinische Lektionen auf kleinen Fetzen Papier. Sie stammen aus dem Unterricht, den die Schwestern Schülerinnen erteilten. Im Kloster wurde auf Latein gebetet. Damit die Mädchen, die oft im Alter von sechs bis sieben Jahren kamen, mitbeten konnten, mussten sie Latein lesen (und oft auch schreiben) lernen. Zusätzlich hatten sie Unterricht in Rechnen und Gesang. Das war keine Selbstverständlichkeit, eine einheitlich verpflichtende Schulbildung existierte damals nicht. Auch deshalb gaben viele wohlhabende Familien ihre Töchter in die Hände der Nonnen. Einige Prinzessinnen aus dem Hause der Welfen sind in Wienhausen erzogen und ausgebildet worden. Es waren die einzigen Mädchen, die das Kloster auch wieder verlassen haben. Mindestens fünf Jahre dauerte die Ausbildung an der Klosterschule, oft länger.

Wie wichtig das Lesen war, zeigen die Brillen, die man unter

Obskure Objekte

dem Gestühl gefunden hat. Für viele waren sie der aufsehenerregendste Fund. Sie waren ausschließlich für Weitsichtige mit Gläsern zwischen +2,25 und +3,75 Dioptrien und aus hartem, dicht gemasertem Buchsbaum gefertigt. Sie bestanden aus zwei gleichen Teilen, die im Grunde wie ein eingefasstes Glas mit einem Stiel aussahen. Die beiden Stiele nietete man zusammen. Ohrenbügel kannte man damals noch nicht, man musste die Brillen auf der Nase festklemmen. Allerdings splitterte das Holz leicht, wenn man die Nut zu fest anzog. Es war ein fragiles Unterfangen, eine Brille auf dem Nasenrücken zu halten. In einer jüngeren Version ist der Stiel schon leicht gekrümmt. Daraus entwickelte sich der Steg, den wir von heutigen Brillen kennen. Insbesondere mit zunehmendem Alter dürfte es vielen Trägerinnen einer solchen Brille schwergefallen sein, Schriften zu entziffern. Dabei spielten nicht nur die Liederbücher und Gebete eine Rolle, die konnte man nach einigen Jahren vermutlich ohnehin auswendig, sondern vor allem die Notizen, Zettel und Nachrichten, die den Alltag bestimmten. Auch davon erzählt der Fund im Nonnenchor.

Im Staub entdeckte man Verwaltungsnotizen und einen Brotbestellzettel, Äquivalent zu meinem Einkaufzettel und den Bonussammelkarten. Zum Kloster gehörten Güter und Ländereien, die Äbtissinnen waren Lehens- und Leibherrinnen. Als Bischof Konrad II. 1233 das Kloster bestätigte, übertrug er ihm die dort gelegene Kirche mit zugehörigem Grundbesitz. Im ältesten Güterverzeichnis werden Zehnteinkünfte aus 45 Ortschaften und Zinseinnahmen aus 57 Dörfern aufgelistet. Dazu passt auch das Notizbuch einer Äbtissin, das als Rechnungsbuch fungierte und auflistete, wie viel Geld für Papier, Kräuter, Bücher, Leder, Stoffe und dergleichen ausgegeben wurde. Im Grunde war ein Kloster ein straff organisiertes Wirtschaftsunternehmen.

Die Nonnen selbst trugen auch zum Unterhalt des Klosters

bei – und das mitunter auch dort, wo dies theoretisch nicht erlaubt war: im Nonnenchor. Unter den Bohlen fanden sich Brettchen zur Bandweberei, Spindeln, Wachsschreibtäfelchen mit Griffeln aus Elfenbein, Schriftmuster und Ornamentschablonen sowie unvollständige Stickereien. Die Funde belegen, dass die Nonnen im Chor Handarbeiten nachgingen, was während der kanonischen Stunden allerdings verboten war. Vermutlich haben die Nonnen außerhalb dieser Zeiten hier gearbeitet, weil das Licht besonders gut war. Auch die Brillen und die Lateinlektionen deuten darauf hin, dass der Nonnenchor nicht nur als Chor im strikten Sinne genutzt wurde.

Fehlanzeige sind persönliche Gegenstände oder besser: Dinge von Bedeutung. Vermutlich hatten einige der Fundstücke persönlichen Wert, nur dass wir das nicht erkennen. Wer in hundert Jahren den Inhalt meiner Taschen untersuchen würde, könnte nie wissen, dass ich den Zettel des Glückskekses mit mir herumschleppe, weil er mich an einen geliebten Menschen erinnert. Wären diese Historiker männlich, würden sie den Tampon vielleicht für ein Instrument zum Stoppen von Nasenblutungen halten. Man weiß das nicht. Aber viele unserer Vorstellungen sind davon geprägt, dass es lange Zeit Männer waren, die als Historiker die alten Schriften und Bräuche interpretierten. Und deren Vorstellung von den Bedürfnissen, Gefühlen und dem Alltag von Frauen ist eben mitunter recht wenig differenziert oder gar nicht vorhanden.

Viele der Funde kann man heute in dem kleinen, dem Kloster angeschlossenen Museum sehen. Sie zeigen vor allem, dass man sich das Kloster nicht als abgeschiedene, isolierte Einheit vorstellen sollte: Es bestand Kontakt zu Dörfern und Bauern, zu Pilgern und zu den eigenen Familien. Oft traten auch Familienmitglieder gemeinsam ins Kloster ein: Schwestern, Tanten, Nichten. Die weltlichen Beziehungen der Familie wurden mit in den Konvent genommen. Man fand ein Briefchen einer Schwester an eine andere mit den Worten: «Mit einem Dankschreiben für fünf Schilling». Klöster unterhielten Waisenhäuser und Hospize, in Wienhausen gab es eine Art Krankenzimmer. Auch Rezepte gegen Kopf- oder Bauchschmerzen sowie veterinärmedizinische Anweisungen, um das Vieh des Klosterhofs zu heilen, fanden sich unter den Bohlen. Eine davon besagt, man möge einen Fuchs fangen, ihn kochen und den Schweinen geben. Man stelle sich das vor: eine Nonne auf der Jagd. Aber ja, auch das hat es gegeben.

Sieben Steinhäuser

52° 48′ 03.0″ nördlicher Breite; 9° 47′ 49.9″ östlicher Länge

Das Erste, was man tun muss, um die fünf Steingräber, die seltsamerweise Sieben Steinhäuser heißen, in der Lüneburger Heide zu besuchen, ist, sich die Schießwarnungen des Truppenübungsplatzes Bergen aus dem Internet herunterzuladen. Der Truppenübungsplatz ist sehr groß: 26 Kilometer reicht er von Norden nach Süden, 18 Kilometer von Osten nach Westen, insgesamt umfasst er 24 600 Hektar Fläche. Die Stadt Frankfurt am Main oder die Insel Malta sind ebenso groß. Mitten auf diesem Platz, auf dem sich Truppen der Nato aus allen Teilen der Welt für den Krieg wappnen, haben vor 5000 Jahren Menschen riesige Steine zu niedrigen Hütten angeordnet. Die Steine sind gigantisch: Der größte misst 4,60 Meter auf 4,30 Meter und ist 50 Zentimeter dick. Sie wirken wie die Panzer einer übergroßen Schildkröte und wiegen mitunter 50 Tonnen.

Auf dem Dokument der Schießwarnungen ist aufgeführt, an

welchen Tagen und zu welchen Uhrzeiten geschossen wird. Davon hängt ab, ob und wann man als jemand, der keiner Kampftruppe angehört, sich die archäologische Fundstätte anschauen darf. So ein Truppenübungsplatz ist eine fremde Welt. Sie beginnt allerdings schon lange, bevor man den Wachposten am Schlagbaum Ostenholz erreicht.

Das Erste, was einem vor Ort auffällt, ist, dass die Schilder plötzlich zweisprachig sind: deutsch und englisch. An einigen Kreuzungen wird verkündet: «Military traffic only». Bald tauchen Schilder mit einem Panzer in einem roten Kreis auf. Auf anderen sind Symbole, die in keiner Fahrschulprüfung vorkommen. Es sind Wegweiser zu verschiedenen Schießbahnen. Mit jedem Meter, dem man dem Truppenübungsplatz näher kommt, mehren sich die ungewohnten Verkehrszeichen. Bis eines einen «militärischen Sicherheitsbereich» ankündigt. Ein Schlagbaum versperrt den Weg. Der Wachmann verlangt den Personalausweis und unterrichtet einen, dass man nicht vom Weg abkommen darf: Jenseits des Pfades können Blindgänger liegen. Dann öffnet er die Pforte in eine andere Welt.

Über fünf Kilometer führt der Weg durch eine umwerfend schöne Heidelandschaft, durchbrochen von kleinen Hainen aus Kiefern und Birken. Sie sieht weich und sanft aus. Der Boden ein saftiges, dunkles Grün, gesprenkelt mit kleinen lilafarbenen Sträuchern. Der Boden wirkt, als würde er federn unter den Füßen und ein weiches Bett ergeben, würde man sich darauflegen. Kein Mensch ist zugegen. Alles erscheint so friedlich. Aber der Gedanke verfliegt sofort, weil in dieser Naturkulisse Attrappen von Hütten stehen, gezimmerte Fassaden, die von Pfosten gestützt werden. Wer genau hinschaut, erkennt auch Hügelchen, die aussehen, als seien sie vor nicht allzu langer Zeit aufgeschüttet worden. Und immer wieder Warnschilder vor Blindgängern und Wegweiser für Bunker. Es ist wunderschön und apokalyp-

Obskure Objekte

tisch zugleich. Würde ganz Deutschland diesem Übungsplatz ähneln, wenn es keine Menschen mehr gäbe?

In dieser Landschaft haben Menschen vor rund 5000 Jahren monumentale Steine zu niedrigen Kammern angeordnet, um darin ihre Toten zu betten. Damals lagen die Gräber noch leicht erhöht am Ufer eines Bachs, der durch das Unterholz mäandrierte. Von ihnen aus hatte man einen weiten Blick in die umgebende Heide- und Moorlandschaft und konnte bei guter Witterung sogar die Hügelkette des Deisters erkennen. Heute sind alle Gräber jeweils von einem mit Birken bestandenen, mehrere Meter hohen Wall umgeben, der 1958 aufgeschüttet wurde, um sie vor Granatsplittern während der Truppenübungen zu schützen.

Vier der fünf Grabstätten sehen aus wie Kartenhäuser, nur eben aus massiven, aber flachen Felsbrocken. Von der Form her ähneln sie den Steinen, die man gut über das Wasser springen lassen kann. Nur sind sie viel größer. Neun bis zehn davon sind senkrecht im Rechteck in den Boden eingelassen. Die Längsseiten messen zwischen vier und sieben Meter. In der Breite sind es zwei bis drei Meter. Über dieser rechteckigen Umrandung liegen jeweils drei bis vier massive Steine und bilden eine Art Flachdach. An einer Querseite haben die Steine etwas mehr Abstand, so dass man in das Innere gelangen kann. Einige Gräber haben weitere Steine, die diesen Eingang explizit markieren. Geht man hinein, stellt man fest, wie geräumig sie sind, wenn auch sehr niedrig. Im größten der Häuser können drei Menschen bequem liegen.

Das fünfte Haus ist anders. Es besteht aus sieben senkrecht in die Erde eingegrabenen Steinen, die von einer riesigen massiven Platte bedeckt werden. Es wirkt wie ein Altar, vor allem, weil um die Konstruktion herum ein weiteres sieben Meter breites und vierzehn Meter langes Areal mit kleineren Steinen abgesteckt ist.

Obskure Objekte

Obwohl die Gräber die Sieben Steinhäuser heißen, existieren weder ein sechstes noch siebtes Gebäude, und sehr wahrscheinlich hat es sie auch nie gegeben. Forscher argumentieren, es sei ungewöhnlich, dass zwei Gräber vollständig zerstört und dem Erdboden gleichgemacht worden, die fünf anderen hingegen intakt geblieben seien; dazu stünden sie zu nahe beieinander. Stattdessen glaubt man, sieben sei nicht als Zahl zu verstehen, sondern eher im Sinne von «Siebensachen», als umgangssprachlicher Ausdruck für «mehrere».

Man kennt die Sieben Steinhäuser spätestens seit 1720, hatte sie bereits 1832 unter Schutz gestellt, aber im Detail erforscht und restauriert wurden sie erst mit der Einrichtung des Truppenübungsplatzes. Wie so viele größenwahnsinnige Projekte, hat auch dieses seinen Ursprung im Nationalsozialismus. In den 1930er Jahren mussten für die Wehrmacht und die Panzerwaffe, die gerade aufgebaut wurden, riesige Truppenübungsplätze geschaffen werden. Man suchte in den dünn besiedelten Gegenden im Norden Deutschlands nach Arealen, die groß genug waren, um zwei Panzerdivisionen miteinander Schlachten simulieren zu lassen. Das Gebiet um Bergen hatte den weiteren Vorteil, dass die Topographie vielseitig war und deshalb die unterschiedlichsten Szenarien durchgespielt werden konnten.

Man beschloss, die rund 3000 Menschen, überwiegend ansässige Bauern, umzusiedeln. Doch sie leisteten Widerstand. Am 18. März 1935 fuhren 77 von ihnen stellvertretend nach Berlin, um ihre Sorgen vorzutragen – vergeblich. Was sie nicht wussten: Die Entscheidung für den Truppenübungsplatz war da bereits gefallen. Am 29. März wurde das Gesetz zur Landbeschaffung für die Wehrmacht erlassen und dem Fremdenverkehrsamt untersagt, Werbung für die Gegend zu machen. Sechs Wochen später wurde verboten, auf dem Gebiet Bäume zu fällen. Im Oktober 1935 besuchte Himmler das Areal und erkundigte sich über die

Pläne für die Sieben Steinhäuser, die als germanische Symbole galten. Tatsächlich wurde beschlossen, die archäologische Fundstätte zu sichern und Teile davon zu restaurieren.

Während der Arbeiten fand man heraus, dass die Grabstätten bis zu 1,70 Meter tief und zu zwei Drittel mit Sand gefüllt waren. Darin lagen Knochen, die zu Haufen zusammengeschoben waren und zu mehr als einem Dutzend verschiedener Menschen gehörten. Man geht davon aus, dass sie nicht alle auf einmal, sondern immer wieder bestattet worden sind. Nachbestattungen kennt man auch aus anderen Megalithgräbern. Im Grunde sind die Sieben Steinhäuser Beinhäuser mit Grabbeigaben. Die Toten wurden gemeinsam mit Scherben von Bechern und Tongefäßen mit verschiedenen Mustern, Feuersteinklingen, sogar einer Bernsteinperle bestattet.

Niemand weiß, wie die Gräber gebaut wurden. Man nimmt an, dass es genau so geschah, wie man es in Filmen sieht, die von der Errichtung der Pyramiden erzählen: Mit Hilfe von hölzernen Keilen und Baumstämmen hob man die Felsen an und schob einige Baumstämme unter sie, die als Rollen fungierten. Die Stämme, die hinten herausrollten, legt man vorne wieder an. Man befestigte Taue an den Steinen und spannte Zugtiere davor. Von hinten half man mit Schwungkeulen nach. Anders als im alten Ägypten allerdings könnte es auch sein, dass man den Bau in den Winter verlegte und die Steine über gefrorenen Boden schob oder eigens Eisbahnen anlegte, was weniger mühsam gewesen wäre als die Baumstammvariante.

Wie auch immer es gewesen sein mag, effizient und den Umständen angemessen waren Grabmale wie diese nicht. Und doch kennt man sie in ganz Europa: vom Mittelmeer entlang der Atlantikküste bis hinauf nach Nordeuropa. Sie sind nicht mit einem einzigen Volk verbunden, sonst hätte man überall ähnliche Keramik und Steingeräte finden müssen. Auch die beiden

Obskure Objekte

unterschiedlichen Bauweisen auf dem Truppenübungsplatz rechnet man unterschiedlichen Kulturen zu. Deshalb geht man davon aus, dass sie Teil eines religiösen Totenritus sind und zugleich als Denkmal an ihre Erbauer erinnern sollten. Damit sie weithin sichtbar sind, errichtete man sie vor allem an Verbindungswegen. Auch die Sieben Steinhäuser lagen an einem solchen. Durch ihren Platz am Hang waren sie gut zu sehen, zumindest solange es den Truppenübungsplatz noch nicht gegeben hat.

Schwerbelastungskörper

52° 29′ 03.0″ nördlicher Breite; 13° 22′ 17.9″ östlicher Länge

Man kann sich kaum vorstellen, dass Größenwahn so unscheinbare Formen annehmen kann. Mitten in Berlin, zwischen Flughafen Tempelhof und Rathaus Schöneberg, steht ein zylinderförmiges Bauwerk, 14 Meter hoch, Durchmesser 21 Meter, nach unten hin verjüngt es sich an einer Stelle, bevor es wieder mit einem Durchmesser von rund 11 Metern im Boden verschwindet. 18 Meter tief reicht es. Würde man es ausgraben, hätte es die Form einer Hantel mit unterschiedlichen Gewichten auf den beiden Seiten. Es steht zwischen Gleisen und Plattenbauten, umgeben von Sträuchern, und wer nicht darauf achtet, dem wird es nicht auffallen. Wer darauf achtet, der wird es vielleicht für eine Art Gasometer halten. Aber das Äußere trügt, denn bis auf einen kleinen Raum besteht dieser Klotz aus nichts als Beton: 12 650 Tonnen lasten hier auf dem Boden.

Für ein Bauwerk T wurde dieses architektonische Schwergewicht Anfang der 1940er Jahre in Auftrag gegeben. T steht für Triumphbogen. Wenige Meter Luftlinie von dieser Stelle hatte

Adolf Hitlers Lieblingsarchitekt Albert Speer einen solchen geplant, in monumentaler Größe. Auf ihm sollten die Namen aller 1,8 Millionen im Ersten Weltkrieg gefallenen Soldaten verewigt werden.

Hitler hatte Speer zum Generalbauinspektor für die Reichshauptstadt ernannt. Er sollte Berlin umgestalten, größer, grandioser, überwältigender machen. Er entwickelte eine Vision, in der die Hauptstadt Zentrum eines großgermanischen Imperiums werden sollte.

Sein Plan: Zwei riesige Straßen, Himmelsachsen gleich, durchschneiden die Stadt in Nord-Süd- und Ost-West-Richtung. Dort, wo sie aufeinandertreffen, wollte er eine Ruhmeshalle errichten, so groß, dass 100 000 Menschen darin Platz gefunden hätten. Die 38 Kilometer lange, von Nord nach Süd verlaufende Straße wollte er zu einer Parademeile ausbauen lassen, dreimal so breit wie eine sechsspurige Autobahn, flankiert von Monumentalbauten. Die Krone dieser Planung war ein Triumphbogen, sechsmal so hoch wie das Brandenburger Tor, 117 Meter nämlich, und 170 Meter breit.

Gab es damals noch so viel Platz in Berlin? Eindeutig nein: Berlin hatte in den 1930er Jahren mehr Einwohner als heute. 4,3 Millionen Menschen lebten in der Stadt. Der Wohnungsmarkt war angespannt. All das interessierte Speer nicht. Seinem Entwurf nach hätten 50 000 Wohnungen abgerissen werden müssen. Allerdings konnte man nicht so schnell neue Wohnungen bauen. Deshalb löste Speer das Problem auf seine Weise: Er zwang jüdische Mieter, in Häuser zu ziehen, in denen ausschließlich Juden lebten. Meist waren diese Bleiben nur die erste Station auf dem Weg in Konzentrationslager. In die geräumten Wohnungen zogen dann Familien ein, deren Häuser Speer abreißen lassen wollte. So wollte er Platz schaffen für die Verwirklichung seiner Utopie.

Obskure Objekte

Doch die Natur war ihm im Weg. Der Boden unter Berlin besteht aus Sand und Mergel, einem Mischboden, der auch feinere Körner wie Schluff und Ton enthält. Außerdem erreicht man in Berlin ab einer durchschnittlichen Tiefe von drei Metern bereits Grundwasser. Würde man ein schweres Gewicht auf diesen körnigen, wasserhaltigen Boden setzen, würde es das Wasser verdrängen und einsinken. Allerdings weiß man nicht, wohin das Wasser verdrängt wird. Es kann sein, dass es sich eher einseitig zurückzieht, dann sinkt das Gewicht an dieser Stelle mehr ein als an einer anderen, es kippt. In den 1940er Jahren wusste niemand, wie stark ein Triumphbogen dieser Größe den Boden komprimieren und wohin das Wasser wandern würde. Würde er einseitig einsinken und sich langsam und zunehmend neigen wie der Schiefe Turm von Pisa?

Die Deutsche Gesellschaft für Bodenmechanik (Degebo) hatte untersucht, wie sich zum Beispiel die geplante Soldatenhalle im Tiergarten errichten ließ. Dazu hatte sie 125 Kubikmeter Ziegel auf probehalber errichtete Fundamente gesetzt. Sie übten bis 345 Tonnen Last aus. Aber für Speers Vorstellungen reichten Versuche dieser Größenordnung nicht aus. Deshalb beschloss der Generalbauinspektor, seine eigenen anzustellen. Er beauftragte die Firma Dyckerhoff & Widmann, Pioniere im Betonbau, mit der Errichtung eines «Probebelastungsbaus», mit dem die Mechanik des Untergrundes gemessen werde konnte. Später wird er noch viele weitere Namen erhalten: Pilz, Prüfturm, Rundbunker, Hochhaus auf Probe, Schwerbelastungskörper.

Bevor man mit dem Bau begann, hatte man Probebohrungen vorgenommen. Dabei hat man zwischen 16 und 24 Metern im Boden Einschlüsse von Mergel gefunden. Bei Sanden und Kiesen, die grobkörniger sind als Mergel, weiß man, dass sie sich während des Baus langsam verfestigen und stabilisieren. Doch wie sich der Mergel verhalten würde, das wusste man nicht. Deshalb legte

Obskure Objekte

man die Versuchstiefe mit 18,2 Metern fest. 100 Quadratmeter Grundfläche sollte der Bau haben.

Man begann mit einem 13 Meter breiten und 5 Meter tiefen Schacht, in den man einen Betonring einließ. Um das Grundwasser draußen zu halten, erhöhte man in der Baugrube den Luftdruck – mit zunehmender Tiefe immer mehr. Die Arbeiter hoben unter dem Betonring weiter den Boden aus, so dass der Ring immer tiefer rutschte und man neue Ringe daraufsetzte. Es gibt noch Fotos von Männern, die in einer tiefen Grube stehen. Fast die Hälfte der Arbeitskräfte, die der Generalbauinspektor in Berlin einsetzte, waren Kriegsgefangene. Man geht davon aus, dass diese Zwangsarbeiter auch den Probebelastungsbau errichteten. Die Arbeit war nicht nur körperlich strapaziös, sondern auch gesundheitsgefährdend: Durch den Druckunterschied zwischen Baugrube und Normalwelt konnten die Arbeiter an der Taucherkrankheit erkranken, die auf Französisch auch Caissonkrankheit heißt. Caisson steht für Setzkasten, so nennt man diese Art der Bauweise.

Als man in 18 Metern Tiefe angelangt war, installierte man dort Druckkissen. Das waren keine flauschigen Kissen und auch keine extrem stabilen Luftballons, sondern tellerförmige Konstruktionen aus Stahl, mit einem Durchmesser von einem halben bis zu einem Meter, die mit Öl gefüllt waren. Mehrere dieser Druckkissen wurden in der Baugrube ausgelegt. Gleichzeitig führten von ihnen Leitungen weg, die später im Gebäude zu einer Messkammer laufen würden. Dort zeigten Manometer an, welche Druckverhältnisse unter dem Gebäude herrschten. Außerdem baute man Sichtschächte, an Bullaugen erinnernde Fenster, durch die gemessen werden konnte, wie weit das Gebäude im Boden versank.

Nun füllte man die Grube nach und nach mit Beton. Wenn man heute vor dem Bauwerk steht, kann man sich vorstellen,

Obskure Objekte

wie die oberirdischen Arbeiten weitergingen: ganz so, als würde man eine sehr hohe Torte machen wollen. Auf das massive Fundament hatte man eine Form aus Holz gesetzt, die langsam mit Beton ausgegossen wurde, eine Schicht über der nächsten. Heute erkennt man die Grenzen der Schichten, an denen die Verwitterung nagt. Zwischen der oberen Hälfte und der unteren lagen die Räume für die Messinstrumente.

Zwanzig Wochen, so steht es im ersten Protokoll, sollte der Versuch dauern. Tatsächlich dauerte er bis 1944, konnte aber erst 1948 ausgewertet werden. Am 3. November 1943, ein Jahr nach dem Bau, war der Bau 18,4 Zentimeter in den Boden gesunken, nach weiteren eineinhalb Jahren waren es 19,3 Zentimeter. Der Mergel verhielt sich dabei ähnlich wie Sand. In ihrem Fazit kommt die damals noch immer existierende Degebo zu dem Schluss: Die Belastung des Untergrunds durch den geplanten Triumphbogen wäre zu hoch geworden. Man hätte zur Vorbereitung den Boden vorher künstlich verdichten müssen. Die Techniken dazu waren bereits entwickelt worden.

Der Triumphbogen ist nie gebaut worden. Der Probebelastungsbau wurde allerdings auch nie abgerissen. Sprengen kann man ihn heute nicht mehr, er steht zu nah an Wohngebieten. Aber Speer hatte das auch nicht geplant. Er wollte die Straße, die am heutigen Berliner Südkreuz begonnen hätte, um 14 Meter aufschütten lassen – auf genau die Höhe, die der Probebelastungsbau heute hat. Er wäre darunter verschwunden, und auf ihm hätte als Krönung von Speers städtebaulicher Vision der Triumphbogen gestanden. Stattdessen erinnert nun der Betonklotz an diese größenwahnsinnige Utopie.

Wunderland Kalkar

51° 45′ 52.8″ nördlicher Breite; 6° 19′ 37.9″ östlicher Länge

Von Weitem schon sieht man den Kühlturm. Er ist bemalt mit einer bergigen Landschaft und thront über den Feldern rings-herum. Allerdings steigt aus seinem Schlot kein weißer Dampf auf, sondern immer wieder blitzt für einen Moment ein Ketten-karussell auf. In seiner Mitte steht ein Männchen und dreht sich mit. Es ist Kerni, das Maskottchen eines Freizeitparks, der auf dem Gelände eines Kernkraftwerks entstand, das zwar voll funk-tionsfähig war, aber nie ans Netz ging.

Das Wunderland Kalkar liegt im äußersten Nordwesten Deutschlands, unweit der Niederlande. In den 1960er Jahren überlegte man, wie man langfristig die Energieversorgung sicher-stellen konnte, ohne von Öl- und Gaslieferungen abhängig zu sein. Deutschland, die Niederlande und Belgien planten, eine neue Form von Kernkraftwerk zu bauen. Die etablierten KKWs nutzten die Energie, die aus der Kernspaltung des Urans entsteht, genauer das Isotop U-235. Das macht allerdings nur 0,7 Prozent des natürlich vorkommenden Urans aus. Der Rest besteht aus dem Isotop U-238. Werden bei der Kernspaltung überwiegend dessen Neutronen eingefangen, entsteht daraus ein neuer Spalt-stoff: das Plutonium Pu-239. Wird in einem Reaktor mehr Pu-239 gebildet als Spaltstoffe verbraucht, dann erzeugt der Reaktor sei-nen Brennstoff selbst. Einen solchen Reaktor nennt man Brüter. Es wurde prognostiziert, dass er fünfzigmal mehr Energie erzeu-gen könne als die Reaktoren, die damals in Betrieb waren.

Anfangs wollte man den Schnellen Brüter SNR 300 in Weis-weiler bauen, aber die Reaktorsicherheitskommission empfahl 1970, einen Standort vorzuschlagen, der eine «günstigere Be-siedlungsdichte und -verteilung aufweist». Man suchte und fand

Kalkar. Im März 1973 traten die Verträge über den Bau in Kraft, einen Monat später wollte man beginnen. Es gibt Fotos, da sieht man noch das flache, unberührte Ackerland am Rhein und kann zuschauen, wie tiefe Löcher gegraben werden, die langsam mit Beton gefüllt und mit Stahlkonstruktionen bestückt werden. Je weiter der Bau voranschreitet, desto widersprüchlicher werden die Bilder. Im Hintergrund immer das Ackerland und der Rhein, an dessen Ufer man baute, um das Wasser als Kühlwasser nutzen zu können, und im Vordergrund die immer präziseren Maschinen und Bauteile. So wächst der Koloss.

Im November 1979 sollte der Schnelle Brüter betriebsbereit übergeben werden. Für die reine Bauzeit plante man fünfeinhalb Jahre ein, ein weiteres für Inbetriebnahme und Probebetrieb. Den nahm man tatsächlich erst 1985 auf, und zwar noch ohne nukleare Bestückung. Seit den 1970er Jahren hatten sich die Einstellungen der Menschen zur Atomkraft geändert. 1979 war das Kraftwerk Three Mile Island im amerikanischen Harrisburg havariert. In Hannover hatten im selben Jahr 100 000 Menschen gegen das Endlager Gorleben demonstriert. Ebenso viele hatten sich in Bonn gegen Atomkraft stark gemacht. Ein Jahr später lagen in Kalkar erst drei von sechs Genehmigungen für den Betrieb vor. Als sich im April 1986 das Reaktorunglück in Tschernobyl ereignete, war man in Kalkar noch immer im Zustand der vornuklearen Inbetriebnahme. Der SNR 300 war eigentlich voll funktionsfähig, doch ans Netz ging er nicht. Mittlerweile war die Anzahl der benötigten Genehmigungen auf 17 angewachsen. Am 21. Juni 1986 erklärte der zuständige Minister von Nordrhein-Westfalen, dass mit weiteren Genehmigungen für den Schnellen Brüter in Kalkar in absehbarer Zeit nicht mehr zu rechnen sei. Er sollte recht behalten. Im März 1991 beschloss die Bundesregierung, das Kraftwerk stillzulegen. Vier Milliarden Euro hatte man bis dahin in den Schnellen Brüter investiert.

Obskure Objekte

Und so lag er still. Auch 1995 noch. Zu jener Zeit war der niederländische Investor Hennie van der Most am Niederrhein unterwegs. Er ist ein schräger Typ, der in den 1950er Jahren mit 14 Jahren die Schule geschmissen, erst als Tankwart sich Geld verdient und später aus altem Eisen Ställe geschweißt hat. Das Geschäft lief so gut, dass er anfing, Investitionsruinen und Altbauten aufzukaufen, um Stahl und Eisen herauszuholen. Später begann er, die Gebäude umzubauen und ihnen neues Leben einzuhauchen. 1980 hatte er in den Niederlanden eine Weberei gekauft und daraus eine Bade- und Saunalandschaft gemacht, fünf Jahre später wandelte er eine Kartoffelmehlfabrik in einen Indoor-Vergnügungspark um, 1988 wurde aus einem Krankenhaus ein All-Inclusive-Resort. Als reicher Sammler hatte er ein Faible für Dampfmaschinen, und eine solche wollte er Mitte der 1990er Jahre in der Nähe von Kalkar kaufen. Er flog mit seinem Helikopter zu seinem Termin und sah das Atomkraftwerk, ein Gelände von 55 Hektar, 80 Fußballfeldern. Er sah Stahl, Eisen, Potential.

Wenige Tage später bewarb er sich um den Kauf des Kraftwerks. Er wollte dort all das, was er in kleinerer Form bereits in den Niederlanden aufgebaut hatte, zusammenbringen: einen Ort für Familien und Geschäftsleute, wo man Urlaub machen und Konferenzen veranstalten kann. Er wollte alles auf einmal. Und er bekam es – und noch viel mehr. Hennie van der Most ist jemand, der nicht groß durchplant, er macht einfach. Mehr oder weniger einfach. Denn so ein Kernkraftwerk besteht nicht wie ein Haus oder eine Fabrik aus ein paar Wänden mit Stahlkonstruktionen und einem Dach. Es besteht aus Mauern, so dick, dass sie einem Erdbeben standhalten, und einer Decke, so massiv, dass ein Flugzeug darafor fallen könnte. Will man die Gebäude anders nutzen, gelten andere Sicherheitsmaßnahmen: Neue Fluchtwege für mehr Menschen müssen ausgewiesen, Notausgänge in die bis

Obskure Objekte

zu zwei Meter dicken Stahlbetonwände geschlagen werden. Auf dem Gelände befinden sich so viele Kabel, dass man die Erde damit zweimal umwickeln könnte. Der Beton würde reichen, um eine Autobahn von München nach Nürnberg zu bauen.

Jahrelang baute man zurück, entkernte Gebäude, suchte neue Funktionen. Als Erstes wurde 1996 ein Hotel eröffnet, das van der Most auf die Fundamente der Gebäude setzte, in denen einst die Bauarbeiter des Kraftwerks gelebt hatten. Währenddessen malten niederländische Studenten noch den Kühlturm mit einer Berglandschaft an; anschließend wurde er in eine Kletterwand verwandelt. Weitere sechs Jahre vergingen, bis der Freizeitpark seine Pforten öffnete und Kinder das erste Mal im kleinen Kettenkarussell und Merry-go-round saßen. Damals hieß er noch Kernwasser Kalkar. Noch immer baute man auch zurück, demontierte und transportierte ab. Erst 2013 war man damit fertig. Parallel dazu wurde das erste und bis heute einzige vollkommen neue Gebäude errichtet: eine Messehalle. Das Wunderland Kalkar wurde zum Konferenz- und Eventzentrum erweitert. Die letzte Neuerung war 2020 eine riesengroße Rutsche in Form einer Welle.

Auf dem erdbebensicheren Gebäude, in dem sich früher die Notstromdieselgeneratoren befanden, stehen heute ein kleines Riesenrad mit Heißluftballons als Gondeln und ein Fahrgeschäft, das aussieht wie eine Schiffsschaukel, die allerdings rund ist und sich während des Schaukelns auch noch um sich selbst dreht. Im Gebäude hängen alte Fotos und Schaubilder, die Atomkraft erklären, neben einigen alten Maschinenteilen. Daneben gibt es Kartbahn, Schiffsschaukel, Softeis, Pommes-Buden, Dinge, die sich in alle Richtungen drehen und wippen, einen Hindernisparcours, Karussells in allen Größen und Geschwindigkeiten, sogar einen Zirkus. Es sieht nach einer planlosen Zusammenstellung von Fahrgeschäften und Attraktionen aus. Vielleicht ist es das auch. Vor van der Most hat noch nie jemand versucht, ein Atomkraftwerk in einen Freizeitpark zu verwandeln. Es gibt alles, was es auf jedem Jahrmarkt gibt, nur dass hier in der Mitte der Kühlturm herausragt, der einen immer wieder daran erinnert, wo man sich befindet. Läuft man in ihn hinein, vorbei an Blumenranken und den Federn der Krähen, die hier nachts ruhen, steht man vor dem Kettenkarussell, das gen Himmel wandert, während es sich dreht. Es hebt einen hinauf, man lugt über den Rand des Turms, sieht den Rhein, Windräder, Wiesen und Felder – die ganz normale Welt.

Obskure Objekte

Under Cover

Kronleuchtersaal in der Kölner Kanalisation

50° 57′ 02.5″ nördlicher Breite; 6° 57′ 48.4″ östlicher Länge

Am Rande des Theodor-Heuss-Parks in Köln befindet sich eine unauffällige grüne Metallplatte im Boden, knapp zwei Meter lang und einen Meter breit. Steht man vor ihr, sieht man zwischen den Häuserzeilen die Türme des Doms. Er ist keine halbe Stunde Fußmarsch entfernt. Die Metallplatte lässt sich anheben. Darunter liegt eine gemauerte Treppe, die hinabführt in die Kanalisation. Allein das ist bereits ungewöhnlich, denn eigentlich steigt man über einen Gullideckel und eine Leiter in das Labyrinth der Kanäle. Hier aber läuft man aufrecht und gelangt in einen Raum, in dem ein Kronleuchter hängt.

Man darf sich diesen Raum nicht wie ein Zimmer vorstellen. Vielmehr ist es eine Art Empore zwischen zwei Kanälen. Steht man auf ihr, blickt man knapp 60 Zentimeter hinunter in braunes Abwasser, das an einem vorbeirauscht, während sich rechter Hand ein Schlund auftut, einem kleineren U-Bahn-Tunnel gleich, nur eben ohne Schienen. Er ist schön gemauert und führt direkt hinunter zum Rhein. Keine 350 Meter sind es. Dazwischen liegt die Empore, und über ihr hängt ein Kronleuchter. Der Raum ist eine Regenwasserentlastungsanlage.

In Köln fließen Regenwasser und Abwasser zusammen durch die Kanalisation. Es gibt auch Städte, in denen es ein Abwassersystem für Regenwasser gibt, das ungeklärt direkt in den nächsten Fluss geht, und eines für Abwasser, das zuerst durch die Kläranlage geführt wird. In Köln geht alles Wasser durch die Kläranlage, Mischkanalisation nennt man das. Wenn es aber sehr stark regnet und das Wasser in der Kanalisation ansteigt, die Becken in der Kläranlage voll sind und es noch immer weiterregnet, dann hat man ein Problem. Acht- bis zwölfmal passiert das im Jahr in Köln. Im schlimmsten Fall würde das Wasser aus den Gullis herausquillen. Damit das nicht passiert, baut man Regenwasserentlastungsanlagen wie diese hier.

Steigt der Wasserspiegel des dreckigen Wassers im unteren Kanal stark an, reicht es irgendwann bis zur Empore, fließt über sie hinüber in den zweiten Kanal und landet von dort ungeklärt im Rhein. Ist das nicht Umweltverschmutzung? Nein, denn das Abwasser wird durch das Regenwasser so stark verdünnt, dass es nicht mehr geklärt werden muss. Nicht alle Regenwasserentlastungsanlagen sehen aus wie diese hier. Eigentlich ist die Empore überflüssig, eine Mauer als Wehr hätte ausgereicht. So sehen auch die anderen 25 der Stadt aus.

Under Cover

Man schreibt das Jahr 1850, als in Köln die Kanalisation gebaut wird. Die Römer hatten schon Kanäle, allerdings führten diese nur von einem bestimmten Punkt oder Gebäude direkt in den Rhein. Im Mittelalter wurde all das vergessen. Aber mit der industriellen Revolution wächst die Stadt auf 250 000 Einwohner, die Kanalisation muss systematisiert werden. Als man damals die Kanäle unter der Stadt gräbt, legt man sie vorausschauend so an, dass sie auch bei der heutigen Einwohnerzahl von einer Million noch ausreichen. Das ist ungewöhnlich nachhaltig.

1890 ist die Regenwasserentlastungsanlage fertig. Auf einer Plakette, die heute noch an der Wand prangt, stehen die Jahreszahl und die Namen von Bürgermeister, Stadtbaurat, Stadtbauinspektor, Bauleiter und Bauunternehmer. Doch warum hängt hier ein Kronleuchter? Wie den alten Plänen zu entnehmen ist, waren es ursprünglich sogar zwei. In der ersten Version der Geschichte hat der Kaiser der Stadt die beiden geschenkt, und sie wurden nachträglich in die Pläne eingetragen. In der anderen hat der Kaiser die Stadt und das Bauwerk besucht, und man hat die Leuchter ihm zu Ehren aufgehängt.

Lange Zeit hatte man den Raum und die Kronleuchter vergessen. Erst als in den 1980er Jahren Schulen bei der Stadt anfragten, ob Führungen in der Kanalisation möglich seien, erinnerte man sich. Es ist nicht so einfach, Menschen durch die Kanalisation zu führen. Dort bilden sich Gase, die lebensgefährlich sein können, je nachdem wo man sich im Labyrinth der Tunnel befindet und wie schnell man wieder an die frische Luft gelangt. Das alles birgt Sicherheitsrisiken.

Anders unter der grünen Metallplatte, durch die eine Treppe nach unten führt. Als man sich den Raum, in den sie mündet, damals ansah, hingen dort nur noch die Fragmente der Kronleuchter. Man beschloss, sie zu ersetzen. Nun ist da nur noch ein Kronleuchter zu sehen, und auch dieser nicht das ganze Jahr

Under Cover

über, sondern nur von März bis September. Danach muss er überarbeitet werden, weil die hohe Luftfeuchte ihm zusetzt. Er rostet. Betrieben wird er mit Niederstrom, weil wegen des Methans die Explosionsgefahr hoch ist. Während der Besuche im Kronleuchtersaal werden neben der Konzentration von Methan ständig auch die von Kohlendioxid und Schwefelwasserstoff (beide könnten zu Vergiftungen führen) und die Sättigung mit Sauerstoff gemessen, die nicht zu niedrig sein darf, weil man sonst ersticken könnte. Manchmal gibt es auch Veranstaltungen in diesem Raum, bis zu 70 Leute lauschen dann zum Beispiel Musikern. Allerdings müssen sie sich dabei an den Geruch gewöhnen, irgendetwas zwischen Fäulnis, Verwesung und Strenge. Er steht im starken Missverhältnis zum Prunk des Leuchters und bringt einen sofort dahin zurück, wo man sich eben doch befindet: in der Kanalisation, wenn auch einem seltsamen Teil derselben.

Emilianusstollen, Wallerfangen

49° 19′ 49.9″ nördlicher Breite; 6° 40′ 47.4″ östlicher Länge

Fährt man durch St. Barbara, einen Ortsteil von Wallerfangen, einem Ort 25 Kilometer nordwestlich von Saarbrücken, sieht man entlang des Weges den Sandstein bloßliegen, auf den der Ort gebaut ist. An einigen Stellen hat man den Eindruck, der sonst rötlich-braune Stein schimmere bläulich. Dieses blaue Leuchten stammt von einem Kupfermineral namens Azurit. Es wurde in der Gegend schon zu Römerzeiten abgebaut. Wie das im Original ausgesehen hat, kann man sich im Emilianusstollen anschauen. Er ist noch von damals erhalten. Das ist ungewöhn-

Under Cover

lich, denn oft wurden die antiken Stollen im Mittelalter weiter genutzt und aus- und umgebaut, mit der Folge, dass die römischen Spuren verwischt wurden.

Der Emilianusstollen liegt an einem Hang hinter Reihenhäusern und Gärten. Der Weg folgt einem schmalen Pfad, vorbei an Himbeersträuchern und Pflaumenbäumen, bis man vor einer knapp mannshohen Öffnung steht, die in den Hang hineinführt. Dass sie nicht natürlich entstanden sein kann, erkennt man an den Werkzeugspuren auf Kopfhöhe, an in den Fels gehauenen Nischen und der Plakette, einige Meter links der Öffnung. INCEPTA OFFICINA EMILIANI NONIS MART – das Bergwerk des Emilianus nimmt am 7. März seine Arbeit auf – steht darauf. In einer anderen ehemaligen römischen Provinz hat man Aufzeichnungen zum römischen Bergrecht gefunden. Konzessionsinhaber waren verpflichtet, eine Tafel aufzustellen, ihren Namen zu nennen und das Datum der Eröffnung; denn die Konzessionen verfielen, wenn nicht innerhalb von 25 Tagen mit den Arbeiten begonnen wurde. Eine Jahreszahl war daher nicht notwendig. Anhand der Schrift ordnet man die Tafel in das 2. oder 3. Jahrhundert n. Chr. ein.

Bergbau wird schon lange im Saarland betrieben, auch um die Bedeutung des Azurits wusste man. Ortsnamen wie Blauberg und Blauloch deuten darauf hin. Ein Bericht von 1746 zählt über 300 Schächte rund um Wallerfangen auf. Lange hat man sich gefragt, ob das Azurit abgebaut wurde, um daraus den Rohstoff Kupfer zu gewinnen, oder ob es um den blauen Farbstoff ging. Allerdings sind die in den Buntsandstein eingelagerten Azuritkügelchen nur linsengroß, die Kupfermengen, die man daraus gewinnen konnte, gering. Einen viel höheren Gewinn konnte man durch den blauen Farbstoff erzielen. Dazu wurde das Mineral mit Soda, Natron, Wasser und je nach Wassergüte auch mit Kalk versetzt, das Gemisch wurde gebrannt und anschließend

Under Cover

gemahlen. Das Wallerfanger Blau wurde in lothringischer Zeit bis nach Südfrankreich und Oberitalien exportiert. In Nancy hat man die Räume des Herzogs damit bemalt. Auch Dürer hat Azurit benutzt, aber ob es aus Wallerfangen stammte, konnte bisher niemand beweisen.

Der Schacht des Emilianusstollens ist überraschend geräumig, 160 bis 180 Zentimeter hoch, an der Decke rund 80 Zentimeter breit, am Boden 120 Zentimeter. Auf Hüfthöhe funkelt es bläulich. Die Wände scheinen in Abschnitte von 40 Zentimetern eingeteilt gewesen zu sein, man kann die Abstufungen dazwischen erkennen, die mit der Keilhaue, einer einseitigen Spitzhacke, bearbeitet wurden. Die Abdrücke der Hauenspitze sind erstaunlich gleichmäßig, es sieht fast nach Kunst aus. Man geht davon aus, dass die schwere Arbeit von Sklaven und Kriegsgefangenen ausgeführt wurde. Der Boden ist gepflastert, wie man es von römischen Straßen kennt, am Rand verläuft eine Abflussrinne, die den Schacht entwässerte. Man hat auch Reste von Holztrögen gefunden, in denen das gebrochene Gestein hinausgetragen wurde, denn Schleifspuren von Wagenrädern sucht man vergeblich. Am Ende des nur knapp 35 Meter langen Schachts liegt massives Geröll. Dahinter, so meint man, lagen die eigentlichen Azuritkammern. Am Boden erkennt man, dass Pflaster und Rinne weiterlaufen. Der Stollen selbst muss eingebrochen sein.

Vom Gang des Emilianusstollens aus führt ein Luftschacht an die Oberfläche, auch er stammt noch aus römischer Zeit. In ihm hat man eine hölzerne Steigleiter, einen Stab mit Sprossen auf beiden Seiten, gefunden. Man analysierte die Jahresringe und konnte sie dem 16. Jahrhundert zuordnen. Vermutlich gehört in diese Zeit auch die kleine Abbaustrecke, die hinter der Entlüftung in den Fels gehauen wurde. Sie ist so niedrig, dass man nur liegend oder kniend arbeiten konnte. Es ist der einzige Hinweis

Under Cover

darauf, dass man um die Existenz des Schachtes auch zu lothringischer Zeit wusste.

Auf die römische Periode war die Völkerwanderung gefolgt, während der vermutlich kein Bergbau betrieben wurde, danach siedelten sich die Franken an. Die schriftliche Überlieferung beginnt im Jahr 1492. Das Gebiet war Teil des zweisprachigen Lothringens, das von Wallerfangen aus verwaltet wurde. Der Bergrichter hat Buch geführt über Fördermengen. Es sind bürokratische Aufzeichnungen: «Azur und Blei. Abrechnung des Hans von Pfaffenhofen, Einnehmers in Wallerfangen, über die Bergwerksbetriebe (...) von denen er die Zehntabgabe erhebt, (...)» Es folgen Namen und Zahlen. Die Aufzeichnungen laufen durch bis ins 17. Jahrhundert. Vermutlich wurde der Abbau durch Konkurrenz aus anderen Regionen und durch die vielen Kriege dann unrentabel. Aber ob überhaupt und wenn ja, wie lange im Emilianusstollen noch Bergbau betrieben wurde, entzieht sich unserer Kenntnis.

Es ist ein sehr großer Zufall, dass der Emilianusstollen, abgesehen von der kleinen Abbaustrecke, durch die Jahrhunderte hindurch unverändert geblieben ist. Nach 1680 hatte man ihn wahrscheinlich vollkommen vergessen. Damals hatte Ludwig XIV. die Stadt Saarlouis zur Sicherung der französischen Ostgrenzen in der Saarebene bauen lassen und entschieden, dass zwei Städte nebeneinander zu viel sind. Er ließ Wallerfangen niederlegen. Die Eingänge um die Stollen wucherten zu, die Stollen selbst brachen ein – so auch der Emilianusstollen. Die Tafel mit der lateinischen Inschrift wurde 1859 entdeckt, von einem Erdrutsch verschüttet und danach noch zwei weitere Male entdeckt. Aber erst in den 1960er Jahren fiel auf, dass unweit davon ein Wasserrinnsal austritt, das einen Schacht entwässern konnte. Man begann zu graben und legte den kurzen Stollen frei.

Under Cover

Oppenheimer Keller

49° 51′ 11.5″ nördlicher Breite; 8° 21′ 17.6″ östlicher Länge

Oppenheim ist eine unscheinbare Stadt am Rhein, rund 50 Kilometer südwestlich von Frankfurt. Sie hat alles, was ein 7000-Seelen-Städtchen ausmacht: einen Marktplatz, zwei Kirchen, einen Bahnhof, Eisdielen, Bäcker, Bank, Kindergarten, Apotheke. Das ist das, was man sieht. Was Oppenheim aber von anderen Städten dieser Größe unterscheidet, ist das, was man nicht sieht. Die gesamte Stadt ist unterkellert, 80 Prozent davon hat man erforscht: 4,50 bis 7,50 Meter unter dem Boden liegt ein Labyrinth von 650 einzelnen Kellern, die zusammen eine Gesamtlänge von 40 Kilometern haben. Viele davon sind in Privatbesitz, einige Verbindungen sind zugemauert, aber rund einen halben Kilometer davon, der unter dem alten Rathaus, Marktplatz und der Bartholomäuskirche liegt, kann man begehen.

Um zu verstehen, was es mit den Kellern auf sich hat, muss man wissen, dass Oppenheim im Mittelalter eine kleine, aber reiche Stadt war. Sie lag an der Kreuzung zweier Handelsstraßen, eine führte von Basel nach Köln, die andere verband Paris mit Prag. Der Rhein war noch nicht kanalisiert und 1,5 Kilometer breit, aber bei Oppenheim ließ er sich gut überqueren. 765 taucht der Name Oppenheims zum ersten Mal in einer Urkunde des Klosters Lorsch auf. Knapp 250 Jahre später, im Jahr 1008, erhält die Stadt das Marktrecht – es ist der Beginn ihres Aufstiegs als Handelsplatz und vermutlich der Zeitpunkt des Spatenstichs für die Keller.

Die Händler und Handwerker Oppenheims brauchten Lagerräume für ihre Waren und wussten, dass die Stadt zu großen Teilen auf feinem Lössboden steht. Löss ist ein Sediment aus Material, das der Wind herangetragen hat. Die Körnchen aus denen er besteht, sind kleiner als Sand, aber größer als Ton. Mit nur wenigen Werkzeugen wie Pickel, Beil, Schaufel, Spaten, Karst (eine Art kleiner Dreizack) und Muskelkraft lässt sich Löss leicht bearbeiten. Und so begann man zu graben, jeder für sich. Einen Plan gab es nicht. Steigt man hinunter in die Keller, kann man das daran erkennen, dass die einzelnen Gewölbe unterschiedliche Höhen und Breiten haben und kreuz und quer laufen. An manchen Stellen sieht man Tonnengewölbe, an anderen Spitzdecken. Einige Gänge wurden begonnen, aber man stieß auf Stein und grub woanders weiter. Auftraggeber waren die Krämer, aber gegraben haben die Bürger der Stadt.

Heute liegt der Eingang zu den Kellergewölben unter dem Rathaus, doch hier war er nicht immer. Die einzelnen Keller hatten keine öffentlichen Zugänge. Mehr noch: Wer als Fremder in die Stadt kam, konnte nicht mal erahnen, was unter seinen Füßen lag. Jeder einzelne der Keller war über Falltüren in den einzelnen Häusern zu erreichen. Waren die Luken verschlossen, stellte man Möbel darüber und verdeckte sie durch Teppiche. Angesichts der Anzahl der Keller und der Bedeutung Oppenheims im Mittelalter müssen viele Menschen von ihnen gewusst haben, doch nie drang ein Wort nach außen. Man hat keinerlei Aufzeichnungen, Urkunden oder Berichte gefunden, in denen die Keller erwähnt sind. Man geht deshalb davon aus, dass die Kellernutzer eine Art Verhaltens- oder Ehrenkodex hatten, ähnlich dem der Hansestädte, der zu absoluter Verschwiegenheit verpflichtete. Damit retteten sie auch Leben.

Denn obwohl die Keller aus wirtschaftlichen Gründen gebaut worden waren, wurden sie auch immer wieder als Schutzräume genutzt. Bis Oppenheim 1225 freie Reichsstadt wurde, unterstand die Stadt zwei verschiedenen Bistümern: Der Teil nördlich der Krämerstraße führte seine Abgaben an das Erzbistum Mainz ab, im Süden war man dem Bistum Worms verbunden. Das führte immer wieder zu Problemen und Auseinandersetzungen. In den Kellern hat man jede Menge Tierknochen gefunden, Hinweise auf Feuerstellen und sogar Brunnen. Vier Dinge waren notwendig, um dort unten überleben zu können: Luft, die ohnehin zirkulierte, Nahrung, die man mitnahm, Wasser, für das man Brunnen bohrte. Allerdings wusste man nicht, ob es auch genießbar war. Das Wasser wandelte man daher in Bier um – deshalb die Feuerstellen –, allerdings sicher nicht in ein Vollbier, sondern in eine abgeschwächte Version. Es ging nur darum, eine keimfreie Flüssigkeit zu haben. Licht war im Grunde nicht nötig, aber erstrebenswert. Als kostengünstige Alternative zu Kerzen überzog man Tannenwurzeln mit pechgetränkten Lappen und zündete sie an. Die vierte Notwendigkeit war die Sicherheit, nicht entdeckt zu werden. Aber wo keine Türen waren, konnte auch niemand die Keller erahnen.

Eine Zeit lang waren die Keller sogar der einzige Rest, der von Oppenheim übrig geblieben war. Im Mai 1689 ließ Ludwig XIV. im Zuge der pfälzischen Erbfolgekriege die gesamte Stadt niederbrennen. Den Bürgern erlaubte der ausführende General Mélac, die Stadt zu verlassen. Auf der anderen Seite des Rheins errichteten sie eine Brettersiedlung, die sie Neu-Oppenheim nannten. Ihre Existenz ist noch 1696 nachgewiesen. Damals hat man eine Volkszählung gemacht: Rund 60 Bürger gab es noch. Ab 1700 begannen sie, die Stadt langsam wiederaufzubauen, und lebten dabei vermutlich eine Zeit lang unterirdisch im Kellerlabyrinth.

Oppenheim liegt an einem Hang, auch die Keller folgen dieser Neigung. Von der Bädergasse im Tal bis zum Gautor gibt es fünfzehn Kellerstockwerke, allerdings liegen nur fünf davon direkt übereinander. Hinter dem in späteren Jahren ausgebauten geräumigen Rathauskeller beginnt das Labyrinth der Gänge. Die meisten sehen gar nicht aus wie gegraben, sie wurden mit Steinen aus nahe gelegenen Steinbrüchen verkleidet. Nur dank

Under Cover

ihnen gibt es diese Keller noch, denn die Steine regulieren das Klima. Die Temperaturen sinken nie unter 14 Grad und steigen nie über 18 Grad. Die Steine nehmen die Luftfeuchte, die zum Beispiel von Menschen ausgeatmet wird, auf und geben sie langsam wieder ab. Hätte man es bei Löss belassen, wären die Wände im Laufe der Zeit instabil geworden und die Decken wohl eingestürzt.

Immer wieder treffen mehrere Gänge aufeinander, einem unterirdischen Kreisverkehr gleich. An einer dieser Stellen sieht der aufmerksame Besucher eine Schieferplatte, die in der Decke eingemauert ist. Schiefer ist ein Schichtgestein; wird er Druck ausgesetzt, splittert er. Hätten die Menschen Schiefersplitter auf dem Boden entdeckt, hätten sie gewusst, dass die Kellerdecke nicht mehr stabil ist, eventuell einbrechen konnte. Dann hätte man eiligst den Keller verlassen müssen. Die Schieferplatte war ein mittelalterliches Frühwarnsystem, das man aus dem Bergbau auch in anderen Regionen kennt.

In unregelmäßigen Abständen sind kleine Einbuchtungen in die Wand gegraben, kaum größer als ein DIN-A4-Blatt, einige davon mit Spitzdach. Man geht davon aus, dass die Händler dort etwas hineingelegt haben, mit dem sie die davor und in der Nähe liegenden Waren als ihr Eigentum gekennzeichnet haben. Denn in den Kellern gab es keine Trennwände, jeder konnte überallhin gelangen. Man hat diese Einbuchtungen Gerechtigkeitshäuschen getauft, jene mit Spitzdach gehörten der Kirche. Vermutlich halfen sie auch, sich unter der Erde zu orientieren, denn schnell verliert man den Überblick, wo man eigentlich ist. Ständig geht man Treppen hinunter, um Ecken, denkt, man läuft im Kreis, endet aber in einem neuen Gang.

Die letzten Keller wurden vermutlich Mitte des 17. Jahrhunderts gegraben. Man geht davon aus, dass die Keller nach dem Wiederaufbau der Stadt im 18. Jahrhundert nicht mehr in ihrer

Gänze genutzt wurden. Wasser war in sie eingebrochen, sie wurden sich selbst überlassen, füllten sich mit Abraum und Müll. Nur 1940 grub man den Boden noch einmal um. Unter dem Marktplatz entstand ein Löschwasserbecken, eine Art Betonsarg mit 104 Zentimeter dicken Wänden. Es wurde nie gebraucht, denn gekämpft wurde in Oppenheim im Zweiten Weltkrieg so gut wie nicht. Es gab keine Industrie, die Stadt hat sich von Ludwigs Zerstörung nie mehr vollständig erholt.

Auf die Keller wurde man erst in den 1980er Jahren aufmerksam, als sich an einigen Stellen der Boden erst absenkte, dann einbrach. Überall im Stadtraum taten sich Löcher auf. Im November 1986 rief eine Frau die Polizei, weil sie Geräusche in ihrem Haus vernahm, die sie Einbrechern zuschrieb. Doch als die Polizei eintraf, war kein Fremder vor Ort. Stattdessen brach der Boden unter der Straße ein, und der Polizeiwagen verschwand darin. Die Geräusche kamen von einem Wasserrohrbruch, der die Keller einstürzen ließ.

1989 beschloss man, die Keller zu renovieren. Nach der Wende waren viele Bergleute in Sachsen arbeitslos geworden, man holte sie nach Oppenheim. Sie trugen über 600 000 Eimer Müll, Erde, Steine, Schutt aus den Gewölben, stabilisierten die Keller, sicherten Stellen mit Spritzbeton, legten Strom, installierten Licht und ein Alarmsystem. Seitdem kann man unter Oppenheim spazieren gehen.

Under Cover

Hilfskrankenhaus Gunzenhausen

49° 07′ 06.1″ nördlicher Breite; 10° 45′ 53.9″ östlicher Länge

Zwölf Doppelstockbetten stehen in einem Raum. Sechs auf jeder Seite, in der Mitte verläuft ein schmaler Gang. Der Abstand zwischen den Betten ist so eng, dass dort ein Erwachsener gerade eben so stehen kann. Die Betten sind aus Metall, das Bettzeug ist grau-weiß gestreift. Es ist kühl und feucht in dem Raum. Man würde gerne ein Fenster aufmachen, aber es gibt keine Fenster. Nur einen Lichtschalter. Er regelt Tag und Nacht auf dieser unterirdischen Krankenstation. Sie liegt fünf Meter unter der Erde und ist Teil des Hilfskrankenhauses Gunzenhausen. 220 solcher Hospitäler sind während des Kalten Kriegs gebaut worden. Hierhin wollte man Verletzte im Falle eines Angriffs mit atomaren Sprengköpfen bringen. Das Hilfskrankenhaus Gunzenhausen ist eines der wenigen, die noch weitgehend erhalten sind.

Gunzenhausen? Nie gehört? Das war Teil der Strategie. Es ist ein kleiner Ort mit 16 000 Einwohnern in Mittelfranken. Von hier aus sind es 150 Kilometer nach Stuttgart, 50 Kilometer nach Nürnberg und 150 Kilometer nach München. Rund um Gunzenhausen gab es kaum Industrie, kaum Militärstützpunkte, und genau deshalb hatte man den Ort ausgewählt. Als man das Hilfskrankenhaus plante, befand man sich in den 1960er Jahren, USA und UdSSR veranstalteten ein atomares Wettrüsten. Man wusste, gegen eine Atombombe konnte man nicht viel machen, aber zum Waffenarsenal der Großmächte gehörten auch kleinere Waffen mit Atomsprengköpfen. Ihre erwartete Todeszone betrug 50 Kilometer. Man suchte einen Ort, der außerhalb lag.

Man fand Gunzenhausen. Dort hatte man in den 1960er Jahren begonnen, eine neue Berufsschule zu bauen. Unter der Schule versteckte man das Hilfskrankenhaus. Die Anwohner bemerkten, dass die Schule einen außerordentlich tiefen Keller erhalten sollte, mit 60 Zentimeter dicken Außenwänden aus Stahlbeton. Es ist nicht bekannt, ob je jemand bei der Stadtverwaltung nach den Gründen gefragt hat. 1965 war das Krankenhaus einsatzbereit.

Die Station war so groß wie ein Fußballfeld. In der Mitte befand sich der Operationssaal. Im nördlichen Bereich lagen die Ambulanz, die Krankensäle und Waschräume, im südlichen Teil waren die Küche, die Kinderschlafsäle und die Aufwachräume. Wasser wäre aus einem eigenen Tiefenbrunnen gekommen. Es gab einen großen Maschinenraum im östlichen Teil, dort lag auch der Luftfilter. Man glaubte, die atomar kontaminierte Luft, die hineingelangte, durch ein mehrstufiges Filtersystem reinigen zu können.

Das war nicht die einzige ungewöhnliche Vorstellung, die man von den Folgen atomarer Waffen hatte. Vierzehn Tage lang, so kalkulierte man, hätte man den Betrieb in dem Krankenlager aufrechterhalten müssen, dann hätte man wieder an die Oberfläche zurückkehren und die Verstrahlten evakuieren können. In den zwei Wochen hätte es nur eine Verbindung nach außen gegeben: über das Telefon im Chefarztzimmer.

Es ist unklar, ob man davon ausging, es sei unnötig, für zwei Wochen ein Müllsystem zu entwickeln, oder ob man es schlicht und einfach vergessen hatte. Selbst wenn alle Mahlzeiten, die man zubereitete, eine Form von Astronautennahrung waren, die man nur warm zu machen hatte und deren Verpackung man gleich mitessen konnte – wo hätten die medizinischen Abfälle, all die blutigen Tupfer, eitrigen Verbände, verschmierten Pflaster oder amputierte Gliedmaßen hingesollt? Das Krankenhaus ist nie als solches genutzt worden, Lösungen dafür mussten nie gefunden werden.

Jahrzehnte war die einzige Person, die diese Räumlichkeiten

Under Cover

sah, der Hausmeister der Berufsschule. Nachmittags war er im Zweitjob Verwalter dieses unterirdischen Krankenhauses auf Abruf. Er kontrollierte Leitungen, Haltbarkeitsdaten und Neonröhren. Zwanzig Jahre lang sah kein Patient diesen Ort. Bis 1986 im ukrainischen Tschernobyl ein Nuklearreaktor explodierte. Im November beschloss man, für ein Wochenende den Betrieb mit siebenunddreißig geschauspielerten Patienten zu simulieren. Alles andere war echt: Ärzte, Schwestern und Medikamente wurden aus dem Krankenhaus Gunzenhausen transferiert.

Der Patient erreichte die unterirdischen Trakte des Krankenhauses über mehrere Schleusen. Seine Kleidung musste er entsorgen. Sie hätte verbrannt werden sollen, aber es gab in diesen Räumen keinen Ofen. Wo hätte man den Sauerstoff zur Verbrennung auch hernehmen sollen? Die Atemluft in den Trakten wurde mehrfach gefiltert und war vermutlich zu kostbar dazu. Also ignorierte man diese Frage vorerst und baute nur einen Schacht für «vergiftete Kleidung», dessen Fassungsvermögen allerdings für kaum mehr als den Wäschehaufen eines pubertierenden Teenagers gereicht hätte.

Der «Leitfaden über Strahlenschäden durch Kernwaffen», die Handreichung für die aufnehmenden Ärzte, lag überall aus. Er richtete sich an «alle Ärzte, die sich zum praktischen Handeln verpflichtet fühlen und die Möglichkeiten hierzu kennenlernen wollen». Laut Handbuch erwartete man in 70 Prozent der Fälle mechanische Verletzungen, in 65 Prozent Verbrennungen und in 30 Prozent Strahlenschäden, viele der Verletzungen würden in Kombination miteinander auftreten. Die Zahlen stammen aus Analysen der Verwundeten von Nagasaki und Hiroshima.

Der vorstellig gewordene Patient musste als Erstes duschen, was in den 1960er Jahren noch ein Luxus war. In Häusern waren standardmäßig Wannen installiert, oder man wusch sich in Zubern und am Waschbecken. Im Hilfskrankenhaus Gunzenhausen hatte man vier Duschen für 600 Menschen eingeplant. Dafür gab es aber auch 29 Waschbecken. 70 Menschen mussten sich eine Toilette teilen. Alle Abwässer mussten hochgepumpt werden, denn die Station liegt unterhalb der Kanalisation der Stadt. Dazu hatte man eigens eine Hebeanlage installiert, die an das Kanalsystem angeschlossen war.

Nach der Aufnahmeprozedur wurde man auf ein Zimmer gebracht. Auf den Gängen verläuft auf Schulterhöhe eine hellgrüne Linie, sie leuchtet im Dunkeln. Die eigenen Schritte hallen von den Wänden wider. Es ist kellerkühl und kellerfeucht, muffig und modrig, aber vermutlich wäre es mit 600 Menschen, ohne Müllsystem und mit vier Duschen, schnell sehr warm und geruchsintensiv geworden. Das Klima hier unten hätte dann vielleicht das Wetter als Gesprächsthema ersetzt, denn davon bekommt man nichts mit. Ob oben ein Schneesturm vorüberzieht, es aus Kübeln regnet oder ein wunderschöner lauer Frühlingstag sich dem Ende zuneigt, hier unten ist immer Neonlichtkellerwetter.

In den OP mussten die Patienten selbst laufen, hinaus auch, denn die Türdurchbrüche waren zu schmal für die Betten. Vermutlich hätte sich auch noch irgendwo eine Trage gefunden. Das Röntgengerät gibt es nicht mehr, im Raum vor dem OP hängt nur noch der alte, schwere Leuchttisch an der Wand, an dem man sich die Röntgenbilder angeschaut hätte. Dazu einige Liegen, hier wären Narkosemittel verabreicht worden. Im Operationssaal steht eine große, runde OP-Lampe, an einem Ständer neben einer Liege. Darauf liegt heute das alte Besteck aus. Einiges davon benutzt man auch heute noch. Kühlschränke gab es nicht, Blut hätte direkt von Mensch zu Mensch gespendet werden müssen.

Man kann sich nicht vorstellen, wie der Krankenhausbetrieb im Ernstfall hätte funktionieren sollen. Nach der Übung 1986

Under Cover

entstand ein mehrere Zentimeter dicker Erfahrungsbericht mit Verbesserungsvorschlägen – umgesetzt wurde davon nichts mehr.

Einige Räume weiter stapeln sich Kartons mit Bettwäsche, Plastikbechern. Die Kartons tragen vierstellige Postleitzahlen, vielleicht stammen sie noch aus der Übung im Jahr 1986, vielleicht aber auch aus den Folgejahren, in denen man hier Auswanderer und Geflüchtete unterbrachte: als die Mauer fiel und später, als Angela Merkel sagte: «Wir schaffen das.»

Bis 1996 wurde das Gebäude in Schuss gehalten: Glühbirnen gewechselt, Leitungen kontrolliert, die Toiletten gewartet. Danach nutzte der Hausmeister der Schule die Gänge als Abstellraum. Es klingt unglaublich, aber das Krankenhaus geriet in Vergessenheit. Das war ein Glücksfall, denn genau deshalb stehen hier noch die Exponate aus den alten Zeiten. Niemand hat versucht, sie wegzuschaffen und zu entsorgen.

Ferropolis

51° 45′ 33.3″ nördlicher Breite; 12° 26′ 48.1″ östlicher Länge

Die Stadt aus Eisen wurde am 14. Dezember 1995 gegründet. Sie liegt 80 Kilometer nördlich von Leipzig auf einer Halbinsel in einem See, besteht aus einer Handvoll Gebäuden, fünf Maschinen, so groß wie mehrstöckige Häuser, und einem Standesamt. Niemand hat hier je gewohnt, niemand wird es je tun. Wer genau hinschaut, stellt fest, dass der schwarze Strich am Ortseingangsschild nicht durchgezogen ist, wie auf gängigen Schildern. Diese Stadt ist ein Kunstprodukt.

Dort, wo das Wasser träge ans Ufer schlägt, lagerten bis in die

1950er Jahre 70 Millionen Tonnen Braunkohle im Boden. Die riesigen Maschinen, die an Insekten aus Eisen denken lassen, haben diese Kohle aus dem Boden geholt. Vier der fünf Maschinen haben tatsächlich im Tagebau Golpa-Nord gearbeitet, wie das Gelände hieß, bevor es zu Ferropolis wurde.

Golpa-Nord ist einer der nördlichsten Tagebaue des mitteldeutschen Braunkohlereviers. Die Kohle wurde ins sechs Kilometer entfernte Kraftwerk Zschornewitz transportiert. 1914 war es als größtes Braunkohlekraftwerk der Welt gebaut worden, das sogar Berlin versorgte: 15 Schornsteine, 21 Kühltürme. Nach dem Krieg wurde es für die Sowjets teilweise demontiert und unter der DDR-Regierung später neu aufgebaut. Dreißig Prozent des Stroms aus Zschornewitz wurden in Golpa-Nord wieder verbraucht. Er kam mit 30 000 Volt Spannung auf dem Tagebaugelände an, wo er zu den 6000 Volt heruntertransformiert wurde, die die Maschinen brauchen. Aus unserer Steckdose kommen 230 Volt, selbst die Leitungen, an die Elektroherde angeschlossen werden und die man umgangssprachlich als Starkstromleitungen bezeichnet, haben nur 400 Volt.

Braunkohle liegt nicht an der Erdoberfläche, sondern tief im Boden. Um sie herauszuholen, musste man in Golpa-Nord 24 Meter tief graben. Darunter befand sich eine 5 bis 6 Meter mächtige Kohleschicht. 1957 hat man damit begonnen, zunächst das Grundwasser umzuleiten, ab 1961 auch zu baggern. All das an Erdreich, was man abtragen muss, aber nicht gebrauchen kann, nennt man Abraum.

Der Eimerkettenbagger 651 Es 1120 ist 27 Meter hoch und 80 Meter lang. Das entspricht einer Reihenhaussiedlung mit acht Hauseingängen und neun Stockwerken. Die Dimensionen sind kaum vorstellbar. Mit einem 10-Liter-Plastikeimer haben die Eimer dieses Baggers nichts zu tun. Es sind metallische Gefäße mit einem Volumen von 1120 Litern, das entspricht ungefähr

Under Cover

sieben Badewannenfüllungen, vierzig davon sind an einer Kette befestigt, einer gigantischen Fahrradkette gleich. Damit grub die Maschine die Unmengen von Abraum ab und lud sie auf einen Zug. Er fuhr an eine Stelle, wo den Abraum ein anderer Bagger aufnahm. Man nennt ihn Absetzer. Er hat ein 60 Meter langes Förderband, über das der Abraum transportiert wurde. Am Ende des Förderbandes fiel der Abraum herunter, längliche Aufschüttungen entstanden, die man Schüttlinien nennt. Viele von ihnen hintereinander ergeben eine Abraumhalde. In Ferropolis gibt es zwei Absetzer. Einer hat die Bezeichnung 1025 As 1120. Er ist 10 Meter höher und 20 Meter länger als der Eimerkettenbagger 651. Der zweite Absetzer 1022 A2s 2240 besteht aus zwei Teilen und ist noch einmal 20 Meter länger. Diese beiden monströsen Geräte bewegen sich auf Schienen und können den Arm, über den sie den Abraum an die richtige Stelle befördern, um 250 Grad schwenken.

An der Stelle, an der die Kohle dann offen lag, begann eine dritte Maschine, sie abzubaggern. Es war ebenfalls ein Eimerkettenbagger; 197 ERs 400 ist kleiner, seine Eimer fassen nur 400 Liter. Aber die Kohlenschicht war auch nur 5 bis 6 Meter hoch, während der Abraum 24 Meter betrug. Die Maschine schöpfte die Kohle ab und entleerte sie auf ein Förderband, an dessen Ende ein Eisenbahnwaggon stand, der damit beladen wurde und hinüber nach Zschornewitz, später auch ins 15 Kilometer entfernte Kraftwerk Vockerode zuckelte. 1991 ging die Kohle zu Ende. Golpa-Nord ist nicht wendebedingt abgewickelt worden.

Bereits zwei Jahre zuvor hatte der Eimerkettenbagger 651 Es 1120 am Rande des Tagebaus gestanden und darauf gewartet, verschrottet zu werden. Zur gleichen Zeit hatte das Bauhaus in Dessau, das in den späten 1980er Jahren wieder gegründet worden war, ein Seminar über Stadterneuerung veranstaltet. Man

Under Cover

hatte darüber diskutiert, wie man die industrielle Kulturland-
schaft erhalten könnte, die beispielsweise das Ruhrgebiet, aber
auch Mitteldeutschland geprägt hat. Das Konzept des Industriellen Gartenreichs stand im Raum. Die Region um Dessau war bekannt für das Schloss Wörlitz mit seinem Park, der Mensch und
Natur, Stadt und Land vereinen sollte. Nun wollte man diese Idee
auf Industriebrachen übertragen. Im Industriellen Gartenreich
sollten die Geschichte, wie die Menschen die Natur überprägt
haben, die damit verknüpften Traditionen, aber auch die devas-
tierte Umwelt zusammenkommen und als widersprüchliche Elemente erhalten bleiben. Man unternahm eine Exkursion durch
die Region, fuhr durch verwüstete Landschaften, in denen sich
Tagebaue und Abraumhalden aneinanderreihten, durchkreuzt
von Transportbändern, Wasserrohren und Schienensträngen,
auf denen vereinzelt noch Waggons standen.

Der atemberaubende Anblick von Bagger 651 Es 1120 ließ
die Seminarteilnehmer anhalten. Sie ignorierten die «Betreten
verboten»-Schilder und wurden auf dem Gelände des Tagebaus
vom Sicherheitsdienst abgefangen. Wer aber arbeitete damals
beim Sicherheitsdienst? Die arbeitslos gewordenen Baggerfah-
rer. Drei bis fünf, manchmal auch sieben Menschen, je nach Ge-
rätetyp hatte man benötigt, um die gigantischen Maschinen zu
steuern. Viele von ihnen waren in der Region geblieben, nur in
anderen Jobs. Man sprach über die Kohle und das Verschwinden. Die Idee entstand, sich das Verschrotten der Maschinen zu
sparen und von dem Geld stattdessen einen Erinnerungsort zu
schaffen. Im Bauhaus Dessau wurde dazu 1992 eine Diplom-
arbeit erstellt, die schon die Grundzüge von Ferropolis trägt: die
Halbinsel mit den vier im Kreis angeordneten Riesenbaggern,
die aussehen, als wollten sie aufeinander losgehen.

Zwei Jahre später stellte das Dessauer Bauhaus den Antrag,
die Maschinen als Denkmale der Industriegeschichte unter

Under Cover

Schutz zu stellen. Bergbaugesellschaft, Stadt und Landkreis überzeugte die Idee. Man begann mit öffentlichen Führungen, Züge pendelten zwischen Wörlitz und dem Tagebau Golpa-Nord. Ein fünfter Bagger kam nach Ferropolis: Schaufelradbagger 1521 SRs 1300 ist der jüngste, Baujahr 1984, 31 Meter hoch und knapp 75 Meter lang. Er gelangte erst 1993 auf das Gelände und half bei der Sanierung, die bis 1999 andauerte. Zur EXPO 2000 öffnete Ferropolis offiziell seine Tore.

In der alten Schaltzentrale, von der aus einst die Stromversorgung gesteuert wurde, kann man heute heiraten. Ein kleines Museum erzählt die Geschichte des Tagebaus, der Kraftwerke und der Menschen. Es gibt alte Videos, in denen man die Stahlinsekten bei der Arbeit sieht. Heute kann man auf Absetzer 1022 A2s 2240 herumlaufen und sich vergegenwärtigen, wie es gewesen sein muss, auf diesen Ungetümen zu arbeiten. Wie sie sich, und der Mensch mit ihrer Hilfe, in die Landschaft fräsen, sie sich untertan machen, gottgleich umgestalten. Eine brachiale Kraft liegt darin, die einen schier überwältigt. All das ist Vergangenheit. Im Jahr 2000 begann man, den alten Tagebau zu fluten. Dort, wo einst das Dorf Gremmin stand, liegt heute der Gremminer See, und auf einer Halbinsel darin thront Ferropolis mit seinen fünf gigantischen Bewohnern.

Deutsches Zusatzstoffmuseum

53° 32' 27.1" nördlicher Breite; 10° 01' 15.2" östlicher Länge

Am Tor Nord des Hamburger Großmarktgeländes, gleich neben dem Drehkreuz, ist eine Klingel angebracht: Deutsches Zusatzstoffmuseum steht darauf. Klingelt man, wird das Drehkreuz freigegeben, und man läuft über den Großmarkt, über eine riesige Leerfläche mit aneinandergereihten Hallen, deren Dächer Wellen ähneln auf der einen Seite und rechteckigen, niedrigen, gesichtslosen Blöcken auf der anderen. Am Ende steht ein Gebäude, in dem die Behörde für Wirtschaft und Innovation ihre Zweigstelle für Pflanzenschutzkontrolle sowie ein Abfallunternehmen seine Abteilung für Schädlingsbekämpfung haben.

Im Erdgeschoss liegt das Deutsche Zusatzstoffmuseum. Es besteht aus einem großen Raum, in dessen vorderem Teil man vor einer Wand steht, an der sich Fläschchen, Tütchen, Ampullen und Behälter aneinanderreihen. Die meisten der Substanzen sind weiße Pulver, nur die Beschriftung darunter ändert sich: Guarkernmehl/E 412, Traganth/E 413, PHB-Ester/E 218. Auf der Plastikdose von Letzterem ist ein Kreuz auf orangefarbenem Untergrund abgebildet. Es kann Haut und Schleimhäute reizen.

Man kommt sich in diesem Raum vor wie in einer Art Labor, aber das ist es nicht. Alles, was hier in den Regalen steht, findet sich auch in unserem Essen. Im Grunde könnte man sich im Supermarkt in den Gang mit den Fertigmahlzeiten stellen und würde das Gleiche sehen. Das macht diesen Ort so seltsam, dieser Widerspruch zwischen dem sterilen Ambiente einer Versuchsanstalt und der alltäglichen Bedeutung all dieser Substanzen.

Vor einem in den Vitrinen befinden sich Stoffe, die man zumindest ansatzweise zu kennen meint. Es sind jene mit der Kennzeichnung E, gefolgt von einer Nummer. Rund 300 dieser «Es» gibt es. Der Buchstabe steht für Europa und bedeutet zugleich, dass für diesen Stoff definiert wurde, wie gefährlich er ist und in welcher Menge er ins Essen darf. Seit 1962 existiert diese einheitliche Listung der Zusatzstoffe. Allerdings sind die «Es» nicht die einzigen Zusätze in der Nahrung. Einige weitere kann man sich zumindest noch vorstellen: Aromastoffe. Das sind Parfüms für Lebensmittel, die der Nahrung den Geruch und den Geschmack geben. Knapp 2500 von ihnen gibt es, und oft benötigen sie weitere Zutaten, sogenannte Trägerstoffe, damit sie sich im Nahrungsmittel halten und nicht sofort verduften.

Spannend an diesem kleinen Museum sind all die Dinge, die man nicht wusste, und über die man nie nachgedacht hat. Oder auf deren Bezeichnung man zuweilen stößt und dann meint, es handle sich um eine natürliche Zutat: Brennnesselextrakt, Rosmarinextrakt, Hefeextrakt. Nur dass diese Stoffe ziemlich weit entfernt von Brennnessel, Rosmarin, Blumenwiese und Kräuterbeet sind.

Extrakte sind Beigaben, die Zusatzstoffe ersetzen können, aber nicht als solche gelten. Hersteller suchen danach, damit auf ihrem Etikett möglichst wenige E-Nummern auftauchen, die insbesondere seit den 1990er Jahren einen schlechten Ruf haben. Was in den Extrakten ist, ist unterschiedlich. Es ist kein geschützter Begriff. Sie bestehen im weitesten Sinn aus Lebensmittelbestandteilen, deshalb gibt es für sie (noch) keine Zulassungspflicht. Brennnesselextrakt kann zum Beispiel einen grünen Farbstoff ersetzen – eine E-Nummer weniger. Hefeextrakt vereint die Funktionen von drei E-Nummern, gilt aber als eine Zutat – schwupps, drei E-Nummern weniger. Rosmarinextrakt enthält Carnosolsäure, einen Stoff, der verhindert, dass Fette ranzig werden. Den Herstellern ist es gelungen, dass er sich in dem Extrakt anreichert. Nur hat diesmal der Gesetzgeber eingegriffen und festgelegt, dass die Funktion ab einer bestimmten Menge gekennzeichnet werden muss. Seitdem steht auf Verpackungen: «Antioxidants: Rosmarinextrakt» oder «Antioxidants: E 392».

Was ist noch natürlich am Essen? Ab wann wird es künstlich? Was ist reine Nahrungszufuhr? Wann wird es zu einem Problem? Eiweiße zum Beispiel können in unser Immunsystem eingreifen, weil jede Zelle Andockstellen für bestimmte Eiweiß-

Under Cover

stoffe hat. Gelangen neue in unseren Körper, können Allergien ausgelöst werden oder andere Stoffwechselveränderungen. Deshalb ist das Motto dieses Ortes: Zusatzstoffe gehören ins Museum, damit sie sichtbar werden. In einer kleinen Zeitleiste lernt man, dass Süßstoffe, die als Alternative zu Zucker vermarktet werden, weil sie angeblich weniger dick machen, gleichzeitig Schweinen ins Mastfutter gemischt werden, um die tägliche Futteraufnahme zu stimulieren. Es ist eine Geschichte der Tricks und Widersprüche unserer täglichen Nahrungsaufnahme, die man sich auch gleich vor Augen führen kann. In einem Teil des Ausstellungsraums hat man einen Supermarkt simuliert, Produkte können in einem Einkaufskorb gelegt und an einer Kasse gescannt werden. Nur listet der Bon keine Preise auf, sondern welche Zusatzstoffe im Einkauf zu finden sind. Es gibt ein Produkt, das Wasser, Salz, E 404 Calciumalginat, E 621 Mononatriumglutamat, E 330 Citronensäure, E 300 Ascorbinsäure, E 415 Xanthan, E 153 Pflanzenkohle, E 202 Kaliumsorbat und E 211 Natriumbenzoat enthält. Würde man im Supermarkt stehen, hielte man Veggie-Kaviar in der Hand.

Grenzschleuse im Schifflersgrund

51° 17′ 09.5″ nördlicher Breite; 9° 59′ 32.0″ östlicher Länge

Am 24. März 1958 verfasste das Hauptzollamt im hessischen Bad Hersfeld ein Schreiben an die Oberfinanzdirektion in Frankfurt am Main: «Ein Geflüchteter aus der SBZ (Sowjetischen Besatzungszone) hat beim Polizei-Kommissariat Witzenhausen ausgesagt, dass auf der Straße Wahlhausen (SBZ) – Bad Sooden Allendorf (BR) monatlich ein sowjetzonaler Agent in das Bundesgebiet

Under Cover

geschleust wird. Die Schleusung soll immer während des ‹Büchsenlichtes› vorgenommen werden.» Büchsenlicht nennen Jäger die Zeiten der Dämmerung, aber auch Vollmondnächte, in denen gerade noch genug Licht herrscht, um Tiere zu erkennen, aber es schon ausreichend dunkel ist, um selbst unentdeckt zu bleiben. Zu dem Geflüchteten finden sich keine weiteren Angaben. Es ist weder festgehalten, wer er ist, noch, wie er es geschafft hat, die DDR zu verlassen, noch, ob er vielleicht sogar die gleiche Öffnung im Zaun benutzt hat wie die Agenten aus der Sowjetunion.

1378 Kilometer war die deutsch-deutsche Grenze lang, und in dieser Grenze gab es Löcher. Die Grenze war eine semipermeable Membran, die an bestimmten Stellen bestimmte Menschen und Dinge durchließ. In gewisser Weise ist es absurd, dass der Staat, der durch ein System von Sperrzonen, Stacheldraht, Minen und Selbstschussanlagen die eigene Grenze sicherte, sie gleichzeitig so bauen musste, dass sie nicht zu sicher war, damit Stellen erhalten blieben, durch die Menschen und Dinge hinaus- und hineingelangten, die niemand sehen sollte. Je nachdem, wen man fragt, soll es 70 bis 540 solcher Schleusen gegeben haben. Heute ist nur noch eine von ihnen erhalten.

Die Schlupflöcher im Grenzzaun wurden von den Mitarbeitern des Ministeriums für Staatssicherheit eingerichtet. Sie haben jeden Vorgang akribisch dokumentiert. Theoretisch müsste es für jede Grenzschleuse eine Akte in den Beständen des Ministeriums für Staatssicherheit geben. Tatsächlich kennt man jedoch nur zwei detaillierte Beschreibungen für diese staatlich lizenzierten Löcher. Sie heißen «Zwerg» und «Wurzel» und lagen auf dem Großen Ehrenberg im Harz. Der Harz war ein perfekter Ort. Wenige, kleine Ortschaften lagen weit verteilt. Dass jemand sah, wie ein Agent durch den Zaun kletterte, war unwahrscheinlich. In ausgedehnten Wäldern konnten die Agenten, waren sie in der BRD angekommen, Wanderungen vortäuschen.

Under Cover

«Als Übertrittstelle über die Staatsgrenze für die Aus- und Einschleusung von IM (Inoffiziellen Mitarbeitern, bis 1968: Geheime Informatoren, GI) wird folgender Grenzpunkt vorgeschlagen: Grenzschild BRD mit Baumgruppe unmittelbar am asphaltierten Wanderweg, rechts der Quelle des Kunzenbaches. Das Grenzschild steht ca. 130 m nördlich der Grenzsäule 1027 und ca. 120 m südlich der Bundesstraße 4 (Foto 1 + 2)», steht in den Akten der Stasi-Unterlagenbehörde über den Grenzübergang «Wurzel». Auf den Bildern sieht man einen weißen hüfthohen Pfosten mit orangefarbener Spitze zwischen Nadelbäumen und Gestrüpp stehen. Hinter ihm verläuft ein Weg. Doch wandert man heute über den Großen Ehrenberg, findet man keine Spuren dieser Spionagetätigkeit mehr.

In der Akte liegen weitere Fotos, eines davon zeigt den Grenzzaun, aufgenommen aus DDR-Perspektive. Darauf erkennt man einen kilometerlangen Zaun, geschätzte fünf bis zehn Meter vor ihm verläuft ein gepflügter Streifen. Es sieht aus, als hätte jemand dort angefangen, einen Acker umzugraben, aber es nur geschafft, diese eine Spur zu fahren. Daneben ist ein Weg aus Betonplatten verlegt: zwei Spuren, so breit wie das Fahrgestell eines Autos, zwischen ihnen sprießt Gras. Hinter dem Fahrweg beginnt ein Wald. So sah die Grenze aus.

Es gibt eine Stelle in Deutschland, da sieht sie noch immer so aus: Sie liegt an der hessisch-thüringischen Grenze. Dort steht noch immer ein Zaun, wird noch immer der zehn Meter breite Kontrollstreifen frei gehalten, liegen noch immer die Betonplatten des Kolonnenwegs im Boden. Mit 1500 Metern Länge ist es das längste Stück Grenze im annähernd ursprünglichen Zustand. Es ist Teil des Grenzmuseums Schifflersgrund.

Steht man vor dem noch erhaltenen Beobachtungsturm und blickt in beide Richtungen, wird der Kontrollwahn des DDR-Regimes greifbar. Seit 1952 folgte auf den Kontrollstreifen ein

Under Cover

500 Meter breiter Schutzstreifen, beide lagen in einer fünf Kilometer breiten Sperrzone, in die Anwohner und Arbeiter nur mit Passierscheinen gelangten. Ab 1961 vergrub man entlang 800 Kilometern der Grenze 1 322 700 Minen. Beständig bemühte man sich, den Grenzzaun selbst unüberwindbarer zu machen: Erst bestand er aus doppelreihigem Stacheldraht, dann wurde er von Streckmetallzäunen abgelöst, die aus dreireihig übereinander angebrachten Metallgitterelementen bestanden, ab 1966 kamen Selbstschussanlagen dazu. Letztere mussten bei starkem Regen und Gewitter ausgestellt werden. Eine dieser Selbstschussanlagen steht als Ausstellungsstück neben dem Beobachtungsturm. Obwohl die Grenze von DDR-Politikern als antifaschistischer Schutzwall bezeichnet wurde, richteten sich die Schussanlagen nicht gegen Eindringlinge aus der BRD, sondern gegen die eigenen Bürger.

Blickt man über den Zaun, verläuft dort – keine 20 Meter von der ehemaligen Grenze entfernt – eine Straße. Es gab sie schon immer. Wer damals vor 1989 Lust hatte, an die Grenze zu fahren und einen Blick in die wenigen grenznahen DDR-Dörfer zu erhaschen, der konnte das tun. Grenztourismus war eine Sonntagsbeschäftigung in der Region.

Allerdings – und das ist der zweite Grund, warum dieser Ort besonders ist – war dieser Landstrich ursprünglich gar kein Grenzbereich. Der Schifflersgrund und die umliegenden fünf Dörfer gehörten bis zum 17. September 1945 zu Hessen. Um zu verstehen, warum sie thüringisch geworden sind, muss man wissen, dass die Amerikaner, die Hessen und Bayern erhalten hatten, alles, was sie benötigten, per Zug erhielten. Schiffe legten in Bremerhaven an, wo man die Güter in Waggons lud. Die Strecke lief von Bremerhaven über Göttingen und Eichenberg in Richtung Bebra. Am Bahnhof Werleshausen mussten die Züge regelmäßig anhalten und wurden durchsucht. Denn dieser Ort und weitere vier Kilometer der Strecke lagen in der Sowjetischen Besatzungszone. Die Amerikaner waren genervt, sie wollten die Hoheit über die gesamte Strecke haben und schlugen einen Gebietstausch zur Grenzkorrektur vor. Mit dem Wanfrieder Abkommen wechselten Sickenberg, Asbach, Vatterode, Weidenbach und Hennigrode nach Thüringen und Neuseesen und Werleshausen nach Hessen. Die 989 Einwohner wechselten mit. Man hatte sie nicht gefragt.

So kam es also, dass die Geländesenke, die man Schifflersgrund nennt, thüringisch wurde und ein Grenzzaun durch sie hindurchläuft. Der aufmerksame Beobachter, der direkt am Grenzzaun entlanggeht, wird eine Stelle bemerken, in der ein kleines Metalltor in den Zaun eingelassen ist. Im Grunde ist es eher ein Fenster, das aus dem gleichen Material wie der Zaun selbst besteht, nur mit Angeln an einer Seite. Die Muttern, mit denen dieses Loch im Zaun verschlossen ist, lassen sich schnell und leicht öffnen. Schaut man sich um, sieht es im Gelände ähnlich aus wie auf den Bildern in der Akte der Grenzschleuse «Wurzel»: Gestrüpp, Bäume, eine (wenig genutzte) Straße. Es könnte die einzige noch erhaltene Grenzschleuse der alten Grenze sein. Doch die Historiker sind hier vorsichtig, denn es gibt zwar das Metalltor, die Aktennotiz des Geflüchteten, die Parallelen zu «Wurzel», aber der abschließende Beweis, die Akte selbst nämlich, wurde (noch) nicht gefunden.

Under Cover

Bizarre Landschaften

Nördlinger Ries

48° 51′ 13.3″ nördlicher Breite; 10° 29′ 13.2″ östlicher Länge

«Symbolbild Deutschlands» könnte über dieser Landschaft stehen: ein ebener Flickenteppich aus Ackerflächen, dazwischen kleine Anhöhen, einige davon eher kahl, andere bewaldet. Eine kleine Stadt thront darin, in ihrem Herzen steht eine Kirche, ihr Kirchturm überragt das Häusermeer. Am Horizont zeichnen sich Hügel ab. Vollkommen austauschbar, könnte man meinen, würde der Kirchturm nicht aus einem seltsamen Gestein bestehen. Eines, von dem ein Amerikaner feststellt: Es stammt aus dem wohl gigantischsten geologischen Ereignis, das in Deutschland je stattgefunden hat. Es ereignete sich hier im Süden Deutschlands, zwischen Stuttgart, München und Nürnberg in einer Landschaft, die man Ries nennt. 15 Millionen Jahre ist das her. Das klingt nach einer langen Zeit, aber wenn man das Alter der Erde von 4,5 Milliarden Jahren auf einen Tag projizieren würde, dann wäre es fünf Minuten vor Mitternacht passiert.

Vor 15 Millionen Jahren war es in dieser Ebene heiß und trocken, ein Klima wie heute im östlichen Afrika. In der kargen Landschaft grasten Dinotherien, Vorfahren unserer heutigen Elefanten. Nur dass ihre Stoßzähne kürzer waren, genau anders herum standen und sie damit nach Wurzeln gegraben haben. Es gab Tiere, die eher Nashörnern ähnelten, Urpferde, Krokodile und das marderähnliche Trochotherium. Niemand weiß, ob es an diesem einen besonderen Tag vor 15 Millionen Jahren bewölkt war oder sonnig oder ob die Sonne vielleicht sogar schon untergegangen war. Man weiß nur, dass ein riesiger Gesteinsbrocken, einen Kilometer im Durchmesser, mitsamt seinem Mond, auch der noch 100 bis 150 Meter im Durchmesser, durch die Erdatmosphäre brach und mit 72 000 Stundenkilometern auf die Idylle zuraste. Die Geschwindigkeit, mit der die Erde um die Sonne kreist, ist ähnlich hoch: 108 000 Stundenkilometer. Nur spüren wir das eben nicht.

Der Gesteinsbrocken kollidiert mit uns oder besser: mit unserem Planeten Erde. Es ist ein Frontalzusammenstoß, und wie bei einem Autounfall ist das alles andere als schön. Der Planetoid wird auf ein Viertel seiner ursprünglichen Größe zusammengeknautscht. Dabei werden unglaublich große Mengen an Energie frei, so als habe man mehrere 100 000 Atombomben wie jene, die auf Hiroshima fiel, gleichzeitig gezündet. Im Einschlagsbereich herrschen bis zu 30 000 Grad Celsius, das ist sechsmal heißer als der Erdkern oder die Sonnenoberfläche. Ein Druck

Bizarre Landschaften

von bis zu zehn Millionen Atmosphären entsteht. Es sind Zahlen, die abseits jeglicher Vorstellungskraft liegen.

Im Umkreis von 100 Kilometern um das Impaktgebiet existiert kein Leben mehr. Augsburg, München, Stuttgart, Nürnberg, hätte es die Städte früher schon gegeben, sie wären mit einem Mal verschwunden. Über weitere 400 Kilometer bringt die Druck- und Hitzewelle Chaos, löst Erdbeben und Brände aus.

Dort, wo der Planetoid einschlägt, wird es so heiß, dass er selbst verdampft. Der Druck der Explosion erzeugt eine Stoßwelle, die einen 4,5 Kilometer tiefen und 12 Kilometer breiten Krater schafft. Der Rand dieses Kraters ist dort, wo heute der Ort Nördlingen liegt. Sehr viel Gestein fliegt durch die Luft. Es fliegt bis nach Oberösterreich, nach Schlesien im heutigen Polen, in die Lausitz und an die Moldau. Dort entdeckt man im tschechischen Südböhmen ein wunderschönes, flaschengrünes Gestein, das man Moldavit nennt. Man hat die Steine anfangs für Abfallprodukte der Glasindustrie gehalten, anschließend für vulkanische Brocken vom Mond, aber Jahrzehnte später stellt man fest, sie stammen hier aus dem Ries.

Nach der Explosion passieren zwei Dinge: Die Erde strebt nach Ausgleich. Es ist, wie wenn man ein Loch gräbt, da rutschen auch die Seiten irgendwann nach. Das passiert auch beim Krater. Zehn Sekunden nach dem Einschlag ist er 4,5 Kilometer tief, fünfzig Sekunden später sind bereits Erdmassen nachgerutscht. Der Krater ist jetzt 25 Kilometer breit, aber nur noch 500 Meter tief. Der Kraterboden federt zurück, es entstehen eine Erhebung im Zentrum und ein ringförmiger Wall um ihn herum. Gleichzeitig fallen Teile des Gesteins, das herausgeschleudert wurde, in den Krater zurück. Dabei landen zuerst jene Gesteinsbrocken im Krater, die als Letztes ausgeworfen wurden: Sie haben am wenigsten von der Hitze und dem Druck abbekommen. Das Gestein, das die Erdoberfläche gebildet hatte, auf der die Dino-

Bizarre Landschaften

therien grasten, das vielleicht sogar direkten Kontakt mit dem Planetoiden hatte, das die meiste Hitze und den höchsten Druck abbekommen hat, das am höchsten fliegt, landet als Letztes wieder auf der Landschaft. Irgendwann, als man im 15. Jahrhundert die Kirche von Nördlingen baut, karrt jemand einige dieser Gesteine heran.

Es regnet sehr viel Gestein herunter. Der Fluss, aus dem einmal der Main werden wird, der Ur-Main, muss sich ein neues Bett graben. Die vom Himmel fallenden Steine verschütten die Flussarme, stauen Seen auf, das Gewässer sucht sich neue Wege. Ebenso ergeht es der Ur-Altmühl und der Ur-Wörnitz. Die Flusslandschaft, wie wir sie heute kennen, gäbe es ohne den Asteroideneinschlag nicht.

Niemand beobachtet das, es gibt damals noch keine Menschen. Über die Jahrzehnte, Jahrhunderte, Jahrtausende kehrten Flora und Fauna zurück. Beides verändert sich. Dort, wo einst Dinotherien herumstampften, entsteht ein See. Die aufsteigende Glutwolke enthält sehr viel kleinste Staubfragmente, an die sich Wassermoleküle anlagern. Es entstehen Wolken, die größer werden, bis es in Strömen zu regnen beginnt. Das Wasser sammelt sich im Krater, ein See bildet sich, der allerdings über die Jahrtausende wieder verlandet. Aus den Flussauen und von den Gletschervorfeldern der Alpen wehen feinster Mineralstaub und Sand heran, die sich vor allem am südlichen Kraterrand ablagern. Menschen entdecken diese Flecken, weil der Boden besonders fruchtbar und das Klima im Kraterbecken sehr mild ist. Der älteste Faustkeil, den man hier gefunden hat, ist 130 000 Jahre alt. Es kommen die Kelten, die Römer … und die Astronauten.

Vor den Astronauten allerdings besucht ein Amerikaner das Ries: Eugene Shoemaker. Es ist das Jahr 1960, und er hat bereits ausgiebig im Barringer-Krater in Arizona geforscht. Er will nach

Bizarre Landschaften

Kopenhagen, um dort seine Ergebnisse vorzustellen. Vorher macht er aber mit seiner Familie einen Roadtrip durch Deutschland, weil er sich den Rieskessel anschauen möchte. Man hält ihn damals für Reste eines Vulkans. Shoemaker und seine Familie machen ein Picknick, während dessen er einige Gesteinsfragmente in der Umgebung einsammelt, die er am nächsten Morgen zu seinem Kollegen nach Washington schickt. Er spaziert auch durch Nördlingen, wandert zur Kirche, steht vor dem Kirchturm, blickt an ihm hoch und denkt: Diese Steine, die stammen nicht aus dem Inneren unserer Erde. Er kennt sie, ähnliche hat er in Arizona auch gefunden. Eine Woche später weiß er: In den Gesteinsproben steckt Coesit, ein Mineral, das nur bei sehr, sehr hohem Druck entsteht. Der Druck muss viel höher sein, als das bei normalen geologischen Prozessen der Fall ist. Er kann nur beim Einschlag eines Himmelskörpers auf die Erde entstehen. Es ist der Beweis dafür, dass das Ries nicht vulkanischen Ursprungs ist. Nur will das damals keiner glauben.

Heute windet sich durch einen dieser Steinbrüche ein Entdeckerpfad, er ist zum Erlebnis-Geotop namens Lindle geworden. Die Landschaft ähnelt jener am Rande einer Wüste, helles Gestein, wenig bewachsen. Im Querschnitt erkennt man die verschiedenen Gesteinsschichten an ihren unterschiedlichen Farben und Konsistenzen: eher braun oder weiß, eher fein sandig oder eher mit Steinen durchsetzt. So etwas kann man auch auf anderen geologischen Lehrpfaden sehen. Am Rand liegt eine bunte Brekzie, das ist eine Gesteinsmischung. Sie besteht aus einer graubraunen Grundmasse, gespickt mit eckigen Gesteinsfragmenten. In den Fragmenten spiegeln sich die verschiedenen Einflüsse nach dem Einschlag wider. Sie enthalten fast unverändertes Grundgestein, Granitbröckchen, deren Struktur von Druck und Hitze manipuliert wurde, Kalksplitter, die thermisch beeinflusst worden sind, und Feuersteine, die noch zu 90 Prozent kristallin sind. Alles ist zusammengematscht wie in einem unfertigen Kuchenteig.

Auf der Schicht mit der bunten Brekzie hat sich ein weiteres Gestein abgelagert: der Suevit. Suevia ist der englische Name für Schwaben. Auch er besteht aus Gesteinsfragmenten, allerdings waren sie wesentlich größerer Hitze ausgesetzt. Er entstand, als die Glutwolke über dem Krater kollabierte. Das Besondere daran sind die Einsprengsel, die schwärzlich glänzen. Es sind Einschlüsse, die wie Glas aussehen und aus komplett aufgeschmolzenem, einst kristallinem Gestein bestehen. Das ist Coesit. Mittlerweile hat man zehn verschiedene weiterer Hochdruckminerale im Suevit gefunden, eines davon hat man nach der Region Riesit genannt.

So wie der Suevit müsste Gestein auf dem Mond aussehen, sagte Shoemaker voraus. Seitdem er die ersten Bilder gesehen hatte, die Ranger- und Survey-Sonden von der Mondoberfläche gemacht hatten, war er überzeugt, dass die Krater dort durch Einschläge anderer Himmelskörper entstanden sein müssen. Als man den Astronauten der Apollo-14-Mission beibringen möchte, wie man die Gesteine eines Einschlagskraters erkennt, bringt man sie 1970 hier in das Ries. Damals kannte man nur eine Handvoll solcher Krater. Heute sind es mehr als 200. Viele von ihnen liegen schwer erreichbar in Wüstengebieten oder sind schon so stark verwittert, dass man die Gesteine nicht mehr erkennen kann. Weswegen auch heute noch manchmal Astronauten in Schwaben landen.

Bizarre Landschaften

Gottesacker

In den Allgäuer Alpen gibt es einen Ort, da kommt man sich vor, als würde man über die Wabenstruktur eines Wespennests balancieren, eines, das von betrunkenen Wespen gebaut wurde, mit ungleichmäßigen Waben, keine einzige regelmäßig geformt. Nur, dass die Struktur eben nicht dünn wie Papier ist, sondern festes Gestein. Man geht, klettert, springt über eine von Hohlräumen durchsetzte felsige Ebene. Das 25 Quadratkilometer große Plateau liegt ganz im Süden Deutschlands, 30 Kilometer östlich des Bodensees, 150 Kilometer südwestlich von München. Teile davon gehören bereits zu Österreich. Gottesacker nennt man es. Er ist Teil einer Karstlandschaft, und an kaum einem Ort ist Deutschland so faszinierend und gleichzeitig befremdlich wie hier.

Karst ist eine Oberflächenform, geprägt von dem, was nicht mehr vorhanden ist. Das Gestein hat sich aufgelöst, einem mit Karies befallenen Zahn gleich. Es haben sich Rillen, Rinnen, Furchen gebildet, aus Vertiefungen wurden Kuhlen, die sich zu Löchern ausgeweitet haben, die zu Höhlen so groß wie Ballsäle wurden. Steht man auf dem Gottesacker, liegen unter einem 100 Meter durchlöcherter Kalkstein.

Wie ist der Gottesacker entstanden? Eine Sage aus dem Kleinwalsertal erzählt davon, dass der Gottesacker einst fruchtbarer Ackerboden war. Je nach Variante der Geschichte gehörte der Acker einem bösen Menschen, oder es waren Senner, die einem armen Wanderer nicht helfen wollten. Wie auch immer, die Alpe wurde verflucht, und seitdem liegt dort nichts als Gestein. Abgesehen davon, dass das mit dem Verfluchen so eine Sache ist, gibt es auch keine Belege für Alpwirtschaft. Das Gottesackerplateau liegt auf 1800 Metern, die Vegetation ist spärlich. Umherwandernde Tiere hätten kaum Nahrung und würden ständig Gefahr laufen, in die Hohlräume zu fallen und zu verschwinden. Und würden sie beides meistern, würde es ihnen doch am Wichtigsten mangeln: Wasser. Auf den ersten Blick gibt es davon hier nämlich nichts, und das, obwohl der Gottesacker vor 100 Millionen Jahren einmal der Grund eines warmen, flachen Ozeans war. Darin lebten Muscheln und Korallen, aber auch andere Organismen, die Kalkschalen bildeten. Vermutlich ähnelte das Ökosystem unseren heutigen tropischen Meeren mit seinen Riffen und seinem Artenreichtum. Starben die Lebewesen, lagerten sich ihre Skelette und Schalen auf dem Meeresgrund ab. Deren Hauptbestandteil: Kalk. Über Jahrmillionen bildete sich eine viele Meter dicke, sehr kalkhaltige Schicht.

Die Schicht veränderte sich, weil die Afrikanische Platte sich in die Eurasische Platte schiebt. Die Landschaft hob sich, das Meer verschwand. Im gesamten Alpenbereich wurden Gesteinsschichten übereinandergeschoben, gefaltet, transportiert und freigelegt. Diese Prozesse machten aus einer Schicht voller toter Organismen und Schalen einen hochreinen Kalkstein. Er besteht aus 98 bis 99 Prozent reinem Kalziumkarbonat. Es ist das Gestein des Gottesackers. Noch heute findet man darin Abdrücke von Korallen und kelchartigen Muscheln. Über Jahrmillionen verwandelte sich der Kalkstein in das löchrige Etwas, das heute vor uns liegt. Die zerstörerische Kraft? Wasser.

Das Wasser, das über den Kalkstein fließt, enthält Kohlensäure. Sie entsteht, wenn Regen Kohlendioxid aufnimmt, das auf natürliche Weise in unserer Atmosphäre vorkommt. Ein Teil des Kohlenstoffs stammt auch aus dem Boden, in dem organische Substanz durch Bodenorganismen abgebaut wird. Das kohlensäurehaltige Wasser löst den Kalkstein auf. Man kann es sich stark vereinfacht als Tausch vorstellen: Das Wasser gibt die Säure

Bizarre Landschaften

ab und nimmt stattdessen Minerale aus dem Gestein auf. Das Gestein wird dünner und dünner. Aber nicht allerorten gleichmäßig. Zuerst findet das Wasser seinen Weg in die Fugen und Klüfte, die entstanden sind, als der Kalkstein gehoben und gefaltet worden ist. Aus wenigen Millimetern werden Zentimeter, werden Rinnen, Schächte, Leerstellen. Über Jahrmillionen formt das Wasser den Stein wie ein Bildhauer. Es schält die Landschaft heraus. Sie verkarstet. Nackt, grau und zerfurcht liegt sie nun vor uns. Alles das, was auf sie fällt, verschwindet in den Schächten und Höhlen, bis es in 100 Metern Tiefe auf eine andere Gesteinsschicht trifft, die sehr tonhaltig ist und kein Wasser durchlässt. Dort sammelt es sich in einem unterirdischen Fluss, der an einer der vielen Karstquellen austritt.

Es gibt mehrere solcher Quellen unterhalb des Gottesackers. Aber eine davon ist besonders bizarr. Sie liegt im Schwarzwassertal und sieht bei Trockenheit aus wie eine flache Höhle im Gestein. Erst bei starkem Regen wird daraus eine Quelle. Dann schießt ein Bach aus ihr heraus. Regnet es nur leicht, verschwindet der Schwarzwasserbach sogar in der Vertiefung. Eine solche Spalte im Karst, die mit dem Wasserstand ihre Funktion ändert, nennt man Estavelle. Die Estavelle im Schwarzwassertal ist die größte in den Alpen. Der Hydrogeologe Nico Goldschier hat sie 1996 erstmals beschrieben. Bei starkem Regen schießt das Wasser mit 4000 Litern pro Sekunde heraus. Bei Trockenheit verschwinden 500 Liter pro Sekunde in der Spalte. Nur zum Vergleich: Aus einem Wasserhahn fließen zwischen 0,2 und 0,4 Liter pro Sekunde. Eine Estavelle verbindet das oberflächlich abfließende Wasser mit jenem, das unterirdisch durch die Höhlen und Schächte fließt. Wenn es zu regnen beginnt, versickert das Wasser in der Höhle, aber langsam steigen auch der Wasserstand und -druck in den Schächten und Höhlen unterhalb des Gottesackerplateaus. Wenn es sehr viel regnet, wird er so groß, dass das

Wasser sich einen Weg heraussucht: durch die Estavelle nämlich. Sie wird zur reißenden Quelle.

Ob man das als Besucher beobachten kann, ist reine Glückssache. Allerdings stehen die Chancen nicht allzu schlecht, denn in dieser Gegend fallen jährlich 2000 Millimeter Niederschlag. Das ist zweieinhalb Mal so viel wie im Durchschnitt in Deutschland. Jeder Tropfen höhlt den Karst des Gottesackers ein bisschen weiter aus, bearbeitet die Landschaft, schürft das Gestein und hinterlässt diese beeindruckende geologische Formation.

Stinksteinwand am Hohen Meißner

51° 12′ 45.2″ nördlicher Breite; 9° 52′ 15.6″ östlicher Länge

Am Hohen Meißner, einem 754 Meter hohen Berg in Nordhessen, stinkt es. Nicht immer. Aber häufig. Wie sehr sich der Geruch in die eigene Nase schleicht, hängt davon ab, wo man sich befindet und aus welcher Richtung der Wind weht. Es ist ein Geruch, der an veraltete Tankstellen erinnert aus einer Zeit, als Benzin noch schwefelhaltig war. Es riecht nach Abgasen, faulen Eiern und Ruß. So, denkt man, muss es in sowjetischen Kurorten gerochen haben.

Doch dieser Geruch stammt nicht von veralteten Industrieanlagen. Er entsteht im Inneren des Berges. Es gibt eine Stelle auf einem hundert Hektar großen Areal, an der man den Hohen Meißner angeschnitten hat. Es sieht ein bisschen aus wie eine mehrstöckige Hochzeitstorte. Nur, dass hier obendrauf kein Zuckerguss liegt, sondern Bäume wachsen. Darunter sind mehrere Terrassen in den Berg gegraben worden, und unter den Terrassen liegt ein See: der Kalbesee. Die Terrassen sind die letzte

Erinnerung an die Grube Kalbe, wo man zwischen 1945 und 1974 Braunkohle abgebaut hat.

Die Kohle entstand vor zwölf Millionen Jahren, als am Hohen Meißner ein Klima herrschte wie heute in Florida. Es war heiß und feucht. Große Sümpfe durchzogen die Region. Gleichzeitig brodelte es unter der Erde, Magma drückte aus dem Erdinneren an die Oberfläche. Es füllte die Senken und Sümpfe, legte sich über Bäume, Büsche und alle Lebewesen. Eine knapp 300 Meter dicke Basaltdecke entstand, als die Lava auskühlte. In den folgenden Millionen Jahren hob sich das Plateau des Hohen Meißners und wurde gleichzeitig von Wind und Regen erodiert. Es entstand der Berg, wie wir ihn heute kennen: 160 Meter Basalt, darunter haben die hohen Temperaturen des Magmas und der hohe Druck der Basaltdecke die abgestorbenen Pflanzenreste der Sümpfe in ein 60 Meter mächtiges Kohlenflöz verwandelt. Es erstreckt sich auf einer Fläche von zwei Mal vier Kilometern. Im Vergleich zum Ruhrgebiet oder dem mitteldeutschen Braunkohlerevier ist das sehr klein.

Allerdings wusste man das nicht, als man im Jahr 1578 die ersten Stollen in den Berg getrieben hat. Nur wenige Kilometer entfernt ließ Landgraf Philipp von Hessen in Allendorf an der Werra Salz gewinnen und brauchte dafür Brennstoff. Die Wälder waren und wurden zunehmend abgeholzt. Braunkohle diente als Ersatz. Doch in der Zeche hatte man Probleme: Immer wieder trat Wasser ein und flutete die Stollen, oder die Kohle fing Feuer. Dann mauerte man den Tunnel zu oder flutete ihn absichtlich, damit kein Sauerstoff mehr hineingelangte. Man erstickte das Feuer sozusagen und begann, an einer anderen Stelle von Neuem zu graben. Vier Millionen Tonnen Braunkohle förderte man auf diese Weise mühsam nach oben. Der Boden rund um den Kalbesee ist durchlöchert mit historischen Stollen.

Einige hundert Meter entfernt von der Grube Kalbe steht

Bizarre Landschaften

noch eine Lore vor dem Eingang eines Stollens. Dort hatte man damals mit dem Kohleabbau begonnen. 1650 war das Dorf Schwalbenthal entstanden: zehn Häuser, fünfundfünfzig Einwohner. Zwei davon und den Friedhof gibt es noch. Dort liegt Ernst Friedrich Strippelmann, kurhessischer Oberberginspektor, begraben. Doch niemand lebt hier mehr. Im alten Bergamt war bis vor wenigen Jahren ein Gasthaus, aber der Osthang des Hohen Meißner rutscht langsam und drückt gegen die Außenwände. Das Dorf selbst war bereits 1886 aufgegeben worden, damals kam der Kohleabbau am Hohen Meißner zum Erliegen. Zu teuer, zu ineffizient.

Doch als nach dem Zweiten Weltkrieg Energiemangel herrschte, erinnerte man sich an die Kohle am Hohen Meißner und begann, den Berg abzugraben. Die Grube Kalbe entstand. Bis 1974 wurden weitere 5,5 Millionen Tonnen Kohle abgebaut. Der Grund, damit aufzuhören, war nicht etwa, dass sich die Kohle dem Ende zuneigte. Im Gegenteil, sechs Millionen Tonnen vermutet man noch heute im Boden. Damals, 1974, gab es keinen Abnehmer mehr für den Rohstoff. Man bedeckte die Flöze mit Erde. Regen- und Grundwasser sammelte sich in der Grube. Der Kalbesee entstand.

Doch irgendwann, niemand weiß genau, wann, begann Rauch am Rande des Sees vor der gewaltigen Basaltwand aufzusteigen. Steht man vor der Wand, entdeckt man Löcher im Boden. Würden sie nicht qualmen, würde man sie vielleicht für Tierhöhlen halten. Man kann nicht besonders tief hineinschauen, will man auch nicht. Der Geruch bereitet Kopfschmerzen. Man spürt die Wärme, die von den Löchern ausgeht. In trockenen Sommern kann man auch einen gelben Rand sehen. Er entsteht, weil sich Schwefel ablagert.

Stinksteinwand nennen die Einheimischen diesen Ort, obwohl es weder eine Wand ist noch der Stein dabei eine Rolle

Bizarre Landschaften

spielt. Im Gegenteil: Weil Gestein fehlt, stinkt es. Über Hohl-
räume und Furchen gelangt Sauerstoff an die Kohle, die noch im
Untergrund lagert, wo sie zu schwelen beginnt. Die Kohle am
Hohen Meißner enthält Markasit. Kommt es in Berührung mit
Sauerstoff, setzt es sich zu Brauneisen um. Dabei entsteht Schwe-
felsäure, Energie wird frei. Sie kann dazu führen, dass sich die
Kohle entzündet. Der Brand ist langsam und leise. Man hört ihn
nicht, man riecht ihn nur. Ganz selten sieht man ihn auch. Im
April 2001 ist ein Jogger an der Stinksteinwand vorbeigelaufen
und konnte in die Glut hineinschauen. Der Brand hatte sich bis
an die Oberfläche hochgearbeitet. Doch damals hat man ihn mit
Erde abgedeckt, diese mit Wasser in das Geröll eingeschlämmt.
Genützt hat es wenig. Boden und Gestein bewegen sich. Dabei
entstehen immer neue Klüfte und Hohlräume, durch die Sauerstoff in den Berg gelangt, der den Schwelbrand nährt. Weil der
Sauerstoff aber nicht ausreicht, um die Kohle vollständig zu
verbrennen, riecht es nach alten Autos. Solche Schwelbrände
gibt es weltweit viele, in Deutschland aber nur zwei: diese Stinksteinwand und den Brennenden Berg im Saarland, dessen Kohlenflöz bereits im 17. Jahrhundert in Brand geraten ist.

Flächennaturdenkmal 0036SK

51° 28′ 14.7″ nördlicher Breite; 11° 46′ 08.4″ östlicher Länge

Ein ausgelaugter, nackter Boden, der kein Lebewesen mehr ernähren kann. An einigen Stellen ist er mit einer weißen Kruste
überzogen. Einige letzte Pflanzen krallen sich fest, man möchte
sie fast verzweifelt nennen. Ein Rauschen verfängt sich im Ohr,
man hält es für den Wind. Dieser Ort liegt nicht in der Zukunft,

Bizarre Landschaften

sondern im südlichen Sachsen-Anhalt am Rande der Bundesstraße 80 zwischen Wansleben im Mansfelder Land und Teutschenthal-Bahnhof.

Wenige Minuten zuvor noch streifte man durch die Bilderbuchlandschaft des östlichen Harzvorlandes mit ihren leicht gewellten Hügeln, die saftig grün leuchten. Traktoren kreuzten den Weg. Ein paar Windräder kreisten scheinbar träge. Es könnte der Inbegriff einer ländlichen Idylle sein, wäre nicht plötzlich diese apokalyptische Marslandschaft aufgetaucht. Ein holpriger Feldweg führt zu ihr. Der Rat des Saalekreises hat das zwei Fußballfelder große Gebiet 1985 unter Naturschutz gestellt und ihm die Verwaltungsnummer 0036SK gegeben. Naturschutz ist, wenn man es genau nimmt, der falsche Begriff. Denn Natur gibt es an diesem Ort keine mehr. Vermutlich ist hier kein einziger Krümel Erde noch an seinem Fleck.

Der Weg endet auf einer freien Fläche, über die ein kleines gelblich-braunes Rinnsal fließt. Einige tote Bäume stehen skulpturengleich auf dem kahlen Boden. Ihr Stümpfe tragen wenige, hagere Äste. Auf dem Boden vor den Baum-Zombies liegen Backsteine, die über die Jahre zerfallen sind, neben Glasscherben und Teilen von Tellern und Tassen. Es sind vermutlich die letzten Reste einer kleinen Siedlung, die hier einst stand. Das erste Haus wurde im beginnenden 19. Jahrhundert errichtet. Es war kaum mehr als eine lang gestreckte Baracke – Wohnhaus für die Kumpel, die in und um den nahe gelegenen Schachtberg bei Langenbogen Braunkohle abbauten. Sie war am Rande eines kleinen Sees errichtet worden. Das Grundwasser reichte bis an die Oberfläche und staute sich zu dem Gewässer. Drum herum lag eine dauernasse Wiese, die die Einheimischen «die Weitzschke» nannten. Es ist das Gebiet, das heute die Nummer 0036SK trägt.

Am 6. November 1691 wurde das Steinkohlen- und Eisenerz-

Bizarre Landschaften

bergwerk Langenbogen gegründet, um am Rande der Weitzschke die anstehende Kohle abzutragen. Das Grundwasser war ein Problem, und der Abbau schritt nur langsam voran. Erst fünfzig Jahre später, als die beiden Salinen in Halle dringend Brennstoffnachschub benötigten, wurde stetig Braunkohle gewonnen. Allerdings nur für rund zwanzig Jahre. Der Kohleabbau im Mansfelder Seengebiet ist immer wieder von diesen Brüchen geprägt, von Zeiten, in denen andernorts kostengünstiger Kohle gewonnen werden konnte und die Grube am Langenbogen stilllag.

Der Winter 1788/89 war sehr kalt, die Salinen in Halle wurden ausgebaut. Deshalb wurde 1789 die Königliche Grube Langenbogen wieder in Betrieb genommen. Das Bergamt ließ wenige Jahre später am Ufer der Weitzschke die ersten Häuser errichten. Die Einheimischen nannten sie die «Schachtbergsiedlung». 1819 war sie so groß, dass eine Schule für die neunundfünfzig Dorfkinder gebaut wurde. Auf alten Zeichnungen sieht man ein halbes Dutzend Häuser auf saftigen Wiesen, davor stehen Bäume, dicht mit Laub bedeckt. Nichts deutet auf die Verwüstung hin, die hier stattfinden wird. Im Jahr 1910 war die Braunkohle ausgebeutet, der See auf der Weitzschke-Niederung verschwunden. Nur eine sumpfige Wiese blieb zurück.

Aber bereits einige Jahre zuvor hatte man nur wenige hundert Meter entfernt damit begonnen, Kalisalz abzubauen. Dazu wäre es vermutlich nicht gekommen, wenn durch die Kohle nicht schon die notwendige Infrastruktur bestanden hätte.

1890 war bei einer Bohrung in der Mansfelder Mulde das erste Mal Kalisalz entdeckt worden. Fünfzehn Jahre später entschied sich die Krügershall AG dazu, bei Teutschenthal einen ersten Schaft abzuteufen. 1907 begann die Kalisalzproduktion. Damals war die Schachtbergsiedlung noch bewohnt. Ein zweiter Ort entstand: Teutschenthal-Bahnhof. Es gibt ihn noch heute.

Bizarre Landschaften

Aus der Schachtbergsiedlung hingegen sind die letzten Bewohner 1967 nach Langenbogen übergesiedelt. Dreizehn Jahre später wurden die Reste der Siedlung abgerissen.

Aus dem Boden holte man damals jedoch nicht nur das Kalisalz, sondern auch allerlei andere Gesteine, für die man keinen Gebrauch hatte. Sie landeten bis 1953 auf einer ersten Abraumhalde. Danach wurden sie in das Tagebaurestloch der Braunkohlegrube verkippt. Das Loch füllte sich langsam, und über die Jahre entstand eine schmale, lang gestreckte Halde. Die Böschungen waren nicht sehr steil. 1982 schloss man mit der Grube Teutschenthal das letzte Mansfelder Kaliwerk. In den fünfundsiebzig Jahren des Salzbergwerks sind unter Tage riesige Hohlräume und über Tage zwei mächtige Halden östlich und westlich von Bahnhof Teutschenthal entstanden. 4 563 705 Kubikmeter Abraum hatten sich angesammelt, waren zu einem 192 Meter hohen Hügel hinter der Weitzschke angewachsen.

Es ist eine graue, trostlose Erhebung, die sich südöstlich der Weitzschke gen Himmel schiebt. Man sieht sie noch heute. Nur die Weitzschke, die gibt es nicht mehr. Denn aus dieser Halde sickert Wasser. Es ist nicht sehr viel, ein kleines, aber stetiges Rinnsal. Seine Quelle liegt hinter einem der toten Bäume. Es lässt sich nicht exakt erkennen, es wirkt, als habe der Boden Poren, aus denen das Wasser herausquillt. Das kleine Rinnsal schmeckt salzig. In ihm sind die minderwertigen Salzverbindungen, die in der Halde abgelagert worden sind, gelöst. Wann die Sole zum ersten Mal austrat, weiß man nicht. Aber es muss lange vor 1967 gewesen sein, als die letzten Menschen aus der Schachtbergsiedlung nach Langenbogen umsiedelten.

Die Sole hat die Natur verändert. Auf der Weitzschke wächst kein Gras mehr, keine Gänseblümchen, kein Löwenzahn. Weiße Ablagerungen haben sich an den Rändern der alten Feuchtwiese gebildet. Man kann sie abbrechen und ihre feine, haarig-kristal-

Bizarre Landschaften

line Struktur bewundern. Es ist Calciumsulfat-Dihydrat, besser bekannt als Gips. Nur ist der Gips, den wir kennen, das weiße Pulver, mit dem man Gipsabdrücke machen kann, von Wasser befreit – wir geben es ja erst dazu. Die nadeligen Kristalle, die sich hier am Ufer bilden, haben das Wasser bereits gebunden.

Am Rande findet man Pflanzen mit dicken, fleischigen Stängeln. Queller heißen sie und wachsen eigentlich an der Nord- und Ostseeküste. Im Sommer leuchten die kleinen lilafarbenen Blüten der Salzaster. Hier und da wächst etwas, dessen Blätter Seerosenblätter ähneln, so fleischig und mit einer glänzenden Oberfläche, nur fingernagelgroß, eine Pflanze mit kleinen, hellen Blüten, die auf einen Boden mit hohem Salzgehalt angepasst ist. Das Dänische Löffelkraut ist eine unscheinbare Pflanze, die einen weiten Weg zurückgelegt hat. Sie ist von der dänischen Küste entlang der Autobahnen und Hauptverkehrsstraßen weitergewandert. Dort, wo im Winter Salz gestreut wurde und im Frühjahr der Boden versalzen war, hat es seine Samen ausgeworfen. An der Küste wächst es in der Dünengesellschaft, wo Trockenheit, Wind und Salz das Leben erschweren. Zum Überleben braucht es Standorte, die salzig sind und offen gehalten werden – so wie Mittelstreifen der Autobahnen, auf denen sich das Streusalz anreichert, die aber regelmäßig gemäht werden. Das Dänische Löffelkraut produziert viele Samen, die von der Verwirbelung, die die vorbeifahrenden Autos erzeugen, weitergetragen werden. Jedes Jahr ein kleines Stück. So hat es sich über ganz Deutschland ausgebreitet, bis in den Osten, wo sich A38 und A134 kreuzen. Von dort bis zur ehemaligen Weitzschke sind es nur wenige Kilometer, vermutlich sind die Samen im Profil von Reifen oder in Schuhsohlen bis hierher gewandert.

Das Dänische Löffelkraut und die anderen Pflanzenarten haben der Fläche ihren schützenswerten Status gegeben: «Mit 15 halophilen (salzliebenden) Pflanzenarten wird bereits ein hoher

Bizarre Landschaften

Prozentsatz der potentiell möglichen Arten derartiger Standorte erreicht. Gleichzeitig sind die wichtigsten Pflanzengesellschaften derartiger Binnensalzstellen entwickelt. Aus diesem Grund wird vorgeschlagen, diese landwirtschaftlich nicht zu nutzende Fläche als Flächennaturdenkmal zu sichern.» So schrieb man 1985 in einem Beschluss des Rats des Saalekreises – und legte den Vorgang unter der Nummer 0036SK ab.

Das Nizza, Frankfurt am Main

50° 06′ 24.5″ nördlicher Breite; 8° 40′ 29.0″ östlicher Länge

In Frankfurt auf der nördlichen Mainseite, etwas unterhalb der Oper und des Jüdischen Museums, steht keine 50 Meter vom Ufer entfernt eine Bananenstaude, es wachsen sogar Bananenbüschel daran. Je nach Jahreszeit findet man hier auch Bäume, an denen reife Kiwis oder Kakis hängen. Sie sind nicht auf natürlichem Wege an den Main gelangt, sie wurden angepflanzt. Aber die Staude und auch die vielen verschiedenen Palmen um sie herum wachsen hier. Sie werden im Winter nicht ausgegraben und in eine Orangerie gebracht. Die Frankfurter nennen dieses 400 Meter lange Stück mediterraner Oase schlicht und einfach «das Nizza».

An der Stelle des Nizza stand um 1850 noch eine Insel im Main. An ihr lagen Schiffe verankert. Im Sommer errichtete man hölzerne Umrandungen, die auf dem Fluss schwammen und innerhalb derer gebadet wurde. Der Main war klar und fischreich, die chemische Industrie siedelte sich erst später an. 1821 hatte man den Fluss kanalisiert und dafür Kaimauern gebaut. Die industrielle Revolution hatte begonnen, immer mehr

Menschen nutzten die Eisenbahn. Allerdings gab es zur damaligen Zeit keinen Hauptbahnhof, an dem die Reisenden aus allen Himmelsrichtungen in Frankfurt ankamen. Reisende aus Leipzig erreichten die Stadt über den Ostbahnhof, Reisende aus Wiesbaden über den Westbahnhof. Wollte der eine zum anderen, musste er die Bahnhöfe wechseln.

Um hier Abhilfe zu schaffen, beschloss man, die Maininsel zu Festland zu machen, und begann, den Fluss an dieser Stelle aufzuschütten. Über das neue Stück Land wollte man ein Verbindungsgleis legen, das die beiden Bahnhöfe miteinander verband, und dort eine weitere Grünanlage anlegen. Um die Innenstadt von Frankfurt zieht sich ein Halbkreis aus Parks: Es reihen sich vom Main aus Gallusanlage, Taunusanlage und einige weitere Grünanlagen aneinander, bis die Obermainanlage wieder auf den Fluss trifft. Sebastian Rintz, der erste Stadtgärtner Frankfurts, hatte schon lange den Plan gehegt, parallel zum Fluss einen Park anzulegen, der den Halbkreis aus Grünanlagen schließen sollte.

Rintz' Neffe Andreas Weber war es dann, der ab 1875 den mediterranen Garten schuf. Es war die Zeit, in der überall im Land Völkerschauen stattfanden, in denen ein voyeuristisches Publikum Menschen aus anderen Weltgegenden anstarren konnte. Exotik war ein begehrtes Gut. Einheimische Pflanzen wollte man deshalb nicht, sondern Pflanzen, die aus der Neuen Welt kamen. Der kleine Uferpark entwickelte sich schnell zur Flaniermeile der Stadt. Und weil diejenigen, die es sich leisten konnten, Reisen an die Küsten des Mittelmeers machten und der mondänste Ort damals Nizza war, bürgerte sich schnell genau dieser Name für die neuen Anlagen ein.

Es war ein glücklicher Zufall, dass das Mikroklima auf diesem kleinen Flecken tatsächlich wärmer ist. Die Kaimauern speichern die Sonnenenergie des Tages, gleichzeitig halten sie die

Bizarre Landschaften

kalten Nordwinde ab. Heutzutage strahlt der umgebende Beton der Stadt weitere Wärme ab, und auch die Abluft der Gebäude trägt dazu bei, dass es im Nizza durchschnittlich 5 Grad wärmer als die offiziell gemeldeten Temperaturen der Stadt Frankfurt ist, die allerdings am Flughafen gemessen werden.

Auf einer Zeichnung von 1864 erkennt man schon, wie das Nizza wild wuchert. Das heutige Bahnhofsviertel existiert noch nicht. An seiner Stelle sieht man weitläufige Parkanlagen. Max Beckmann malte die üppige Pracht des Nizza 1921, im Hintergrund ragt ein Gebäude der Gründerzeit auf. Damals allerdings buddelte man die mediterranen Hölzer am Ende des Herbstes aus und schaffte sie zum Überwintern in Orangerien. Bis zum Zweiten Weltkrieg war das Stück Fluss der Laufsteg Frankfurts. Aber durch die Feuerstürme während des Krieges gingen viele Bäume kaputt, und danach hatte niemand Interesse an Schönheit. In einigen Beeten pflanzte man Heilkräuter für Frankfurter Krankenhäuser, in anderen Gemüse, um den Hunger zu lindern.

Ab 1950 wurde der Park neu gestaltet, so wie man es damals vermochte: Man pflanzte Mammutbäume, Atlaszedern und Schlangenhautahorn. Links und rechts des Weges legte man Beete an, wie man sie aus vielen deutschen Parks der Wirtschaftswunderjahre kannte: im Winter Stiefmütterchen, im Sommer einjährige Sommerblumen, im Frühling auch Tulpen. Von der Exotik der Anfangsjahre war kaum etwas übrig, was blieb, war ein Stück Park am Wasser, in dem man seine Ruhe haben konnte. Das wussten auch die Menschen, die keine Bleibe hatten: Obdachlose, Wanderarbeiter, Junkies. In den 1990er Jahren war das Nizza ein Ort, an dem man sich als ahnungsloser Spaziergänger tagsüber unwohl fühlte und wohin man sich nachts nicht verirren wollte.

Den Anlass, daran etwas zu ändern, bot die geplante Fußball-

Bizarre Landschaften

weltmeisterschaft im Jahr 2006. Frankfurt sollte einer der vielen Austragungsorte werden, und die Stadt beschloss im Zuge dessen Ende der 1990er Jahre, sich etwas mehr herauszuputzen, vor allem am Mainufer. Rund um das Nizza wurden die Büsche beschnitten, der Uferweg durchgehend betoniert. Alle 20 Meter wurde eine Straßenlaterne aufgestellt, die die gesamte Nacht hindurch brennt. Das verwilderte Stück Grün unterhalb des Jüdischen Museums sollte als mediterraner Garten neu bepflanzt werden. Die Zeitung berichtete davon. Daraufhin meldete sich beim Grünflächenamt der Stadt ein Sozialarbeiter mit einer ausgemachten Leidenschaft für exotische Gewächse. Ganze Ordner hatte er darüber angelegt, einiges auch im eigenen Garten angepflanzt. 1999 bewarb er sich mit einem detaillierten botanischen Konzept. Es wurde von den Experten des Palmengartens geprüft und für machbar gehalten.

Rainer Gesell pflanzte ein halbes Dutzend unterschiedliche mediterrane Eichen, mindestens acht verschiedene Palmen, Oleander, Mittelmeerpistazie, Erdbeerbäume, Atlasginster, eine chilenische Honigpalme. Die 220 unterschiedlichen Pflanzenarten, die dort heute wachsen, sind auf fünf Kontinenten beheimatet. Es ist vermutlich nicht nur eine der wärmsten öffentlichen Gartenanlagen Deutschlands, sondern auch eine mit der größten Sammlung südländischer Gehölze – und sie alle überwintern im Freien. Lediglich Metallkäfige um die Basis der Pflanzen, in die man getrocknetes Laub stopft, schützen sie vor der Kälte. Spaziert man hindurch, ist es vor allem der herb-frische Duft, der sich mit dem Geruch des Wassers vermischt, der einen sofort in eine andere Weltgegend versetzt: ans Meer, mit Brise und Savoir-vivre. Nizza eben.

Bizarre Landschaften

Peperlake, Lüdinghausen

51° 46′ 29.4″ nördlicher Breite; 7° 26′ 37.8″ östlicher Länge

Es gibt Orte, die findet man nicht auf den digitalen Karten der großen Suchmaschinen. Einer davon nennt sich Peperlake und liegt zwischen Münster und Dortmund in Lüdinghausen. Es ist ein schöner Gedanke, dass wir alle Orte kennen, die das Internet noch nicht beschlagnahmt hat.

In Lüdinghausen hat man das Gefühl, die Menschen haben sich bemüht, sich das Land untertan zu machen, aber das Wasser hat gewonnen. Überall ist Wasser: Fluss, Teich, Kanal, Bach. Mühlenstever, Ostenstever, Vischeringstever, Dortmund-Ems-Kanal, Alte Fahrt und eben Peperlake.

Das war nicht immer so. Am Anfang gab es nur die Stever, aber dann kamen die Burgen. Urkundlich tauchen sie erstmals 1271 auf. Die älteste nennt man heute Burg Lüdinghausen. Man vermutet, dass an ihrer Stelle bereits im 10. Jahrhundert eine Burg gestanden habe. Ob diese erweitert und umgebaut oder eine vollkommen neue errichtet wurde, weiß man nicht. Man geht davon aus, dass Anfang des 13. Jahrhunderts die Herren von Lüdinghausen jene Burg errichteten, von der wir heute noch einige Reste sehen können. Sie waren Ritter, die als Beamte im Dienst des Bischofs von Münster standen. Das Gebiet des heutigen Lüdinghausen war damals ein Sumpf, durchzogen von Wasserläufen. Das Wasser führte man um die Burg herum. Mindestens sechs Ringgräben umgaben die Burg. Sie wurden zum Schutzwall anstelle von Mauern.

In dieser Burg Lüdinghausen lebte Mitte des 13. Jahrhunderts Bernhard Wolf von Lüdinghausen mit seinem Bruder Hermann I. Wenige hundert Meter südlich der ersten Burg bauten sie – ohne Einverständnis des Bischofs – eine zweite, vermutlich

Bizarre Landschaften

um ihren Machtbereich auszudehnen. Weil sie auf einer kleinen Anhöhe stand, nannte man sie Burg Wolfsberg. Wieder leiteten sie Wasser um und ließen Kanäle graben. Die Brüder zogen umher, raubten und kämpften.

Bischof Gerhard von der Mark wehrte sich, unterwarf die beiden 1271 und stellte ihren beiden Burgen eine dritte entgegen, die er auf einer Sandinsel in einem Arm der Stever errichten ließ: Burg Vischering. Alle drei Burgen – oder die Reste derselben – stehen heute in Laufentfernung voneinander, sie sind umgeben von einem Netz aus Wasserwegen, ein System verzweigter Arme, Becken, Kanäle. Die Peperlake ist Teil davon.

Lake bedeutet «wenig wasserführender Flussarm». Seit wann sie diesen Namen hat, weiß man nicht, aber seit 1406 führte sie kaum noch Wasser. Damals wurde eine Mühle gebaut, für die man abermals das Flusssystem regulierte. Man grub einen Kanal, den man Mühlenstever nannte. Er trieb einerseits das Mühlrad an, andererseits war er die Verkehrsader, auf der man mit Pferden Frachtkähne zur Mühle hinaufzog. Der Mühlenstever raubte der Peperlake den Zufluss. Peper ist eine Verballhornung von Bever, Biber. Der hat, davon geht man aus, in diesem wasserreichen, sumpfigen Gebiet gelebt. Unweit gibt es auch einen Ort namens Beverke.

Der Biber war in Deutschland bis auf einen kleinen Bestand an der mittleren Elbe Anfang des 20. Jahrhunderts ausgerottet. Dafür gab es drei Gründe: das Fell, sein Drüsensekret, das als Wundermittel galt, und die religiösen Vorschriften, besonders in Orten wie dem katholischen Lüdinghausen. Denn anders als heute gab es früher bis zu 130 Fastentage. Vor jedem religiösen Feiertag sollte man in sich gehen, beten und fasten. Was in dieser Zeit der Muße und Buße nicht gegessen werden durfte, änderte sich immer mal wieder. 590 hatte Papst Gregor verfügt, dass man auf das Fleisch warmblütiger Tiere verzichten müsse. Fisch war

erlaubt. Aber weil Menschen immer auf der Suche nach Recht-
fertigungen für Ausnahmen der Auflagen waren, sind im Laufe
der Jahre einige Säugetiere zur Fischspezies konvertiert worden.
Während des Konstanzer Konzils 1414 bis 1418 beschloss man:
Biber, Dachs, Otter – ab sofort Fische. Im «Praktischen Kochbuch
für gewöhnliche und feinere Küche unter besonderer Berück-
sichtigung der Anfängerinnen und angehenden Hausfrauen»
finden sich Rezepte für gebratenen Biberschwanz: mariniert, in
Essig und Wasser gekocht, paniert, in Butter ausgebraten und mit
Zitronenschreiben garniert. Man geht davon aus, dass auch die
Biber der Peperlake in Pfannen und Kochtöpfen gelandet sind.

Die Peperlake hat sich – wie auch der Biberbestand in Deutschland – wieder erholt. Seit 2018 gestaltet die Stadt Lüdinghausen
ihre Park- und Wasserlandschaft um. Gewässer wurden von
Schilf und wild wuchernden Büschen befreit, Fischstufen gebaut
und Wasserwege verbunden. Die Landschaft, die daraus entstanden ist, hat etwas von der Eleganz englischer Gärten, vermischt
mit der wilden Rauheit deutscher Wiesen. Pferde grasen am
Rand. Im Sommer summt und zirpt es, obwohl man sich doch
innerhalb eines Ortes befindet. Die Peperlake führt noch immer
wenig Wasser, fließt aber jetzt zwischen Mühlenstever und
Vischeringstever. Biber allerdings hat man in ihr noch nicht wieder gesichtet.

Bizarre Landschaften

Vorstellungswelten

Christliche Gemeinde der Heiligen Dreifaltig-keit Ost-West

48° 10′ 01.6″ nördlicher Breite; 11° 32′ 53.9″ östlicher Länge

Man hält es kaum für möglich, aber über ein halbes Jahrhundert lang bis 2014 gab es einen Schwarzbau mitten in München: ein illegal errichtetes Gebäude, das vermutlich keinerlei Vorschriften des Brandschutzes, der Energieeffizienz oder der Statik entsprach. Was dem Gebäude selbst ziemlich egal war und dem Freistaat Bayern und der Stadt München lange Zeit scheinbar auch. Oder besser: Irgendwann haben die öffentlichen Stellen aufgegeben,

Timofei Prochorow erklären zu wollen, dass man nicht einfach mir nichts, dir nichts beschließen kann, auf dem Gelände des alten Flugplatzes Oberwiesenfeld, dem heutigen Olympiagelände Süd, eine Kirche zu errichten.

Deshalb steht dort, versteckt hinter Büschen in Sichtweite des Fernsehturms, ein kleiner weißer Bau mit blauem Dach und Türmchen, auf denen Kreuze thronen. Die Architektur ist grob angelehnt an jene orthodoxer Kirchen. Timofei hat das Baumaterial für sein Gotteshaus aus den Schutthaufen gezogen, die 1952, als er in Oberwiesenfeld ankam, das Gelände bedeckten. Die Kirche besteht aus drei Teilbauten: einem größeren Gebäude mit zwei blauen Flügeltüren, durch die man in das Kircheninnere tritt, und zwei versetzten Anbauten. Wenn man vor dem Gebäude steht, wirken sie wie zwei Seitenflügel, wobei einer der beiden noch ein kleines Türmchen trägt, der zweite nur die Kreuze. Im Innern fällt der Kronleuchter auf, an dem blaue Christbaumkugeln hängen. Die Decke ist über und über mit Silberpapier bedeckt – es stammt aus Schokoladenpackungen. An den Wänden hängen Bilder von Maria, Jesus, Engeln und biblischen Szenen. Auch sie stammen aus dem Sperrmüll, oder Besucher haben sie mitgebracht, die Timofei unterstützten.

Timofei ist 2004 gestorben, aber in einer kleinen Hütte neben der Kirche hängen noch Fotos von ihm und seiner Betschwester Natascha, die er 1973 geheiratet hat. Man muss den Kopf einziehen, wenn man eintritt. Für jeden Zentimeter mehr an Höhe hätte Timofei mehr Schutt herankarren müssen, also hat er sich die Höhe gespart. An der Wand sieht man alte Bilder, ihn mit schlohweißen Haaren und Bart, Natascha mit Kopftuch, ein Haus, man sieht Schafe, Obstbäume, eine Schubkarre aus Holz. Stünde nicht darunter, dass die Bilder in den 1950er und 60er Jahren in München aufgenommen worden sind, man würde die Szenen in einem russischen Dorf verorten.

Vorstellungswelten

Timofei wurde 1894 in einem Dorf am Don geboren. Bis zum Zweiten Weltkrieg hat er ein unauffälliges Durchschnittsleben geführt. Eingezogen wurde er nicht, stattdessen machte er Sozialdienst im Dorf: Er fuhr die Kohlen aus. So erzählte er es selbst immer wieder, überprüfen an dieser Geschichte lässt sich wenig. Im Winter 1943 konfiszierten österreichische Soldaten auf dem Rückzug seinen Wagen und sein Pferd, und Timofei ließ sich gleich mitkonfiszieren, in der Hoffnung, dass sie ihm nach einigen Kilometern Pferd und Wagen zurückgeben würden. Aber nach Tagen des Fahrens merkte er: keine Chance. Also verließ er das Lager, wollte nach Hause laufen. Nur war es Winter. Ein russischer Winter, so wie man ihn sich vorstellt. Es hatte schon einen Grund, warum die Soldaten ihm Pferd und fahrbaren Untersatz geklaut hatten. Timofei lief los, über die weiten Wiesen, überall lag Schnee. Irgendwann, so geht die Geschichte, sah er eine Feuersäule, die aus dem Himmel kam. Er dachte: «O nein, eine Rakete oder eine Bombe», und fiel auf den Boden, duckte sich, aber die Detonation blieb aus. Als er aufstand, sah er, dass aus der Säule Maria, die Mutter von Jesus, herausstieg. Sie sagte zu ihm: «Geh nach Westen, bau für mich eine Ost-West-Friedenskirche.» Timofei aber hatte keine Lust. Er wehrte sich. Er stritt mit Maria. Er hatte Frau und Kinder. Er flehte und bettelte. Aber Maria ließ sich nicht erweichen. Also drehte Timofei um und kehrte zurück zu den Soldaten.

Niemand sagte es, aber er dürfte dreifach erschöpft gewesen sein: halb verhungert, wo auch sollte er mitten im Kriegswinter 1943 Essen auftreiben; bis auf die Knochen durchgefroren, und irgendwann auch müde vom Laufen durch den Schnee, immer wieder rutschend, den Halt verlierend. Erschöpfung kann Halluzinationen auslösen. Vielleicht wäre er ohne Maria einfach auf einer russischen Wiese erfroren. So aber kehrte er zurück zu den Soldaten, bei denen er Schutz fand, ein warmes Feuer, vielleicht,

Vorstellungswelten

und die ihn durchfütterten, weil er sich mit den Pferden aus-
kannte – wie auch immer.

Er landete mit den Soldaten in Wien, wo er eine Russin ken-
nenlernte: Natascha. Er erzählte ihr von seiner Aufgabe, und sie
fand die Idee großartig. Fortan war es nicht mehr seine Mission,
sondern ihre gemeinsame Aufgabe. Die erste Ost-West-Friedenskirche bauten sie in Wien, aber sie fiel der Stadtplanung zum
Opfer. Sie bauten eine zweite, an anderer Stelle. Auch sie wurde
abgerissen. Timofei verzweifelte. Er wollte doch Marias Auftrag
erfüllen, aber es klappte nicht. Was sollte er nur tun? Eine weitere Kirche bauen, die wieder abgerissen werden würde und
wieder und wieder? Die Erfüllung des himmlischen Auftrags
schien zu einer Sisyphusaufgabe zu werden. Er begann zu fasten
und zu beten. Und wieder war Maria zur Stelle. Sie hatte eine
sehr konkrete Anweisung: «Geh nach München. Finde Oberwiesenfeld, dort stehen Häuser. In dem letzten lebt ein russischer
Mann, der Ivan heißt. Von diesem Haus 100 Schritte nach Osten,
da soll meine Kirche stehen.»

Erst als Timofei und Natascha 1952 auf dem Oberwiesenfeld
ankamen, wird die Erzählung belegbar. Sie fanden dort einen
alten Flugplatz, der von der amerikanischen Armee genutzt
wurde. Bis 1957 starteten und landeten hier noch Maschinen.
Auf einem anderen Teil des Geländes entstand ein Schuttberg.
Trümmer wurden aus der ganzen Stadt herangefahren. Am Ende
bestand die 56 Meter hohe Halde aus 10 000 000 Kubikmetern
Schutt. Entlang des Nymphenburger Kanals waren seit Kriegsende über 300 Kleingärten entstanden. Kurzum, das Oberwiesenfeld war ein Mosaik an Nutzungsarten, in dessen Mitte 1952 eine
Brache lag. Aber nicht mehr lange, denn genau hier begannen
Timofei und Natascha zu bauen.

Geld hatten die beiden keins. Ihr Material zogen sie aus dem
Schuttberg. Luden es auf ihre Schubkarre und schafften es hin-

über zu ihrer Baustelle. Sie befreiten den Boden von Steinen, legten sich einen Garten an und pflanzten Obstbäume. Teile ihrer Ernte verkauften sie oder tauschten sie ein. Eineinhalb bis zwei Jahre bauten sie. Dann war die Kirche fertig. Sie werkelten weiter an einer Hütte, in der sie wohnten, und an einer Kapelle. Auf den alten Fotos, die in der kleinen Hütte hängen, sieht man, wie der Garten prächtiger wird. Sie hielten Katzen und Tauben, die das Kleinod noch idyllischer wirken ließen. Nur gehörte ihnen weder das Land, noch hatten sie eine Baugenehmigung. Niemanden interessierte das damals, es ist das Nachkriegsdeutschland. Man hatte Wichtigeres zu tun, als sich mit einer selbstgezimmerten Kirche auf einer Brache zu beschäftigen.

Das änderte sich 1962. Unter dem Aktenzeichen 4487–04415–II schrieb die Bundesvermögensstelle am 20. Februar 1962 an Timofei Prochorow, München-Oberwiesenfeld, mit dem Betreff «Ehemaliges Wehrmachtsgelände in München-Oberwiesenfeld – südlicher Teil – nördlich vom BMM-Stadion»: «Nach einer Regelung zwischen der Bundesrepublik Deutschland und dem Freistaat Bayern ist das o. a. Gelände ab dem 1. 8. 1961 in meine Verwaltung übergegangen. Bei der Übernahme des Geländes habe ich festgestellt, daß Sie sich dort unberechtigt angesiedelt haben.

Da das Grundstück von der Bundeswehr dringend benötigt wird, fordere ich Sie auf, das Gelände bis zum 30. 6. 1962 zu räumen und freizumachen. Bei Nichträumung wäre ich gezwungen, gegen Sie Räumungsklage zu erheben. Ab Zeitpunkt der Übernahme behalte ich mir vor, eine Nutzungsentschädigung zu verlangen, deren Höhe ich noch bestimmen werde.»

Nur wurde weder geklagt noch geräumt. Timofei war noch da, als im August 1965 der Fernsehturm gebaut wurde, und auch noch, als man die alten Flughafengebäude Ende der 1960er Jahre sprengte. Aber er wurde bekannter, die Zeitungen berichteten über ihn, Natascha und die Kirche, denn mittlerweile soll in Oberwiesenfeld etwas anderes entstehen – ein neues Gelände für die Olympiade 1972. Niemand wusste so ganz, in welche Glaubensgemeinschaft er einzuordnen war. Die Diözese-Verwaltung der orthodoxen Kirche in Deutschland beschwerte sich bei Oberbürgermeister Hans-Jochen Vogel: «Herr Prochorow wurde oft, aber zu Unrecht, als ‹russisch-orthodoxer Mönch› angesehen. Nach neuen Zeitungsberichten soll der sogar zum ‹Priester der russisch-katholischen› Kirche geweiht worden sein. Er ist wohl Russe, aber weder Mönch noch orthodoxer Geistlicher.» Stattdessen bezeichnete der Brief ihn als religiösen Selfmademan. Das war vermutlich richtig. Laut Timofei gab es zwei Linien des Christentums: die östliche, orthodoxe und die westliche mit den katholischen, protestantischen, evangelikalen Vorstellungen. Er hatte vor, beide in seiner Kirche zu vereinen.

Nur stand die Kirche dort, wo damals das Einzeljagdspringen stattfinden sollte. Die *Abendzeitung* startete daraufhin die Aktion: «Helft dem Olympia-Eremiten». Bei der Stadt gingen Unterstützerbriefe ein. Günther Behnisch, der Architekt, der das Olympiagelände plante, ließ verlauten, auf dem Gelände müsse auch Platz für etwas Ungewöhnliches sein. Das Springen wurde verlegt, Timofei blieb. Allerdings ließ man nach dem Hinweis einer Bürgerin die Sanitäranlagen prüfen. Am 17. Juni 1969 schrieb die Direktion der Bezirksinspektionen an das Direktorium Investitionsplanungs- und Olympiaamt: «Wenn die Stadt bereit ist, die vorhandenen Schwarzbauten – 1 Kirche, 1 Kapelle und 2 Behelfswohnheime – unter dem Druck der Presse und der öffentlichen Meinung als skurrile Besonderheiten auf dem Gelände zu dulden, wird empfohlen, auch für den ordnungsgemäßen Ausbau der sanitären Anlagen im Rahmen des Olympia-Programms zu sorgen.» Nur passierte das nicht, weder der Freistaat Bayern noch die Stadt München wollten die Kosten dafür tragen. Noch zu seinem 98. Geburtstag im Jahr 1992 wünschte sich Timofei einen Wasseranschluss.

Nach Olympia produzierte er noch zwei Skandale. Als er Schwester Natascha heiratete, wurde er der Bigamie beschuldigt, und die Bundesregierung erkundigte sich in der Sowjetunion nach seiner Heiratsurkunde. Zur gleichen Zeit kam ans Licht, dass er regelmäßig Geld in die UdSSR geschickt hatte, das durch illegales Spendensammeln zusammengespart worden war. Allein 1971 waren es 30 000 Mark gewesen. Sie waren an seine (angeblich) erste Frau Fjedora und seine beiden Söhne gegangen. Er saß beide Anklagen einfach aus. Am 9. August 1982 bekam er einen Pass für Staatenlose, danach wurde es still um ihn. Die Zeitungen berichteten alle Jahre wieder, wenn er Geburtstag hatte oder krank geworden war.

Im November 2001 brach er sich den Oberschenkelhals und wurde zum Pflegefall. Drei Jahre später holte er sich eine Lungenentzündung. Am 15. Juli 2004 starb er im Alter von 110 Jahren im Pflegeheim. Knapp zehn Jahre später wurde das 4500 Quadratmeter große Areal mit der Kirche vom Freistaat Bayern an die Stadt München übergeben. Seit dem 4. April 2014 liegt eine Baugenehmigung bei der Lokalbaukommission vor. Darin wird die Nutzungsänderung zur Gedenkstätte für Väterchen Timofei beantragt – damit ist die Kirche des vermutlich erfolgreichsten Hausbesetzers Deutschlands nach zweiundfünfzig Jahren legal geworden.

Neu-Brasilien

51° 18′ 52.2″ nördlicher Breite; 12° 18′ 52.1″ östlicher Länge

Neu-Brasilien steht auf dem Schild im Südwesten Leipzigs, die grün-gelbe Flagge weht. Hier beginnt kein neues Staatsgebiet, es ist die Pforte zu einer Kleingartenanlage, die als besetztes Stück Land begann und mit neu gewonnener Freiheit endete. Heute teilt eine Hauptverkehrsstraße mit Straßenbahnschienen das Areal in zwei Teile. Doch rechts und links der Straße liegen kleine Gärten Eden. Schreitet man durch die Reihen, wuchert und blüht es überall. Kaum ein Garten ist vernachlässigt oder besteht nur aus Rasenfläche.

Man schrieb das Jahr 1909, die Versorgungslage in Leipzig war schlecht. Die Dörfer Kleinzschocher und Plagwitz waren erst 1891 eingemeindet worden, seitdem waren dort große Siedlungen für Arbeiter entstanden, die in den neu entstandenen Fabriken schufteten. Allerdings lag auch noch viel Land zwischen den ehemaligen Dörfern und der verdichteten Stadt brach. Am Rande von Kleinzschocher gab es hinter einem alten Steinbruch, in dem nicht mehr gearbeitet wurde, ein großes verwildertes Terrain. Die Familien Buchmüller, Dorn, Greschik, Keck und Otto kannten das Gelände; wem es gehörte, wussten sie nicht. Sie alle waren Arbeiter, ihre Lage prekär. An einem Sonntag im Herbst marschierten sie los, mit Maßbändern, Schaufeln, Hacken und Spaten und steckten das Gelände ab, bauten einen Zaun aus Holzpfählen und Stacheldraht und teilten es in Parzellen auf. Bis zum Winter beackerten sie den Boden, im Frühjahr 1910 säten sie zum ersten Mal aus – ohne je mit dem Eigentümer gesprochen zu haben. Im Grunde hatten sie das Land besetzt, um sich ernähren zu können.

Als der Grundbesitzer namens Vetterlein – der Vorname ist

nicht bekannt – sein Land in diesem Jahr verkaufen wollte, musste er feststellen, dass es bereits genutzt wurde. Sein Prokurist sprach mit den gärtnernden Familien, und sie einigten sich auf eine Pachtzahlung, ohne jedoch je Verträge abzuschließen. Indessen wuchs die Kleingartenanlage, die damals weder Namen noch eine institutionalisierte Grundlage hatte. Menschen aus der nahe gelegenen Arbeitersiedlung Meyersdorf schlossen sich der Gruppe an. Immer mehr Land wurde in Beschlag genommen, dabei waren die Umstände mühsam: Es gab kein Wasser, es musste aus dem Steinbruch herangeschleppt werden, und der Sommer 1911 war außergewöhnlich heiß. In diesem Jahr begannen viele Leipziger, die Stadt und Deutschland ganz aufzugeben, und wanderten nach Brasilien aus.

Es dauerte noch ein weiteres Jahr, in dem man in Eigenregie Wasserleitungen in die Anlage legte, die von einer großen Brauerei finanziert und von der Stadtverwaltung genehmigt worden waren, bevor die Gärtner sich mit Herrn Vetterlein auch juristisch über die Nutzung des Grundstücks einigen konnten. In ihrer Versammlung am 19. März 1912 gründeten sie zum 24. Mai auf einer Fläche von 33 500 Quadratmetern einen Gartenverein, den sie in Anlehnung an all die Auswanderer in ihren Reihen «Neu-Brasilien» tauften. Acht Jahre später dann kauften sie endlich das Grundstück.

Während Hitlers Herrschaft wurde die Anlage durch Infrastrukturprojekte erst mehrfach zerteilt und verkleinert, bis sie am 20. Februar 1944 durch Bomben größtenteils zerstört wurde. Aber man beackerte den Boden neu, legte neue Beete an, pflanzte neue Bäume. Die Anlage hatte Bestand, wenn auch unter anderem Namen. 1967 wurde sie auf staatlichen Wunsch nach dem Kommunisten und Kämpfer gegen den Nationalsozialismus «Kurt Kresse» benannt. In DDR-Zeiten waren Gärten mitunter Parallelwelten abseits des Staats. Menschen verbrach-

Vorstellungswelten

ten ganze Wochenenden dort, gingen auch abends nicht nach Hause, obwohl ihre Wohnungen fußläufig nur wenige Minuten entfernt lagen. Sie übernachteten in ihren Lauben oder im Gras unter freiem Himmel, machten Campingurlaub im eigenen Garten. Sie standen mit den Vögeln auf und aßen Erdbeeren und Tomaten aus eigenem Anbau. Es war zwar nicht ganz Brasilien, aber paradiesisch schon nahe dran. Und so ist es bis heute geblieben. Den alten Namen holten sich die Kleingärtner am 5. Mai 1990 auf ihrer Mitgliederversammlung zurück. Seit dem 3. September 1990 steht der Kleingartenverein «Neu-Brasilien» wieder im Vereinsregister der Stadt Leipzig.

St. Burchardi, Halberstadt

51° 54′ 03.4″ nördlicher Breite; 11° 02′ 32.9″ östlicher Länge

Das Erste, was auffällt, wenn die schwere Holztüre hinter einem ins Schloss fällt, ist Kargheit. Man steht in einem großen, hohen Raum, der einst eine Kirche gewesen ist. Aber eine Kirche ist nichts ohne die Bildnisse, Skulpturen, Bänke, den Altar. All die Zeichen der Herrschaft des Göttlichen. Nichts davon gibt es mehr in diesem Raum. Was bleibt, ist die Architektur: eine turmlose Basilika mit Seitenschiffen und Apsis. Die Wände bestehen aus nacktem Stein, der Boden ist im Vorderschiff gefliest, im hinteren Teil von Kies bedeckt. Dieser Ort war einst Teil des Klosters St. Burchardi, gegründet 1186.

Das Zweite, was auffällt, ist der Klang. Man kann nicht sofort sehen, wo er herkommt. Es ist ein tiefes Brummen, das von den Wänden zurückgeworfen wird und sich über einen ergießt. Einem Wasserfall gleich, unter dem man steht, ist er überall zugleich. Man entkommt ihm nicht. Mit der eigenen Position verändert sich nur die Qualität des Klangs.

Das Dritte, was auffällt, sind die Tafeln mit Inschriften und Jahreszahlen. Sie hängen auf Brusthöhe an den Wänden. Die meisten der Daten liegen in der Zukunft. «2381 Die Musik der Sphären», steht auf einer Tafel. Es folgen Zeichnungen und Zahlen. Man lernt: 2381 ist das Jahr, in dem Halberstadt eine totale Sonnenfinsternis erleben wird. Am Mittwoch, dem 22. Juli 2381, wird sich um 11 Uhr 41 Minuten und 5 Sekunden der Mond so vor die Sonne schieben, dass Halberstadt für 4 Minuten und 55 Sekunden in Dunkelheit versinken wird. Auf einer anderen Tafel steht ein Zitat aus dem Film «Planet der Affen». Es gibt Namen, Daten, Gedichte, Liedtexte. Nichts vereint diese Inschriften, abgesehen von den durchlaufenden Jahreszahlen. Die letzte ist 2640.

Bis zu diesem Jahr soll dieser Bau mit Klängen erfüllt werden. Hier wird eine Komposition über Generationen hinweg aufgeführt. Das Stück stammt von John Cage, es heißt «ORGAN^2/ASLSP». Es besteht aus acht Teilen, die alle gespielt werden müssen, wobei jeder Teil auch wiederholt werden kann. Die Buchstabenkombination ASLSP lässt sich auf zwei verschiedene (englischsprachige) Arten lesen. Zum einen als «as lsp», wobei das erst mal unsinnig klingt. Was soll «lsp» sein? Es bezieht sich auf eine Zeile in James Joyces *Finnegans Wake*. Er schreibt: «Soft morning, city! Lsp!» Lsp soll das kurze morgendliche Räuspern sein. «as lsp» ist deshalb eine Vorgabe, auf welche Art und Weise das Stück zu spielen ist. ASLSP lässt sich aber auch anders lesen. Cage hat als Tempovorschrift «As SLow aS Possible» angegeben – die Großbuchstaben ergeben ASLSP.

Es ist eine paradoxe Spielanweisung: So kurz wie ein morgendliches Räuspern, aber gleichzeitig so langsam wie möglich. Cage war weniger Musiker als Künstler. Für ihn war jede Kom-

Vorstellungswelten

position ein Raum an Möglichkeiten, voller formaler und struktureller Beziehungen, die jeder Mensch anders ausfüllen oder interpretieren konnte. Es war ihm wichtiger, Dinge und Vorgänge anzustoßen, als sie festzuschreiben und zu lenken. Im Gegenteil: Unvorhersehbarkeit, Zufall, Überraschung gehörten zum Repertoire seiner Kompositionsprinzipien. Sein bekanntestes Stück «4:33» besteht aus vier Minuten und dreiunddreißig Sekunden, in denen die Musiker nichts tun. Stattdessen hört man das Rascheln der Zuschauer, das Quietschen der Stühle, die Tür, die hinter dem ins Schloss fällt, der sich verspätet hat – und all die anderen Klänge, die das Leben so spielt. Deshalb ist die Anweisung ASLSP nur paradox, wenn man sie als strenge Spielanweisung nimmt, nicht, wenn man sie als philosophische Haltung interpretiert.

Wie langsam ist nun so langsam wie möglich? Diese Frage haben sich Musiknerds im Jahr 1998 während eines Orgelsymposiums gestellt. Cage konnte man nicht mehr um eine Antwort bitten. Er war sechs Jahre zuvor verstorben. Als das Stück 1987 in Metz uraufgeführt wurde, dauerte es neunundzwanzig Minuten und vierzehn Sekunden. Aber das war nicht so langsam wie möglich. Es war so langsam und gleichzeitig räusperhaft kurz, wie es der Organist Gerd Zacher für möglich gehalten hatte.

Was begrenzt die Länge eines Orgelstücks? Die Bedürfnisse der Person, die es spielt, könnte man argumentieren: Sie muss essen, trinken, das Gegessene und Getrunkene wieder loswerden. Die Haltung ändern, weil die Gelenke und Muskeln schmerzen. Schlafen. Mit einer menschlichen Spielerin könnte man das Stück auf einige Tage dehnen. Was aber, wenn man den Menschen aus der Gleichung herausnimmt, weil man mit Hilfe eines Gewichts die Tasten belastet? Wie lang wäre dann so langsam wie möglich?

Die Spieldauer wird begrenzt von der Lebensdauer einer Orgel, schlussfolgerten die Nerds. Die älteste noch bespielbare

Orgel stammt aus dem Jahr 1435 und steht in der Basilika de Valère in Sion in der Schweiz. Von den acht Registern sind zwei ganz, zwei weitere teilweise erhalten. Niemand weiß, wie lange man diese Orgel noch spielen können wird. Deshalb konnte man damals 1998 nur ableiten, dass Orgeln mindestens 563 Jahre überstehen können.

Man weiß auch, dass 1361 die wahrscheinlich erste Großorgel mit einer zwölftönigen Klaviatur im Halberstädter Dom von Nicolaus Faber fertiggestellt wurde. Vermutlich hat es experimentelle Vorgängerversionen gegeben, aber in der Geschichtsschreibung ist es erst die Faber-Orgel, von der ein Impuls ausgeht, der die Musikgeschichte geprägt hat. Die Faber-Orgel war 1361 eine Innovation im Orgelbau. Sie existiert nicht mehr. Man kennt sie aus Zeichnungen und Beschreibungen. Wäre sie erhalten, könnte man sie noch spielen? Könnte man jede Pfeife, jede Strebe, jeden Seilzug ausgetauscht haben und es wäre noch die gleiche alte Orgel? Niemand kann das beantworten.

Als man das Projekt endlich im Jahr 2000 startete, legte man deshalb so wie Cage einfach einige Rahmenbedingungen fest: Man beschloss, dass «As SLow aS Possible» die Zeit war, die seit der Weihung der Faber-Orgel vergangen war: 639 Jahre. Die Aufführung begann mit dem ersten der acht Teile. Er dauert 71 Jahre. Welcher Teil danach kommt und welcher Teil wiederholt werden soll und an welcher Stelle er wiederholt werden soll, ist nicht festgelegt.

Aber wie beginnt man dieses Stück? Auch das legte man fest: Das Stück soll an Cages Geburtstag am 5. September 2001 mit der Pause beginnen. Dabei ertönte allerdings das Blasebalggeräusch, das für Cage auch Klang war; der erste Pfeifenklang ertönt im Februar 2003: gis', h' und gis''.

Auf dem Rundgang in der Mitte des Baus angelangt, erkennt man endlich, wo der Klang herkommt. Das Gebilde gleicht keiner

Vorstellungswelten

Orgel, sondern einem Kunstwerk, das aus vielen feinen Holzstreben besteht. Zusammen ergeben sie eine Art dreidimensionales W, so wie man es vielleicht mit Bauklötzen konstruieren würde. In der Mitte eine Spitze, rechts und links zwei turmartige Strukturen. In ihnen stecken metallisch glänzende Pfeifen. Zwei weitere stehen vor dem Konstrukt. Es ist eine sehr reduzierte Form einer Orgel. Niemand spielt sie. Drei Säckchen hängen unterhalb der mittleren Pfeife. Sie simulieren die Tasten drückende Hand. Das Orgelkunstwerk war als Provisorium gedacht, als Übergangslösung, die nun aber bereits knapp zwanzig Jahre währt. Gegenüber dieser Orgel steht ein riesiger Blasebalg. Er ist so groß, dass man auf ihn klettern müsste, um mit dem eigenen Körpergewicht die Luft hinauszudrücken. Aber niemand ist hier, ein Motor hält den Luftfluss am Laufen. Nur in den ersten Stunden nach dem Start des Projekts standen tatsächlich Menschen auf dem Blasebalg.

Das tiefe Brummen bewirkt, dass bestimmte Details des Gebäudes erst auf den zweiten Blick auffallen: Die Wände sind bis auf knapp über drei Meter Höhe weiß gekalkt, auf dem gefliesten Boden kann man Abflussrinnen erkennen. Sie sind Relikte aus einer Zeit, als die Kirche als Stall und Scheune genutzt wurde. Anfang des 19. Jahrhunderts war das Kloster säkularisiert worden. Am 1. Oktober 1810 wurde es auf Beschluss der Behörden des Königreichs Westphalen verkauft. Familie Heine erstand es. In den Kriegsjahren war in der Kirche ein Lazarett für Cholerakranke untergebracht, später nutzte die Familie es als Brauhaus, bevor sie sie in einen Schafstall umwandelte. Noch zu DDR-Zeiten lebten Tiere im Vorderschiff – Schweine. Aus dieser Zeit stammen die Abflussrinnen.

Nun wird bis 2640 Musik erklingen. Für jedes der Jahre steht eine der Tafeln, die an den Wänden hängen. Der kleine Verein, der das Projekt trägt, hat sie verkauft, um von dem Geld unter anderem das Gebäude in Schuss zu halten, neue Pfeifen zu kaufen und die Stromrechnung zu begleichen. Man hört seit September 2020 sieben Töne: c'; des'; dis'; ais'; e″ klingen schon seit einigen Jahren, neu hinzugekommen sind gis' und e'. Bis Februar 2022 wird ein und derselbe Klang anhalten. Theoretisch. Denn je länger man sich in der alten Kirche aufhält, desto mehr verändert sich der Klang. In den Ecken wabert er mehr, verliert seine Klarheit. Vor der Orgel tritt das leise Rauschen der Luft hinzu, die aus den Pfeifen entweicht. Dort, wo einst der Altar gestanden haben muss, wird der Klang durch die Leere tragisch aufgeladen. Erst nimmt man ihn nur mit dem Ohr wahr, nach einer Weile bemerkt man, dass man ihn auch spürt. Wie er die eigenen Sinne erreicht und was er mit ihnen macht, wird mit jeder Minute, die man sich durch die Kirche bewegt, unklarer. Der Klang ist überall zugleich und doch ungreifbar.

Die meisten Menschen besuchen St. Burchardi, wenn neue Töne angeschlagen werden. Das ist das letzte Mal im September 2020 passiert und wird im Februar 2022 wieder der Fall sein. Wenn der Klang sich verändert, dann tut sich etwas. So die Vorstellung. Viel spannender allerdings ist es, zu beobachten, wie die eigene Wahrnehmung sich verändert, während man einem gleichbleibenden Klang ausgesetzt ist. Wie die Sicht auf einen selbst sich verändert, weil man sich nicht mehr nur als den Menschen sieht, der den Ton wahrnimmt, sondern als einen, der Teil der Komposition wird. Man wird zum Wesen, das im Klangraum steht und durch ihn hindurchschreitet, wie jemand, der durch eine dichte Menschenmenge geht. Die Menschenmenge verändert sich immer ein bisschen, bewegt sich, während man sich durch sie schiebt, einige trippeln nach links, andere rücken näher zusammen. So ändert sich auch der Klang, während man durch die Kirche wandert. Und nicht nur ihn nimmt man wahr, auch den eigenen Magen, der knurrt. Den Hund, der irgendwo draußen bellt. Etwas Schweres, Metallisches, das zu Boden fällt.

Vorstellungswelten

Die eigenen Schritte, auf dem Kies. Sie zusammen ergeben die Symphonie des Lebens, nicht nur unseres Lebens, sondern das der Generationen, die vor uns hier waren, die dieses Gebäude gebaut und mit Leben gefüllt haben, der Priester, Bauern und Bürokraten, und all derjenigen, die noch kommen werden.

Güglingen

49° 04′ 01.8″ nördlicher Breite; 8° 58′ 34.2″ östlicher Länge

Der Weg zu dem Punkt, wo einst der Galgen stand, führt auch heute noch aus Güglingen hinaus, obwohl der Ort sehr gewachsen ist seit 1621. Es geht vorbei an der kleinen Kapelle, hinter der sich der Friedhof erstreckt, weiter bergan. Es ist ein schöner Spaziergang entlang Feldern und Weinbergen, die die Grenze bilden zwischen der Gemarkung Güglingen und Pfaffenhofen im Herzen Baden-Württembergs. Pfaffenhofens Kirchturm kann man unten im Tal ausmachen. Genau oberhalb davon, an der südlichsten Ausbuchtung des Weges stand der Galgen. Auf alten Karten steht noch «ob dem Hochgericht».

Von dem Punkt, wo einst der Galgen thronte, hat man einen weiten Blick auf die Weinberge und die echten Berge am Horizont. Es ist der Ort, an dem sich heute Pärchen hinsetzen würden, um der Sonne beim Untergehen zuzuschauen. Doch früher baumelten hier die Leichen. Denn nicht nur man selbst kann in alle Richtungen schauen, dieser Ort ist auch umgekehrt weithin sichtbar. So wurde jede und jeder Tote zu einem Mahnmal. Heute steht an dieser Stelle kein Galgen mehr, der Messpunkt Topographischer Höhenpunkt der Württembergischen Landesvermessung aus den 1830er Jahren markiert diese Stelle.

Vorstellungswelten

Im Grunde geht es hier aber auch nicht um den Galgen, sondern um Güglingen und einen Menschen, der dem Galgen ent-
kommen ist: Katharina Kepler, die Mutter von Johannes Kepler,
dem Universalgenie, das beschrieb, wie die Planeten um die
Sonne kreisen. Katharina Kepler wurde von einer Ursula Rein-
bold beschuldigt, eine Hexe zu sein. Und auf Zauberei stand die
Todesstrafe.

In ganz Europa, überall dort, wo die christliche Kirche Fuß
gefasst hatte, wurden ab 1500 Menschen beschuldigt, mit dem
Teufel unter einer Decke zu stecken und Zauberkräfte anzuwen-
den. Siebzig bis achtzig Prozent davon weiblich. Keine Nation
war so fanatisch bei der Verfolgung wie wir Deutschen; die Hälfte
der je nach Quellen zwischen 50 000 und 100 000 europaweiten
Hinrichtungen fanden auf dem Territorium des heutigen Deutschlands statt.

Der Erste, der Katharina Kepler beschuldigte, eine Hexe zu
sein, war ihr Sohn Heinrich. Er ließ alle Welt wissen, dass sie ein
Kalb zu Tode geritten habe, um ihm einen Braten anzurichten.
Katharina wurde außerdem nachgesagt, durch verschlossene
Türen gehen zu können, und oft soll allein ihre Anwesenheit bei
Menschen Schmerzen diverser Art ausgelöst haben: Übelkeit,
lahme Beine, Sehschwäche.

Insgesamt neunundvierzig Anklagepunkte haben Ursula Rein-
bold und ihr Mann zusammengetragen. Liest man die Beschuldi-
gungen, bekommt man den Eindruck, Katharina Kepler sei eine
Mischung aus Dompteurin, Krankenschwester und Zicke gewesen. In Wirklichkeit wird sie als klein, mager und etwas schrullig
beschrieben. Was man ihr vorwarf, war vor allem, so ganz und
gar nicht dem Frauenbild der damaligen Zeit zu entsprechen. Sie
ließ sich von niemandem vorschreiben, wann und wie sie ihre
Gefühle auszudrücken habe. Statt sich wie ein trauriges, verwit-
wetes Mütterchen in ihren eigenen vier Wänden einzuschließen,

Vorstellungswelten

lief sie neugierig im Dorf herum, betrat ungefragt die Häuser anderer Einwohner, schwatzte, stritt und klagte. Sie war sarkastisch, und wenn man sie kränkte, wurde sie nicht traurig oder war enttäuscht, sondern ließ ihrem Zorn freien Lauf. Die Dorfbewohner fanden es besonders seltsam, dass sie auf den Boden schaute, während sie mit ihnen sprach. Man las daran ab, dass sie etwas zu verbergen hatte.

Die treibende Kraft der Hexenverfolgungen waren Denunziationen. Es waren Nachbarn, Verwandte, Mitbürgerinnen, die eine Person beschuldigten, Zauberkräfte zu besitzen. Schnell vermengten sich Gerüchte, Verdächtigungen und Hörensagen zu einer Anklage wegen Schadenszauber.

Auch der für die Aufklärung des Falls Kepler zuständige Vogt Lutherus Einhorn fand ausreichend Menschen, die sich an die Zauberkräfte Katharinas erinnern konnten, und so wurde sie am 7. August 1620 im Haus ihrer Tochter Margareta in Heumaden verhaftet. Man fand sie nackt in einer Holztruhe, nicht etwa, weil sie sich dort versteckt hatte, weil die Nacht zuvor heiß gewesen war und sie nackt geschlafen hatte, sondern weil es eine typische Hexenvorliebe war, die Nächte nackt in Holzkisten zu verbringen. Über Stuttgart gelangte sie ins Gefängnis nach Leonberg. Dort fürchtete ihr Sohn Christoph um das eigene Ansehen. Er hatte sich unter anderem zum Zinngießermeister hochgearbeitet und bat darum, dass seine Mutter (und der Prozess) verlegt werden.

So kommt Katharina Kepler nach Güglingen, wo Vogt Johann Ulrich Aulber sich ihrer annimmt. Er bestimmt, dass die beiden Dorftrottel die angekettete Katharina Kepler im zugigen Gefängnisturm bewachen sollen, zu zweit, weil die alte Dame ja zaubern konnte. Die Hexenprozesse waren auch Teil einer perfiden Geschäftsidee. Die Angeklagten mussten für die Kosten ihrer Haft selbst aufkommen.

Vorstellungswelten

Als Johannes Kepler im Herbst 1620 aus Linz nach Güglingen reist, interveniert er. Seine Mutter wird in ein Zimmer im Güglinger Stadttor verlegt, wo sie zwar immer noch in Ketten liegt, aber nur von einem Knecht bewacht wird.

Vierzehn Monate bleibt die dreiundsiebzigjährige Katharina Kepler in Haft, denn der Vogt hat kein Interesse, den Fall voranzubringen. Zumindest nicht, bevor Katharina nicht all ihr Vermögen für Kost und Logis aufgebraucht hat. Indessen besucht Johannes Kepler seine Mutter regelmäßig und arbeitet an einer Stellungnahme. Am 2. April 1621 legt er sie dem Gericht vor. Und was passiert? Nichts. Bis Johannes Kepler beim Herzog vorstellig wird. Der Gerichtstermin wird auf den 20. August 1621 festgesetzt. Der Gerichtssaal im Rathaus ist für die Anhörung zu klein, weil die Menge der Schaulustigen groß ist. Man ist gezwungen, in den Tanzsaal der Wirtschaft zu wechseln. Katharina erscheint «leider mit Beistand ihres Herrn Sohnes, Johannes Kepler, Mathematici», notiert das Protokoll.

Den Tanzsaal gibt es noch heute, das alte Fachwerk liegt unter Putz versteckt. Er steht gegenüber dem Römermuseum. Das alte Rathaus ist damals beim großen Feuer von 1849 abgebrannt, so wie zwei Drittel der Häuser in Güglingen. An seiner Stelle wurde das Römermuseum errichtet. Gegenüber lagen der Tanzsaal und das Haus des Vogts, es ist erhalten geblieben, weil das Erdgeschoss gemauert ist und im näheren Umkreis keine anderen Häuser gestanden haben, das Feuer deshalb nicht überspringen konnte.

Kaum 300 Meter lang und 150 Meter breit war Güglingen 1621, als Katharina der Prozess gemacht wurde. Wenn man heute durch die Stadt geht, kann man dem Verlauf der alten Stadtmauer folgen, die heute erst Stadtgraben heißt, dann Gartenstraße und später Eibensbacher Straße. Vieles hat sich verändert, aber die alten Strukturen lassen sich noch erkennen. Man sieht, wie die Häuser dicht an dicht gestanden haben müssen, wie ein jeder bei

Vorstellungswelten

einem jeden mitbekommen haben muss, wann er ungesunden Stuhlgang hatte, wann die Kinder nicht spurten und wer welche (un)heimliche Liebschaft hatte.

Die Anklageschrift gegen Katharina wird zusammen mit der 128-seitigen Verteidigungsakte, die ihr Sohn Johannes verfasst hat, an die Gutachter der Juristischen Fakultät in Tübingen gesandt. Johannes Kepler hat in dem Dokument das getan, was er als Wissenschaftler schon lange tat: Kritik geübt. Das Römische Recht schrieb vor, dass alle Dokumente schriftlich vorliegen mussten, und so konnte er Anschuldigung für Anschuldigung durchgehen und entkräften.

Wochenlang hat Johannes Kepler seiner Mutter in ihrem Gefängnis zugehört, sie nach den Angewohnheiten der Menschen ausgefragt, sich vom Alltag erzählen lassen. Im Grunde hat Kepler den Tratsch und Klatsch analysiert und daraus seine Argumente destilliert. Er war der Meinung, dass man sich zwar aufregen könnte über das unangemessene Verhalten einer Frau, aber dass sie deshalb noch lange keine Hexe sei. Die Hexerei müsse bewiesen werden, und das sei bei seiner Mutter nicht möglich. Stattdessen fand er Krankheiten, Unfälle, natürlichen Verschleiß, Streitigkeiten.

Am 10. September 1621 entschied das Gericht, nur nicht eindeutig für eine Seite. Einerseits seien die Beweise nicht ausreichend belegt. Andererseits wollte man die Angeklagte aber partout auch nicht freisprechen. Aber weswegen wollte man sie verurteilen? Am besten, sie würde selbst den Grund dafür liefern. Die sicherste Grundlage einer Verurteilung war ein Geständnis, und wenn das nicht durch eine Standardbefragung herausgelockt werden konnte, dann eben durch eine peinliche Befragung, Pein im Sinne von Schmerz. Heute nennt man das Folter. Allerdings befand man auch, das angesichts des Alters der Angeklagten von nunmehr vierundsiebzig Jahren eine Folter nicht

Vorstellungswelten

gerechtfertigt war. Deshalb ordnete man nur eine Folter ersten Grades an, bei der man Katharina Kepler die Folterinstrumente zeigte und der Henker ihr genüsslich beschrieb, was er mit ihnen alles anstellen konnte. So wollte man die Wahrheit aus ihr herausschrecken.

In Zukunft (ab September 2021) wird man die Instrumente zur peinlichen Befragung wieder vor Ort betrachten können, und zwar in dem Haus, das auf den Fundamenten des Stadttorturmes im Westen erbaut wurde. Hier hatte zu Katharina Keplers Zeiten der Stadtknecht seine Wohnung, gleich neben der Folterkammer und dem Männergefängnis. Dort kann man das beeindruckende Arsenal an sadistischen Produkten bewundern, das mit dem Übergehen der Gerichtsbarkeit von der Kirche auf die weltlichen Herrscher Teil des säkularen Kanons der Rechtspflege wurden.

Nur bei Katharina konnten sie nichts herausschrecken. Henker, Vogt und Richter scheitern an der sturen Frau. Sie fleht zu Gott, sagt aber sonst nichts. Sechs Tage später ist sie frei. Sechs Monate später, am 13. April 1622, stirbt sie im Haus ihrer Tochter Margareta in Heumaden. 375 Jahre danach sucht die Güglinger Hauptschule nach einem neuen Namen. Ein Gemeinderatsmitglied schlägt Katharina Kepler vor. «Des isch doch a Hex!», ruft ein anderer. Der Name würde die Schule noch mehr in Verruf bringen, man würde sie vielleicht die Hexenschule schimpfen. Zwei Jahre dauert der Streit. Heute heißt die Schule Katharina-Kepler-Schule und erinnert an eine eigenwillige Frau, sozusagen alleinerziehend, deren ältester Sohn heute vermutlich Nobelpreisträger wäre.

Vorstellungswelten

Walhalla

49° 01′ 52.9″ nördlicher Breite; 12° 13′ 26.7″ östlicher Länge

Im östlichen Bayern, rund 50 Kilometer von der tschechischen Grenze entfernt, thront ein griechischer Säulentempel über der Donau. Er ist in einen Hang gebaut, auf einem massiven terrassierten Unterbau. Acht gekehlte Säulen tragen den Giebel. Zwanzig Meter hoch, 31,6 Meter breit. Wenn man aus südlicher Richtung auf die Donau zufährt, erblickt man auf der einen Seite diese Kopie des Parthenons und auf der anderen eine hutzelige Burgruine auf einem Bergvorsprung, die einen sofort zurückholt nach Deutschland. Tja, denkt man, die einen haben es geschafft, Großes zu hinterlassen, die anderen haben sich immerhin bemüht.

Aber wie kommt dieser Tempel aus Griechenland nach Bayern? Man könnte vermuten, es sei der bayerische Prinz Otto Friedrich Ludwig von Wittelsbach gewesen, der zwischen 1832 und 1862 erster König von Griechenland war, der den Tempel hat errichten lassen. Aber Fehlanzeige. Nun, wer schätzte die griechische Lebensart so sehr, dass er sie an die Donau holte? Niemand. Denn dieses Bauwerk steht nicht für die griechischen Errungenschaften, sondern für die aller Deutschen. So zumindest hat es der Erbauer Ludwig I. geplant. Während des dritten Napoleonischen Feldzugs in den Jahren 1806 und 1807 macht Ludwig Halt in Berlin, das damals französisch besetzt ist. Er ist auf dem Weg nach Polen und schaut im Atelier des Bildhauers Johann Gottfried Schadow vorbei. Wenige Tage später gibt er bei ihm und anderen Berliner Bildhauern einige Büsten in Auftrag. Eine davon soll den Schweizer Historiker Johannes von Müller zeigen, einen großen Patrioten. Schadow wie Müller inspirieren Ludwig. Er beschließt, dem gesamten deutschsprachigen Gebiet Europas

Vorstellungswelten

ein Denkmal zu setzen. Allerdings ist er zu jener Zeit noch Kronprinz und hat keine Befugnisse, um sofort mit dem Bau loszulegen, deshalb sammelt er erst einmal Büsten von all den Gestalten, die er (unter Beratung von Müller) für so großartig hält, dass sie Teil des geplanten Denkmals werden sollen.

Wie das Bauwerk auszusehen hat, das wusste er damals noch nicht. Und so richtig klar ist es ihm im Laufe des Bauens scheinbar auch nicht geworden. Wenn man durch Walhalla läuft, wird man das Gefühl nicht los, ein Best-of eurozentrischer Weltgeschichte vor sich zu haben. Der Name: nordische Mythologie. Die Architektur: griechisch. Auf Teilen des Frieses: christliche Szenen, wie die des Heiligen Bonifatius, hinter dem die Donnereiche umgehackt wird. Die Giebel des Dachstuhls lasten auf den Köpfen vierzehn weiblicher Figuren, den Karyatiden, der weiblichen Form des Atlas, des Trägers der Welt. Allerdings hat man ihnen statt des griechischen Lorbeerlaubs einen Eichenkranz um den Kopf gelegt und sie durch dieses Accessoire einfach zu Walküren umgedeutet, die die Helden in den Himmel geleiten. Außen um den Monumentalbau wurde ein Garten angelegt, wie es nur die Briten vermögen. Eine kunstvoll gestaltete offene Landschaft aus Rasen und Hecken und Bäumchen.

Walhalla ist ein Mischmasch an Ideen, als habe der Architekt Leo von Klenze einen Vorschlag gemacht und Ludwig gesagt: Gut, aber ich will auch noch dies und das. Im Grunde sagt das Denkmal nur eines: Eine deutsche Kultur gibt es nicht. Sie ist beeinflusst vom Denken der Griechen, von den Ideen des Christentums, das aus dem Nahen Osten stammt, und von den Heldensagen aus dem hohen Norden. Herausgekommen ist ein Haufen Menschen, die zufälligerweise eine ähnliche Sprache sprechen.

Wieso war Ludwig I. überhaupt der Meinung, man brauche ein solches Denkmal? Zur Beantwortung dieser Frage muss man einige Jahre zurückgehen zum Ende des Heiligen Römischen

Reichs Deutscher Nation. Als es sich auflöst, orientieren sich die südlichen Staaten am westlichen Nachbarn Frankreich und ziehen mit Napoleon in den Krieg gegen Preußen, Österreich und andere deutsche Staaten. Maßgeblich dabei: Ludwigs Vater, der damals Kurfürst von Bayern war. Napoleon erhebt ihn für seine kriegerischen Dienste in den Stand eines Königs. Ludwig I. selbst hält von den Napoleonischen Kriegen nichts. Er empfindet es als eine Kränkung, dass Deutsche gegen Deutsche kämpfen. Er will die Deutschen wieder zusammenführen und ihnen zeigen, dass sie eine Kulturnation sind.

Als sein Vater 1825 stirbt, hat er ein Archiv an Köpfen und sucht einen Ort, wo er sie aufstellen kann. Er hat nur eine ungefähre Ahnung davon, welche Eigenschaften der Ort haben soll: traditionell, monumental, exponiert. Er wünscht sich eine Hanglage in beeindruckender Kulisse. Wie findet man einen solchen Ort? Durch Beziehungen und Zufälle. Ludwigs Frau Therese ist die Nichte von Therese und Karl Alexander von Thurn und Taxis. Die Familie besitzt große Ländereien. Einst verfügte sie über das Postmonopol, und als sie es dem Staat Bayern übergab, wurde sie mit Land entschädigt. Darunter war ein Grundstück direkt an der Donau, eine Anhöhe nur neun Kilometer von Regensburg entfernt, das im 13. Jahrhundert die erste Hauptstadt Bayerns war, bis der bayerische Herzog von dort vertrieben wurde. Das Land liegt nördlich der Donau, bis hierhin waren die Römer nie gekommen. Es hat alles, was Ludwig I. sich wünscht: an der deutschen Donau thronend, mit historischen Bezügen und günstig zu bekommen.

Nun fehlte nur noch ein Gebäude. Es ist die Zeit des Klassizismus. Es wird den alten Zeiten gehuldigt, dem Damals der großen Denker und Kriegsherren. Ludwig I. fährt nach Griechenland, um sich dort inspirieren zu lassen. Ruft einen Architekturwettbewerb aus, dessen Auflagen so strikt sind, dass sie im Grunde zum

Kopieren antiker Bauwerke auffordern. Der Gewinner ist Anton Weiß. Doch sein Entwurf wird nie realisiert. Stattdessen arbeitet im November 1819 Leo von Klenze an neuen Entwürfen und wieder neuen und wieder neuen, bis Ludwig am 23. März 1821 entscheidet, welcher dieser Vorschläge verwirklicht werden soll.

Am 18. Oktober 1830, auf den Tag genau siebzehn Jahre nach der Völkerschlacht von Leipzig, wird der Grundstein für die Walhalla gelegt. Am gleichen Tag zwölf Jahre später wird das Denkmal eingeweiht. Den Hügel, der damals unbewachsen war, hat Ludwig I. nach dem Vorbild englischer Gärten gestalten lassen. Ihm war wichtig, dass die Landschaft in die Planung miteinbezogen wird und Denkmal und umgebendes Grün miteinander harmonieren.

Steht man heute vor Walhalla, hat man allerdings eher das Gefühl, da hat ein Bau eine Landschaft übermannt und vereinnahmt. Von dem englischen Garten ist keine Spur mehr zu sehen, statt Büschen wachsen Bäume. Die Naturschützer sagen, die Bäume müssen bleiben. Die Denkmalschützer sagen, sie müssen verschwinden, damit alles so aussieht, wie Ludwig es sich ausgemalt hat. Der Kompromiss: Die Bäume bleiben, aber zwischen ihnen grasen Ziegen und Schafe, damit zumindest keine neuen nachwachsen.

Heute besuchen rund 140 000 Menschen jährlich Walhalla. Als Ludwig I. den Bau eröffnete, waren es nur sehr wenige. Neun Kilometer von Regensburg entfernt, bedeutete im 19. Jahrhundert noch immer einen Tagesausflug. Eine Straße nach Walhalla gab es damals nicht. Besucher im 19. Jahrhundert wanderten, ritten oder fuhren mit der Kutsche und mussten die 358 Stufen vom Ufer der Donau erklimmen. 1890 baute man eine Eisenbahnlinie von Regensburg nach Walhalla. Doch von einem Besucheransturm kann keine Rede gewesen sein. Eine Straße baute erst Hitler, aber auch er kam nur einmal, um den Kopf des Kir-

Vorstellungswelten

chenmusikers Anton Bruckner zu enthüllen. Walhalla sagte ihm nicht zu, es gab zu wenig Platz für seine geliebten Aufmärsche.

Neben Bruckner starren einem innen 129 weitere Büsten entgegen. Alle bemühen sich, die Mundwinkel in neutral horizontaler Position zu halten. Katharina von Russland gelingt es nicht so ganz. Viele sehen sich auf eine gewisse Weise ähnlich, was daran liegt, dass Ludwig I. für die 101 Büsten, die er hat anfertigen lassen, oft die gleichen drei Künstler beauftragt hat. Sie schufen zusammen 52 der Portraits. Die wiederum scheinen die gleichen paar Ausdrücke auf die Gesichter gelegt zu haben. Viele haben recht seltsame Haarfrisuren, was nicht nur an den Moden der Zeit lag, sondern auch daran, dass man versuchte, Zeitlosigkeit zu simulieren, indem man Auftreten, Blickrichtung und Haltung möglichst vereinheitlichte. Menschen, deren Aussehen man nicht kannte, wurden in Gedenktafeln verewigt. 64 ließ Ludwig I. anfertigen, seitdem ist nur eine weitere dazugekommen. Sie fallen allerdings kaum auf, weil die Büsten so raumgreifend sind. Alle haben nackte Oberkörper, zumindest ansatzweise, denn man sieht nur den Halsausschnitt und die angeschnittenen Schultern. Trotzdem hat man Kaiserin Maria Theresia angezogen, weil man selbst die wenigen entblößten Knöchelchen als obszön betrachtete.

Bereits zu Ludwigs Zeiten hat es Kritik gehagelt. Österreichs Kanzler Metternich hielt den «Wald abgeschnittener Köpfe» für Geldverschwendung, wobei man anmerken muss, dass Ludwig I. Walhalla aus seinem Privatvermögen finanziert hat. Heinrich Heine schrieb: «Bei Regensburg läßt er erbaun / Eine marmorne Schädelstätte / Und er hat höchstselbst für jeden Kopf / Verfertigt die Etikette» – und landete eineinhalb Jahrhunderte nach seinem Tod 2010 selbst darin. Seine Büste zeigt einen älteren Mann mit eingefallenen Wangen, Vollbart und umgelegtem Halstuch. Er sieht aus wie das Klischee eines Wilhelm Tell.

Vorstellungswelten

Ohnehin kann man in Walhalla sehr gut «Wer bin ich?» spielen und versuchen zu erraten, welcher Kopf zu welchem Namen gehört. Ein Typ, der aussieht wie der Schaufensterpuppenkopf eines grobschlächtigen Mannes, dem man vergessen hat, die Perücke aufzuziehen, entpuppt sich als Anton Bruckner. Friedrich II. gibt es gleich zwei Mal, einmal mit Lorbeerkranz um den Kopf, ein anderes Mal mit femininem Hipsterschnitt aus den 2010ern mit geradem Pony und schulterlangem, wallendem Haar. Einer ist Kaiser, einer nur Rex. Erraten Sie, wer? Der niederländische Maler Jan van Eyck sieht aus, als habe man ein Gemälde von ihm selbst durch einen 3-D-Drucker gejagt. Kant hat man als Toten portraitiert.

Es reihen sich aneinander diverse Friedrichs, Wilhelme, Ottos, Franz', Johannesse, aber auch unbekanntere Namen wie Gneisenau, Diebitsch-Sabalkanski, Harpertszoon Tromp. All das ähnelt einem kleinen Lexikon deutscher Straßennamen, darunter viele, die man schon immer mal nachschlagen wollte, und andere, von denen man froh ist, dass sie noch keine Straße haben. Jede Epoche hatte ihre eigene Sicht auf die Vergangenheit, ihre eigenen Werte, Normen, Helden. Daraus entsteht ein Wildwuchs der Persönlichkeiten, was auch daran liegt, dass sie nur wenige Eigenschaften haben müssen, um in Walhalla zu landen: im größtmöglichen Sinne deutschsprachig sein und mindestens zwanzig Jahre verstorben. Heutzutage allerdings nimmt man weder Politiker noch Feldherren mehr auf.

Zwischen den Kämpfern und Herrschern stehen deshalb zunehmend mehr Künstler und Wissenschaftler. Schelling erinnert an ein pausbäckiges Kind. In Bachs Gesicht ist einfach alles zu groß: die Nase, die Lippen, zu viel Fleisch rundherum. Der flämische Maler Peter Paul Rubens sieht mit den beiden Herren neben sich – Herzog Bernhard von Sachsen-Weimar und Antoon van Dyck, ebenfalls flämischer Maler – aus wie einer der drei Musketiere. Einstein ist direkt aus einer Simpsons-Folge entflohen, mit wulstigen Lippen und hervortretenden Augen. Der jüngste Mensch, Sophie Scholl, hat den größten Kopf. Der nächste Kopf wird Max Planck sein.

Was noch fehlt, ist die Ehrung der deutschen Frauen, vor allem in Anbetracht der Tatsache, dass sie all diese großen Männer einst in sich getragen haben. Zurzeit sind gerade einmal sieben der 130 Büsten weiblich.

Nicht erst heute ist die Walhalla weniger Nationaldenkmal als touristisches Ausflugsziel. Im Grunde war sie schon kurz nach ihrer Einweihung überholt, denn das preußisch-kleindeutsche Kaiserreich erkor den Rhein zum Schicksalsfluss der Deutschen und ließ an seinen Ufern eine ganze Reihe nationaler Denkmäler erbauen, an denen heute bevorzugt Japaner und Amerikaner entlangschippern.

Tropical Islands, Krausnick

52° 02′ 20.7″ nördlicher Breite; 13° 44′ 55.0″ östlicher Länge

An diesem Ort geht die Sonne nie unter. Oder besser: Der Sonnenauf- und -untergang dauert die gesamte Nacht, der Himmel leuchtet blau, lila, rosa, grün, wie sonst nur in der Nähe der Polarkreise. Aber anders als dort herrschen hier 27,1 Grad Celsius, das Wasser ist 30 Grad warm, die Luftfeuchte liegt bei 60,7 Prozent. Der Himmel ist auf eine 20 000 Quadratmeter große Leinwand aufgezogen und hängt in der weltweit größten freitragenden Halle. Sie steht im Süden Brandenburgs und beherbergt Europas größten Indoor-Regenwald. Er ist Teil des Freizeitparks Tropical Islands. Vieles an diesem Ort ist ungewöhnlich: die Geschichte der Halle, die Simulation der Tropen und die Authentizität der Urlauber.

Die Halle wurde errichtet, um darin moderne Luftfrachtschiffe zu bauen. 1996 wurde die CargoLifter AG gegründet, um Frachtgut mit Luftschiffen statt mit Containerschiffen zu transportieren. Das Unternehmen suchte nach einem Ort, an dem es eine Werft für seine Luftschiffe errichten konnten. Zwischen Spreewald und Berlin wurde es fündig. Dort gab es einen alten Flugplatz, der im Zweiten Weltkrieg von der Wehrmacht erschlossen worden war. Nach dem Krieg bis 1990 nutzte ihn die Rote Armee und baute ihn weiter aus. Im August 1998 kaufte die CargoLifter AG das Areal. Die alten Kasernen wurden abgerissen, die Flugzeugbunker hingegen weitergenutzt. Zwei der drei Startbahnen wurden zurückgebaut, der zerkleinerte Beton diente als Unterbau für die Werfthalle.

Im Sommer 1999 begann man mit dem Bau – vierundzwanzig Mal mussten die Baupläne bis dahin überarbeitet werden. Der Bau würde 150 Millionen DM kosten. Mitte Oktober war der erste von fünf Bogen errichtet. Ein halbes Jahr später standen alle und wurden mit einer 40 000 Quadratmeter großen Membran bedeckt. Einhundertzwanzig Industriekletterer hingen dazu monatelang in den Bogenkonstruktionen. Im November 2000 war die Luftschiffhalle fertig. Knapp eineinhalb Jahre später meldete die CargoLifter AG Insolvenz an. Was von ihr blieb, war die Halle: 360 Meter lang, 210 Meter breit und 107 Meter hoch. Steht man heute in der Halle, staunt man über die Höhe. Man legt den Kopf in den Nacken und weiß, dass der Heißluftballon, der als Teil des Vergnügungsparks Besucher mit unter die Hallendecke nimmt, sehr weit oben schwebt. Aber wie hoch genau, vermag man nicht zu schätzen.

Für 17,5 Millionen Euro wurde die Halle am 8. Oktober 2003 verkauft. Ein malaysischer Konzern baute etwas hinein, was in

Malaysia allgegenwärtig ist, in Südbrandenburg aber fehlt: eine tropische Landschaft mit einem feucht-schwülen Klima, in dem 50 000 Pflanzen von 600 Arten gedeihen. Es ist Europas größter Indoor-Regenwald. Besonders die Fischschwanzpalme sprießt. Sie sieht nicht nach klassischer Palme aus, ihre Blätter wirken angeknabbert, wie ein ungepflegter Fischschwanz. Die Efeutute, eine äußerst robuste Zimmerpflanze, rankt an Baumstämmen empor. Ihre gewöhnlich 5 Zentimeter breiten Blätter haben hier einen Durchmesser von bis zu 70 Zentimetern und ähneln eher den geschlitzten Blättern einer Monstera. Es gibt Bananenstauden, Jackfruitbäume und Sternfruchtbäume – die Früchte werden geerntet und ab und an in Cocktails serviert.

In diesen Tropen staksen Flamingos durch einen See, in dem sich auch Schildkröten tummeln. Millionen Guppys schwirren durchs Wasser, sie werden verspeist von Barscharten, die wiederum die Nahrung der mächtigen Haiwelse sind. Vogelgezwitscher umgibt einen. Es ist nicht klar, woher genau es kommt: Einiges davon tönt aus Lautsprechern, anderes stammt vom Ara-Pärchen, den frei fliegenden Kanarienvögeln und Zebrafinken oder den umherwandernden Goldfasanen.

Die Attrappe einer Raubkatze liegt entspannt unter Bäumen des Regenwalds, obwohl man sie in freier Wildbahn dort nicht finden würde. Das macht nichts, die Gimmicks sind nur Inspiration, die im eigenen Kopf zur perfekten Tropensimulation verschmelzen – ganz ohne Moskitos, Schlangen und Krabbeltierchen. Zumindest ohne sichtbare, denn im Boden des Regenwaldes leben Blumentopfboas, kleine Schlangen, kaum so groß wie Regenwürmer, ebenso winzige tropische Spinnen, die mit den Pflanzen eingewandert sind. Wer achtsam ist, kann auch die großen Geckos sehen oder besser hören: Toké! schreien sie. Was man vergeblich sucht, sind Orchideen. Sie benötigen eine kühle Erholungsphase zwischen der Blütezeit. Die aber gibt es in dieser tropischen Halle nicht. Auch Kokospalmen mögen das Klima nicht, für sie ist nicht ausreichend Licht vorhanden.

Im Tropical Islands werden die Tropen simuliert, nur dass es in Wirklichkeit *die* Tropen gar nicht gibt. Entlang des Äquators existieren unterschiedliche Klimazonen, je nachdem wie nah ein Stück Land dem Wasser ist, wie hoch es gelegen ist, ob es vor oder hinter einem Gebirge liegt und wie die Windverhältnisse sich auswirken. Hier aber werden all diese verschiedenen Formen der Tropen auf einem Gelände versammelt. Der Amazonas darf nicht fehlen, hier als eine Badelandschaft mit Wildwasser, in Südamerika überwiegend ein sehr breiter, schnell fließender Fluss, mit Dörfern, zu denen keine Straßen führen. Aber natürlich erhebt das Tropical Islands keinerlei dokumentarischen Anspruch und schon gar keinen auf Vollständigkeit, obwohl einige Bauten tatsächlich aus Thailand, Borneo, Bali und Samoa stammen. Sie sind Kopien von traditionellen Bauten.

Im Tropical Islands kann man übernachten: Zelten am Strand, in Regenwald-Lodges oder Zimmern im tropischen Stil. Es gibt Menschen, die machen hier Urlaub. 2,2 Tage bleibt der durchschnittliche Besucher. So lange, wie ein Wochenendtrip ans Mittelmeer dauern würde. Nachts wird es ruhiger, das Vogelgezwitscher verstummt, Zikaden gibt es nicht. Was bleibt, ist ein konstantes Rauschen. Tagsüber hätte man es einem Wasserfall zugeordnet, den man noch nicht entdeckt hat, aber nun wird klar: Es ist die Anlage, die das Klima aufrechterhält. Die Temperatur beträgt immer rund 27 Grad Celsius, nur die Luftfeuchte schwankt zwischen 40 und 60 Prozent, je nachdem wie intensiv die Sonne strahlt, wie stark die 50 000 Pflanzen bewässert werden und wie viel Wasser aus den Pools verdunstet. Zu einem gewissen Grad reguliert sich das Klima aber auch auf natürlichem Weg über die Vegetation.

Wenn die Südsee geschlossen wird, kommt das Putzteam und

Vorstellungswelten

räumt auf: Kehrt den Sand zurück auf den Strand, richtet die Liegestühle, sammelt das zurückgelassene Spielzeug ein. Am nächsten Morgen sieht es wieder so aus, wie es die ersten kolonialen Entdecker gesichtet haben. Die haben hier eine Zeitung unter dem Arm und die Kinder im Schlepptau und marschieren am Morgen zu ihrem angestammten Platz vom Vorabend. Im Grunde ist es so, als würde man in einen Rundum-sorglos-Urlaub fahren, nur ohne die weite Anreise und ohne Flugscham. In anderen Ländern werden Hotels mit ähnlichen Kinderbespaßungsbereichen und Strandbars an Traumstrände gebaut, zu denen die Einheimischen keinen Zutritt mehr haben. Hier sind die Traumstrände gleich ins Hotel integriert. Nur der Himmel über der Südsee schlägt mittlerweile Falten, an einer Stelle ist er in die Jahre gekommen. Und immer thront über allem das Gestänge der monumentalen Halle. Darüber muss man hinwegsehen, so wie man in anderen Ländern über Kinderprostitution, Korruption, mangelnde medizinische Versorgung, hungernde Menschen hinwegsehen muss und deshalb manche Menschen ihre Hotels gar nicht mehr verlassen. Sie möchten im Grunde nur eine schöne Zeit an einem schönen Strand bei gutem Wetter. Und das gibt es eben auch hier in Brandenburg, sogar mit einigen exotischen Tieren als Beigabe.

Wolpertinger-Diorama

48° 08′ 18.6″ nördlicher Breite; 11° 34′ 17.9″ östlicher Länge

Im Deutschen Jagd- und Fischereimuseum gibt es viele Dioramen. Da stehen Hirsche und Rehe so schön auf Wiesen und Wäldern, als habe man nur mal kurz die Stopptaste ihres Lebens gedrückt. In einer anderen Ecke legt ein Schneehase in einer Bergkulisse scheinbar verängstigt die Ohren an, während hinter ihm eine Gams mit ihrem Nachwuchs zum Sprung einige Felsen hinunter ansetzt und ein Steinbock mit majestätischem Gehörn über dieser Landschaft thront.

Und dann gibt es dieses Schaufenster in eine Welt, die nur wenige kennen. Zwischen schwarzen Scherenschnitten eines Waldes hockt da ein Wesen mit grünem schillerndem Stockentenkopf, der auf dem Körper eines Hasen sitzt. Es trägt einen rotbraunen buschigen Schwanz, eines Eichhörnchens oder eines Fuchses vielleicht. Dahinter stürzt sich ein gehörntes und geflügeltes Säbelzahnflugpelz-Etwas von einem Ast, es ist ungefähr so groß wie der Fuchs mit Gefieder und Hasenohren unter ihm. In diesem Wald verstecken sich auch eine Bisamratte mit Elsternflügeln und Eichhörnchenschwanz und ein flugfähiger Marder mit Hörnern.

Nie gesehen? Kein Wunder, diese Tiere der Spezies Wolpertinger sind sehr, sehr selten. Sie reihen sich ein in die Linie der Tiere, die evolutionär als Zwischenwesen gelten. Da gibt es den Quastenflosser mit seinen Stummelbeinchen, die eierlegenden Säugetiere Echidna und Platypus oder Chamäleons, die ihre Augen unabhängig voneinander in jede Richtung drehen können, ihre Farbe verändern, aber gleichzeitig so langsam sind, dass man meint, sie haben die Zeitlupe erfunden. Jedes Land, jede Region hat seine Wesen, die aussehen wie ein Experiment, das grandios schiefgegangen ist.

Im Süden Deutschlands heißen diese Wesen Wolpertinger. Der Name leitet sich laut Brockhaus von einer Verballhornung des Wortes «Walper» aus «Walpurgisnacht» ab. Wolpertinger sind die Formenwandler unter den Waldtieren. Sie wurden jahrhundertelang als Trophäen gejagt, weswegen ihre Anzahl stark dezimiert wurde. In heidnischen Kulten galten sie als Inkarnationen des nordischen Gottes Loki, einer Art Narr unter den Göttern. Einerseits unterstützt er die anderen Götter, andererseits sabotiert er sie aber auch. Seine ambivalenten Eigenschaften drücken sich in den vielfältigen, mitunter grotesken Körperformen der Wolpertinger Unterarten aus.

Während des Mittelalters war ihr Lebensraum, der Wald, durch großflächige Rodung bereits dezimiert worden. Die Wolpertinger zogen sich in die wenigen Randbereiche zurück, wo sie noch heute als tierische Eremiten leben und nur in Vollmondnächten zur Paarung zusammenkommen. Sie sind schwer zu erspähen und noch schwerer zu fangen, weshalb es bis dato nur dem Deutschen Jagd- und Fischereimuseum in München gelungen ist, präparierte Exemplare als Beweis für ihre Existenz zu präsentieren.

Bielefeld

52° 01′ 13.6″ nördlicher Breite; 8° 31′ 54.6″ östlicher Länge

Über Bielefeld gibt es die Theorie, es gebe die Stadt gar nicht. Man habe ihre Existenz nur sehr überzeugend vorgetäuscht. Die Stadt sei auf Karten verzeichnet, aber dahinter verstecke sich etwas ganz anderes. Wer für die Simulation von Bielefeld verantwortlich ist, darüber gibt es Vermutungen. Aber weil alles so geheim ist, kann man nichts mit Sicherheit sagen. Die Beweisführung lautet, niemand kenne jemanden, der schon mal in Bielefeld gewesen sei, und man selbst war es auch nicht. Tauchen Menschen auf, die behaupten, die Stadt besucht zu haben, heißt es, dahinter stecke der Versuch zu vertuschen, dass Bielefeld nicht existiert. Der Aufwand, den man betreibe, um die Bielefeld-Verschwörung aufrechtzuerhalten, sei immens: Man schicke Autos mit BI-Kennzeichen durch Deutschland, habe Postleitzahlen und Telefonvorwahlen gekauft. Deshalb könne dahinter nur CIA, Mossad, der Maya-Kalender oder außerirdischer Einfluss stehen. Als Durchbruch zur Enttarnung der Vertuschung gilt der Oktober 1993, als auf der A2 alle Bielefeld-Abfahrten abgeklebt waren. Was als Scherz einiger Studenten auf einer Party begann, fand im Internet einen großen Resonanzraum. Bielefeld wurde zur Stadt, die es nicht gibt.

Tatsächlich kann man Bielefeld besuchen, allerdings kommen die wenigsten einfach so. Nach Bielefeld reist man wegen des Fußballs, wegen der Liebe, der Uni oder eines Jobs. Das Besondere an Bielefeld ist, dass es nichts Besonderes hat. Es liegt strategisch an einer Schneise im Teutoburger Wald. In früheren Zeiten gab es hier einen wichtigen Pass, zu dessen Verteidigung eine Burg gebaut wurde. Dafür brauchte man Handwerker und Menschen, die die Handwerker versorgten. So wurde aus dem Dorf erst ein größeres Dorf, dann eine Stadt. Heute hat sie rund 330 000 Einwohner. Es ist eine Entwicklung, wie sie ähnlich an vielen deutschen Orten stattgefunden hat. Manchmal mit Berg und Pass, manchmal mit Fluss und Furt.

Die Geschichte Bielefelds hat keine Highlights. 1214 wird als Gründungsjahr angenommen, es folgt ein ziemlich ereignisloses Mittelalter. Die Stadt war nach der Reformation protestantisch und unterstand keinen Bischöfen, die ihre Egos präsentieren mussten. Es war eine Bürgerstadt, in der nicht viel passierte. Während der Industrialisierung entwickelte sich erst eine Textilindustrie, dann wurde die Stadt auch zum Maschinenbaustandort. Weswegen sie im Zweiten Weltkrieg von den Alliierten zerbombt wurde. Nach dem Krieg hat man sie autogerecht wieder aufgebaut. In den 1960er Jahren wurde eine Uni gegründet. Eine Handvoll Firmen ist hier von Familienbetrieben zu Imperien geworden. Als Investoren und Sponsoren fördern sie Kultur. Die Innenstadt ist belebt, weil die Menschen aus umliegenden

Kleinstädten und Dörfern zum Einkaufen kommen. Es ist eine fast austauschbare Geschichte.

Läuft man heute durch die Stadt, sieht man all das: die Sparrenburg, die über ihr thront. Reste alter Fabriken aus der Zeit der Industrialisierung. Produktionsstandorte, die sich entlang der Eisenbahnschienen angesiedelt haben. Ein Fußballstadion der alten Schule. Schnellstraßen, die auf Stelzen über die Stadt geführt werden. Eine Straßenbahn, viele Busse und immer mehr Fahrräder. Eine Innenstadt, deren historischer Kern noch erkennbar ist. Man trifft freundliche Menschen, die unaufgeregt ihrem Leben nachgehen.

Bielefeld ist so durchschnittlich, dass es unter dem Radar läuft. Die Stadt ist lebenswert, bietet Arbeitsplätze, bezahlbaren Wohnraum, Schulen, Kitas, eine Innenstadt, die nicht überfordert, ein Theater, das nicht langweilt. Nur ist nichts davon herausragend und nichts touristisch attraktiv. Eine Burg gibt es, aber Burgen gibt es überall in Deutschland. Die Faktoren, die für den Lebenswert sprechen, haben nichts mit Charme und Anziehungskraft für Besucher zu tun. Vermutlich ist Bielefeld einer der unterschätztesten Orte Deutschlands.

Weil vieles gut, nichts grandios, aber auch nichts abgrundtief schlecht ist, redet eben niemand über die Stadt. Man kann es mit Promi-Berichterstattung vergleichen. Da gibt es die exzentrischen Paare, über deren Dramen man in allen Einzelheiten Bescheid weiß: die Höhen und Tiefen, die Aufregung, eine Neuigkeit jagt die andere, man wird ganz atemlos beim Zuschauen und Mitlesen. Und dann trifft man selbst einen Menschen, mit dem man ein solches Drama nachspielt, und wenn man es endlich hinter sich hat, freut man sich danach darüber, wie schön es ist, endlich in Ruhe und ganz ohne Sehnsucht durchschnittlich zu sein. Genau das ist Bielefeld, ganz ohne Minderwertigkeitskomplexe oder Midlife Crises. Dafür mit Humor.

Vorstellungswelten

2019 schrieb die Stadt eine Millionen Euro Belohnung für den Beweis ihrer Nichtexistenz aus. Die Resonanz war beträchtlich. Die sieben ungewöhnlichsten Beweisführungen nutzen historische, mathematische und quantenmechanische Wege. Mal fehlt es an einer Stadtgründungsurkunde, mal treffen bestimmte mathematische Aussagen nicht zu. Physiker stellen die Frage, ob Bielefeld noch existieren würde, wenn niemand mehr hinschaute. Bielefeld würde durch das Sehen zur Existenz gezwungen, würde aber eigentlich nicht existieren. Die Stadt engagierte einen Experten, der auch dieses Argument widerlegte, denn ein quantenmechanisches System «ändert sich immer dann, wenn eine Wechselwirkung mit einem anderen Objekt erfordert, dass die Unbestimmtheit des Zustands aufgehoben wird. (...) Bielefeld nicht zu beobachten lässt sich demnach nicht durch das einfache Wegschauen der Menschheit realisieren. Der zweite Fehler ist die Definition von Existenz. Auch ein unbestimmter quantenmechanischer Zustand existiert. Die Masse eines Elektrons, seine Ladung, seine Energie und sein Impuls gehen nicht verloren, auch nicht während der Zeit der Unbestimmtheit. Das Nichtbeobachten, selbst in der korrekten quantenmechanischen Interpretation, führt demnach nicht zur Nichtexistenz aus physikalischer Sicht.»

Verplante Flächen

Mestlin

53° 34′ 47.5″ nördlicher Breite; 11° 55′ 32.4″ östlicher Länge

Zwischen Rostock und Berlin, etwas östlich von Schwerin gibt es ein kleines Dorf, das so gar nichts von einem Dorf hat. Vielmehr wirkt es wie eine Stadt, die man geschrumpft und auf viel Raum verteilt hat. In der Mitte liegt ein großer gepflasterter Platz, an dessen Längsseite ein Gebäude steht, das mit seinem von fassadenhohen Pfeilern getragenen Dreiecksgiebel an einen Tempel erinnert. Schräg gegenüber steht die Grundschule, die restliche Fläche säumen Geschäfte, einige von ihnen stehen heute leer. In seiner Dimension und seiner Offenheit erinnert der Platz an mediterrane Vorbilder, den Markusplatz in Venedig etwa oder die Piazza della Signoria in Florenz. Er vermittelt dieses Gefühl von Grandezza, ist schmuckvoll, ohne überladen zu sein. Natürlich ist er lange nicht so riesig wie die genannten, aber er liegt eben auch in einem 750-Einwohner-Dorf. Was fehlt, ist die Kirche, die solche Plätze oft beherrscht. Sie findet sich versteckt am Ortsrand. Dieses Dorf ist nicht um die Kirche herum gewachsen wie der Großteil der deutschen Dörfer und Städte, dieser Ort ist akribisch geplant worden: als sozialistisches Musterdorf durch die SED.

Der Sozialismus strebte nach einer klassenlosen Gesellschaft, das heißt auch, dass sich das Leben zwischen Stadt und Land nicht groß unterscheiden sollte. Musterdörfer sollten demonstrieren, wie sich das bewerkstelligen lässt. Sie waren die Orte, an denen man versuchte, das ländliche Leben umzugestalten. In ihrem Zentrum lagen wichtige soziale und kulturelle Bauten, keine Kirchen mit Marktplätzen mehr, sondern Schule und Kulturhaus. Das Leben wurde bestimmt von der Arbeiterschaft. Geplant wurden anfangs 487 solcher Orte allein in Mecklenburg-Vorpommern, später wurde die Anzahl erst auf 224, dann auf 182 reduziert. Am Ende wurde nur Mestlin realisiert.

Mestlin liegt nicht nur zentral zwischen den umgebenden Dörfern, sondern auch in der Mitte zwischen Hamburg, Rostock und Berlin. Zum Dorf gehörte eine 25 Hektar große, nicht vergebene Freifläche, als ab September 1945 in der gesamten Sowjetischen Besatzungszone der Boden neu verteilt wurde. Mestlin hatte aus einem Gutshof, Kirche, einigen Landarbeiter- und Siedlerhütten und jeder Menge Land bestanden. Einst hatte es zum Kloster Dobbertin gehört. Nach dem Zweiten Weltkrieg zog die sowjetische Kommandantur in Mestlin ein, 1947 wurden im Zuge der Bodenreform Flächen an achtzig Siedler und zwanzig

Verplante Flächen

Handwerker verteilt, jeder erhielt zwischen 6,25 und 8 Hektar. Besagte 25 Hektar wurden zur Schaffung von Bauplätzen zurückgestellt. Darauf würde Jahre später im Zuge der Musterdorfplanung das Zentrum des neuen Mestlin entstehen.

«Wir teilen Ihnen hierdurch mit, daß wir das Dorf Mestlin als Muster für ein Beispieldorf entwickeln und als Modell auf dem 3. Deutschen Bauerntag in Leipzig auszustellen beabsichtigen», schreibt am 15. November 1951 die Abteilung Städtebau an die Landesleitung der SED in Schwerin. Der Bauerntag fand nur knapp einen Monat darauf statt. Ein halbes Jahr später wird der Grundstein für das Kulturhaus gelegt – Symbol für den Neuanfang. In der DDR existierten je nach Zählart zwischen 600 und 2700 solcher Kultureinrichtungen, geschaffen, um den Kreislauf der Arbeiterschaft von Fabrik, Mietskaserne, Kneipe zu durchbrechen. Oft gehörten sie zu VEBs, LPGs, Krankenhäusern, Kasernen oder waren Verbänden angeschlossen.

Gebaut wird das Kulturhaus erst zwei Jahre später. Vorher entstehen Kinderkrippe und -garten, parallel und später Schule, Krankenhaus, Sportplatz und Geschäfte. Die letzten Gebäude wurden erst 1959 fertig. Das Kulturhaus war das beeindruckendste Gebäude: 57 Meter lang, rund 28 Meter breit, knapp 23 Meter hoch. An allen vier Seiten ist es von Portiken geschmückt. Mit seiner neoklassizistischen, antiken Erscheinung ähnelt es eher einem Tempel. Im Inneren entstand ein Festsaal mit Bühne, der je nach Bedarf als Tanzsaal, für Konzerte oder Theater bestuhlt werden konnte. Dazu gehörten Kulissenzüge, Scheinwerferanlage, Orchestergraben. Im Obergeschoss waren Hörsaal und Bibliothek, Club-, Labor- und Technikräume. Die Ausstattung konnte in jeder Hinsicht mit der von Kreisstädten mithalten.

Draußen vor dem Kulturhaus rund um den Marx-Engels-Platz lagen Schule, Supermarkt, Bäcker, Bekleidungsgeschäft, Schuh-

Verplante Flächen

laden. Es gab ein Geschäft, in dem man Bekleidung, Haushaltsgeräte und Fahrräder kaufen konnte. Industriekonsum nannten
die Leute es.

Eine junge Frau, die als neunzehnjährige Lehrerin Mitte der
1950er Jahre nach Mestlin geschickt wurde, nur zwei Jahre bleiben wollte und mit 81 Jahren immer noch dort lebt, sagt, man
habe schnell gemerkt, dass das Leben in Mestlin anders war: Die
Regale im Supermarkt waren immer gut gefüllt, Wartezeiten auf
Mopeds, Fahrräder und Haushaltsgeräte gab es nicht oder waren
sehr kurz. Obwohl man auf einem Dorf lebte, gab es ein der Stadt
vergleichbares Kulturprogramm: Theater, Kino, Lesungen. Zur
Schule kamen die Kinder aus den umliegenden Dörfern, das
Krankenhaus erhöhte die Attraktivität von Mestlin noch. 1950
hatte der Ort 689 Einwohner, 1961 waren es schon 1045. Viele
davon junge Menschen, die hier Familien gründeten und blieben.

Sucht man heute den alten Gutshof, stellt man fest, dass vor
das alte Wohnhaus aus Klinkersteinen mehrere Reihen Mehrfamilienhäuser im sozialistischen Stil gebaut wurden: recht-
eckige, farblose Blöcke in der etwa gleichen Größe wie der Gutshof, die ihn verdecken. Gegenüber liegt noch der alte Speicher,
der mittlerweile in Privatbesitz ist. Hinter dem Areal beginnen
die Felder der damals größten Landwirtschaftlichen Produktionsgenossenschaft (LPG) der DDR. Sie hatte zeitweise über
400 Mitglieder und bewirtschaftete 2300 Hektar Fläche. Allerdings schaffte sie es bis 1962 nie, ihre Planvorgaben zu erfüllen.
Die Technik war veraltet und für trockene sowjetische Äcker gemacht. Auf den feuchten Wiesen und Feldern sanken die Maschinen zu tief ein und machten Teile der Ernte zunichte. In den
Ställen fehlten Anleitungen und Kontrollen. Viele der Landwirte waren als Neubauern nach Mestlin gekommen. Als sich
die erhofften Erfolge nicht einstellten, sah man in den Altbauern
die Schuldigen, durchsuchte ihre Häuser nach verstecktem

Verplante Flächen

Getreide oder nicht abgeliefertem Fleisch und Wurst. Um den Schikanen zu entgehen, flohen 1952 etliche Bauern, ließen ihre Höfe zurück und machten sich auf den Weg nach Westberlin.

Eigentlich waren die Musterdörfer schon überholt, bevor in Mestlin überhaupt das letzte Gebäude fertig gebaut war. 1955 kam es zu einem Wandel in der Bauideologie, ökonomischen Kriterien wurde stärkere Bedeutung zugeschrieben. Mestlin galt als überdimensioniert und maßstabslos. Allerdings kamen weiterhin Besucher dorthin: der chinesische Bauminister, sowjetische, polnische, tschechische, bulgarische und dänische Delegationen.

Im Ort selbst änderte sich das Leben über die Jahre nur wenig. Es wurde immer schwieriger, das Kulturhaus mit Leben zu füllen: Menschen hatten Fernseher, an Kino und Theater bestand kein Interesse mehr. In den 1980er Jahren ging man dazu über, es als Arena für Boxkämpfe zu nutzen. Die LPG teilte sich in kleinere Fachgenossenschaften auf. Der Zusammenhalt zerfiel langsam, aber stetig.

Nach der Wende wurde deutlich, dass ein Dorf wie Mestlin nicht ausreichend Arbeit bot. Menschen zogen weg. Zwei der drei großen Apartmentblöcke wurden wegen Leerstands abgerissen. Das alte Krankenhaus steht heute leer. Das Kulturhaus, auf das man einst so stolz war, wurde zu einem Problem: Die Kosten waren zu hoch, um es zu betreiben. Man stellte erst Spielautomaten, Videospiele und Billardtische auf, um Einnahmen zu generieren, dann verpachtete man es in den 1990er Jahren an einen Hamburger, der daraus eine Großraumdiskothek machte. Er ließ Wände und Decke schwarz anmalen und einen Formel-1-Wagen über dem Tresen aufhängen. Es endete im ökonomischen Desaster, auf das noch einige weitere folgten. Erst 2008 gründete sich ein Verein, der sich für den Erhalt und die Wiederbelebung des Kulturhauses einsetzt.

Verplante Flächen

Lässt man sich durch Mestlin treiben, kann man sich vorstellen, wie es gewesen sein muss auf dieser Insel der Glückseligen. Zwischen den Apartmentblöcken und der Schule stehen Tischtennisplatten, die heute verwaist und von Unkraut überwuchert sind. Aber man bekommt eine Idee davon, wie einst Kinder zwischen ihnen herumgerannt sind. Straßen hatten keine Bedeutung, man lief kreuz und quer über die Grundstücke. Das Dorf ist übersichtlich, aber geräumig. Die Nachteile einer Stadt fehlen: schlechte Luft, Enge, Lärm. Stattdessen ist alles in Laufentfernung erreichbar, man hat Platz und fühlt sich gleichzeitig nicht verloren. Eigentlich genau so, wie man sich ein Zuhause wünscht.

Mödlareuth, Bayern und Thüringen

50° 24′ 55.1″ nördlicher Breite; 11° 52′ 59.9″ östlicher Länge

Ein kleiner Ort, die knapp dreißig Häuser stehen kreuz und quer verteilt. Es wirkt, als habe ein Riese sie wie Spielzeug über die hügelige Landschaft geworfen. Wer weiß, vielleicht erschien der Ort noch nicht so luftig, als die Obere Mühle noch stand oder die anderen Gebäude, die man abriss, um eine 700 Meter lange, 3,30 Meter hohe Mauer durch ihn hindurch zu bauen. Denn Mödlareuth liegt zur Hälfte in Thüringen und zur Hälfte in Bayern. Während Deutschland in BRD und DDR geteilt war, lief die Mauer quer durch dieses kleine Dorf.

Am Ende des Zweiten Weltkrieges hatte erst einmal niemand bemerkt, dass Mödlareuth auf zwei verschiedenen Territorien liegt. Als die Soldaten der Roten Armee am 7. Juli 1945 nach Mödlareuth kamen, stellten sie ihren Schlagbaum am bayerischen Ortsende auf. Dort blieb er, bis die Amerikaner ein Jahr später bemerkten: No way, das Dutzend Häuser am südwestlichen Tannbachufer gehört zu unserer Zone. Der Bach zerschneidet das Dorf in zwei Hälften.

Wie es dazu gekommen ist, dass er zur Grenze zwischen zwei Hoheitsgebieten wurde, ist nicht mehr nachzuvollziehen. Man weiß lediglich, dass er in den 1520er Jahren zum ersten Mal als Trennlinie benannt wird: zwischen dem Fürstentum Reuß und demjenigen, das ab 1810 das Königreich Bayern wurde, zuvor aber allerlei andere Namen getragen hatte: Markgraftum Brandenburg-Bayreuth, Fürstentum Bayreuth. Kurzfristig hatte es sogar mal zu Preußen gehört. Es ist das klassische räumliche Machtpuzzle der deutschen Kleinstaaterei.

Aber abgesehen davon, dass die Bauern Mödlareuths ihren Lehen an verschiedene Herren bezahlt haben, hatten sie ansonsten gemeinsame Jahresrhythmen, die ohnehin lange von den Erntezeiten und nicht von den Herrschern vorgegeben waren. Alle waren evangelisch-protestantisch und gingen gemeinsam im bayerischen Nachbarort Töpen zur Kirche. Die Kinder besuchten zusammen die Schule, die auf thüringischer Seite stand, dort gab es auch den einzigen Lehrer. Die Männer zogen vereint in den Ersten und in den Zweiten Weltkrieg. Einige kamen nicht zurück.

Das Einzige, woran man auch heute noch merkt, dass es in Mödlareuth etwas anders zugeht, sind die Dialekte. Wer den Menschen zuhört, wie sie miteinander sprechen, hört bei einem Teil deutlich das rollende «R» der Franken, während andere mit einem säuselnden thüringischen Singsang sprechen. Ein einziges Mal findet sich eine Notiz in den Akten, in der thüringische Bauern darum bitten, dass die bayerischen auf ihre Dorfseite wechseln. Aber die Franken lehnten das ab.

Das war alles nicht weiter wild, man heiratete, man stritt sich, man trug die Toten gemeinsam zu Grabe. Bis Deutschland am Ende des Zweiten Weltkriegs seine bedingungslose Kapitulation bekannt gab. Thüringen und Bayern wurden von den Amerikanern befreit, die man freundlich begrüßte. Doch sie zogen weiter, und es folgten die Sowjets – zu Fuß, nicht im Wagen wie die Amerikaner. Sie sahen zerzauster aus, und im Dorf hatte man bereits Gerüchte von Geflohenen und Vertriebenen über ihre Brutalität gehört. Und die Sowjets blieben. Auch im bayerischen Zipfel.

Bis im Juli 1946, wie gesagt, die Amerikaner von der bayerischen Seite den Tannbach entdeckten. Die Grenze, stellte man fest, lief mitten durch das kleine Dorf. Wieso hat man dieses Stück Land nicht gegen ein anderes getauscht, damit die Dorfgemeinschaft zusammenbleiben konnte? An anderen Orten in Deutschland gab es solche Austauschgebiete. Die Aktenlage ist rar, man kann das nicht rekonstruieren, aber Grenzen wurden eben auf dem Papier gezogen, und die Besatzungsmächte kümmerten sich häufig wenig darum, was die Menschen vor Ort dachten, die ihnen diesen Krieg überhaupt erst eingebrockt hatten.

Durch Mödlareuth verlief also eine Mauer. Für die Sperranlage musste auf DDR-Seite ein zehn Meter breiter Streifen Erde umgegraben werden. Die Lichttrasse entlang der Mauer war so hell, dass man im bayerischen Teil des Ortes lange Zeit keine Straßenbeleuchtung installieren musste.

Es war hügelig im Dorf, und je nachdem, wo man sich auf der bayerischen Seite befand, konnte man nach drüben schauen. Den Menschen im Osten war das und jeglicher Kontakt mit den Menschen im Westen strikt verboten. Was sah man, wenn man über die Mauer schaute? Sah es anders aus im Osten? Mödlareuth war agrarisch geprägt, man sah deshalb, dass die Traktoren unterschiedlich waren, von anderen Herstellern gebaut. Im Westen tauchten im Laufe der Jahre Autos vor den Häusern auf. Im

Verplante Flächen

Osten ist man eher Moped gefahren – mit der ganzen Familie. Die Häuser im Osten blieben unverputzt, auf der anderen Seite haben sie irgendwann Farbe bekommen. Viel mehr war da nicht zu sehen, denn all die Konsumgüter, die man sich im Westen zulegen konnte, verschwanden im Haus: Fernseher, Kochgeräte, Musikanlagen. So weit, so normal im Grenzgebiet.

Aber dann gab es noch die Details: Man kannte sich ja in diesem Dorf, Familien hatten über Generationen nebeneinander gelebt. Mittlerweile waren fast nur noch ältere Menschen dort, denn die Jungen zog es diesseits wie jenseits der Grenze in die Städte, wo es Arbeit gab. Im Grenzgebiet war das Angebot gering: Landwirt, Grenzschützer, Zollbeamter. Wer über die Mauer schaute, konnte sehen, wer schwanger war, und ahnte sicher auch, von wem. Man sah, wen der Arzt besuchte und wen die Grenzpolizei. Die Menschen kommunizierten mit farbigen Tüchern miteinander. Ein weißes Tuch bedeutete, dass alles okay war. Bei einem roten hingegen hatte etwas nicht geklappt, und man musste Kontakt aufnehmen. Das war schwierig, denn auf der östlichen Seite der Mauer gab es nur ein einziges Telefon für die dreißig bis fünfzig Einwohner. Es stand in der damaligen Poststelle. Privatsphäre war Fehlanzeige. Es gab auch Situationen, in denen schnell einige Worte hinübergerufen wurden, aber man musste sich sehr sicher sein, dass weder eine Patrouille noch einer der freiwilligen Helfer in der Nähe waren.

Das änderte sich mit der Regulierung des Tannbachs zwischen Ende Mai und Mitte Juni 1988. Im Frühjahr und bei Starkregen wurden die Wiesen dorfauswärts überschwemmt. Das wollte man zukünftig verhindern. Dafür wurden mehrere Segmente der Mauer entfernt, und die Menschen aus dem Westen hatten freien Blick in den Osten. Im thüringischen Teil von Mödlareuth bezeichnen Zeitzeugen diese knapp drei Wochen als die schlimmste Phase ihres Dorflebens. Aus dem Westen starrten Touristen un-

Verplante Flächen

geniert hinüber, waren neugierig, winkten. Im Osten fühlte man sich wie in einem Zoo begafft und schämte sich gleichzeitig, dass man durch staatliche Auflagen gezwungen war, diese absonderliche Situation zu ignorieren und dem Alltag nachzugehen, als sei nichts. Es ist makaber, dass die Bürger des thüringischen Teils am Ende darüber froh waren, dass die Mauer wieder dicht gemacht wurde.

Seit der Errichtung der Mauer mussten zwei Brüder, die einst 80 Meter Fußweg voneinander entfernt gelebt hatten, zwischen 40 und 80 Kilometer zurücklegen, um sich zu sehen. Der Bruder auf der thüringischen Seite hatte kein eigenes Auto und fuhr mit dem Interzonenzug über Plauen und Hof, ein immenser Umweg. Der Bruder auf der bayerischen Seite konnte mit seinem Wagen über die Autobahn bis zur Ausfahrt Schleiz fahren, um dort die Landstraße Richtung Dobareuth zu nehmen, wo man sich in der Gaststätte traf. In Mödlareuth konnte man sich theoretisch auch treffen, nur tat das niemand, da dafür sehr viel Papierkram zu erledigen war. Schon ein DDR-Bürger benötigte zwei Passierscheine: einen, um überhaupt in das Grenzgebiet zu kommen, und einen anderen, um in die Sperrzone zu gelangen. Diese Passierscheine erhielten vor allem die Arbeiter der Landwirtschaftlichen Produktionsgenossenschaft (LPG) «Grenze» in Hirschberg und anderen als wichtig deklarierten Betriebe sowie Angestellte staatlicher Behörden und Verwandte ersten Grades. Eine Tochter konnte ihre Eltern besuchen, aber ihre Großmutter schon nicht mehr. Niemand wollte ausprobieren, wie hoch die Auflagen für das Visum (und zugehörige Passierscheine) eines BRD-Bürgers sein würden.

Natürlich waren es meist die Verwandten aus dem Westen, die in den Osten reisten. 1973 führte man Tagesvisa für Besuche im grenznahen Bereich ein. Damit hätte jeder dreißigmal im Jahr einreisen dürfen. Aber die wenigsten taten das. Denn auch

Verplante Flächen

mit dem Visum blieben die Unwägbarkeiten beim Überqueren der Grenze. Eine Grenzüberquerung war immer auch eine psychische Ausnahmesituation, so beschreiben es Zeitzeugen. Es war das eindrücklichste Erlebnis, das die bundesdeutschen Besucher mit der DDR verbanden; der Moment, in dem sie merkten, dass auch ihre Freiheit begrenzt und sie nun nicht mehr selbstbestimmt unterwegs waren. Deshalb fuhren die wenigsten häufiger als zweimal pro Jahr. Bis 1989.

Zwei Monate nach dem Fall der Mauer in Berlin fiel sie auch in Mödlareuth. Am 9. Dezember 1989 wurde der offizielle Grenzübergang eröffnet. Teile der alten Mauer hat man erhalten, knapp 100 Meter existieren noch am Rand des Dorfkerns, dort, wo der alte Grenzwall niemandem direkt vor der Nase steht. Wenn man hier entlangspaziert, kann man sich einen Eindruck davon verschaffen, wie absurd es ist, dass die Besatzungsmächte unbedingt diesen schnuckeligen Ort teilen mussten. Hätte das wirklich sein müssen? Wen hätte es gejuckt, hätte das eine oder das andere Deutschland zwanzig Einwohner mehr oder weniger gehabt?

Alt Rhese

53° 29′ 53.3″ nördlicher Breite; 13° 09′ 48.6″ östlicher Länge

Auf den ersten Blick wirkt Alt Rhese wie ein kleines beschauliches Dorf aus schilfgedeckten Fachwerkhäusern. Idyllisch gelegen an einem Hang oberhalb des Tollensesees. Kaum 400 Menschen leben hier. Die Straßen sind gepflastert und sauber, in den Gärten blühen üppig Blumen. Vor manchen sitzen Menschen auf selbstgezimmerten Holzbänken. Aber irgendwie ist alles zu akkurat, um natürlich gewachsen zu sein, und dann fallen einem noch die Inschriften in altdeutscher Schrift über den Türen auf: Haus Kurhessen oder Haus Schlesien, errichtet im dritten, vierten oder fünften Jahre. Der Beginn dieser neuen Zeitrechnung liegt im Jahr der Machtergreifung der Nazis. Sie richteten in Alt Rhese die Führerschule der Deutschen Ärzteschaft ein und machten aus dem kleinen Dorf einen zentralen Ort zur Umsetzung ihrer rassenhygienischen Ziele. Ab 1935 wurden schätzungsweise 10 000 Ärzte und 2000 Hebammen, Apotheker und andere im Gesundheitswesen tätige Menschen hier ideologisch geschult.

Das Dorf taucht das erste Mal 1182 in einer Urkunde auf. Jahrhundertelang besteht es aus kaum mehr als einem Gutshaus und ein paar Arbeiterhäusern. 1898 lässt sich der neue Gutsherr am Hang zum See ein Herrenhaus errichten, drumherum entsteht ein weitläufiger Park. Das schlossartige Gebäude brennt 1921 ab. Zwei Jahre später errichtet man an seiner Stelle ein kleineres, einfacheres Gebäude. Als der Besitzer 1933 das Gut verkaufen will, sucht der Nationalsozialistische Deutsche Ärztebund (NSDÄB) nach einem Ort, an dem er seine Mitglieder schulen kann. Die Ärzte und das Gesundheitspersonal sind zentrale Faktoren bei dem Plan, eine rassisch homogene Gesellschaft zu erschaffen. Hebammen bezog man ebenso ein, da das 1933 verabschiedete Gesetz zur Verhütung erbkranken Nachwuchses sie verpflichtete, fehlgebildete Säuglinge zu melden.

Der NSDÄB kaufte das Gelände am Tollensesee und beschloss, dort ein Schulungslager, ein Mustergut und ein Musterdorf zu errichten. Im August 1934 begannen die Bauarbeiten. Allerdings plante der Architekt Hans Haedenkamp keine Monumentalbauten im Stil der drei Ordensburgen, die als Schulungsort für Arier dienten. Er entschied, im regionalen Stil zu bauen. Im Oktober 1934 feierte man Richtfest, die erste Schulung fand vom

13. bis 23. Mai 1935 statt, eingeweiht wurde das Gelände erst knapp zwei Wochen später, am 1. Juni 1935. Zwei Jahre danach gründete man in Alt Rhese das Institut für Erblehre und Erbpflege, in dem auch zur Erbbiologie und Rassenhygiene geforscht wurde. Man schätzt, dass pro Jahr vierzehn Schulungen mit anfangs 99, später 132 Teilnehmern stattgefunden haben und so über die Jahre 12 000 Menschen durch das ideologische Training geschleust wurden. Jeder vierte Jungarzt lernte vier Wochen lang, was Rassenhygiene bedeutete und wie man sie bewahrte. Alle anderen Schulungen dauerten nur sieben bis zehn Tage. Abgesehen von den Hebammen waren die Teilnehmer alle Männer.

Im Park um das alte Gutshaus baute man ein Gemeinschaftshaus für Vorlesungen, Veranstaltungen und gemeinsame Mahlzeiten. Dreihundert Menschen passten hinein. Zusätzlich wurden vier Gebäude für Schulungsteilnehmer errichtet. Jedes hatte vier Zimmer mit je acht Betten. Die ehemaligen Wohnhäuser im Dorf wurden alle abgerissen und durch jene ersetzt, die man heute noch sieht. Zwischen 1935 und 1937 entstanden 22 Einzel- und Doppelhäuser. Sie alle tragen Namen. Angeblich verweisen die Namen auf die Regionen, aus denen die Ärzte stammten, die für die Errichtung der Häuser Geld gespendet hatten.

Es gibt Bilder von der Eröffnung, auf denen Hunderte von Menschen auf der Wiese vor dem großen gemeinschaftlichen Fachwerkhaus stehen und den Hitlergruß zeigen. Es ist erschreckend idyllisch, und das ist es auch heute noch. Die Schulungsteilnehmer konnten sich nicht einfach anmelden, sie wurden ausgewählt. Es ging nicht darum, Menschen von den Ideen der NSDAP zu überzeugen, sondern darum, diejenigen, die schon überzeugt waren, in ihrer Identität als Nationalsozialist zu stärken. Wohl in der Hoffnung, dass sie bei extremen Anforderungen wie Euthanasie und Zwangssterilisation der Ideologie entsprechend handeln würden. Gemeinschaftsaktivitäten waren zentral: Es gab Frühsport, Fahnenappell und einheitliche Turnanzüge. Man feierte und tanzte zusammen, unternahm Exkursionen und half beim Aufbau des Dorfes. Und dieses Dorf besteht noch, nur dass es heute ein kleines Museum gibt, das über das Damals aufklärt.

Auf dem Gelände des Gemeinschaftshauses steht heute ein Hotel, der umgebende Park befindet sich zum Teil in Privatbesitz. Während des Krieges wurde das Gemeinschaftshaus mehrfach als Lazarett genutzt, am 3. April 1945 der Roten Armee übergeben. 1958 übernahm es die Nationale Volksarmee der DDR. Nach der Wende nutzte es die Bundeswehr für acht Jahre, bevor es in Privatbesitz überging. Ein kleines Stück kann man noch durch den Park laufen, hinunter zum Bootsanleger am Tollensesee. Es ist schön hier: Die Landschaft sieht aus, wie von einem Maler geschaffen, die Luft ist klar, der See schwappt träge ans Ufer, es ist ruhig. Wohl kann man sich hier trotzdem nicht fühlen, wenn man erst mal weiß, dass hier die ideologischen Grundlagen vermittelt wurden für all die schrecklichen Verbrechen, die an anderen Orten begangen wurden. Alt Rhese erinnert einen daran, dass dem Dasein mitunter ein großer Widerspruch innewohnt und dass selten etwas so ist, wie es auf den ersten Blick erscheint.

Verplante Flächen

Prora

In Binz auf Rügen, direkt am Prorer Wiek, steht ein Gebäude parallel zur Küste. Es ist mehrere Kilometer lang, Fenster und Türen alle im gleichen Abstand. Bis vor wenigen Jahren hatte es auch noch die gleiche Nichtfarbe: ein nachgedunkeltes Putz-Beige. Wenn man es auf alten Luftbildern sieht, hat es etwas von einem Kamm mit sehr kurzen Zacken. Die Front, die zum Meer hin zeigt, ist eben, in Richtung Landesinnere existieren in regelmäßigen Abständen Seitenflügel. Es sind die Reste eines Seebades, das die Nationalsozialisten versucht haben, ab 1936 aus dem Boden zu stampfen. Es ist das einzige der mindestens vier geplanten, das umgesetzt wurde, und selbst dieses hier konnten sie nicht vollenden. In den Urlaub sollten die Arbeiter nach Rügen reisen können, stattdessen wurden sie als Soldaten auf Schlachtfelder geschickt.

Die Idee, dass der arbeitenden Bevölkerung Urlaub zustehe, stammt nicht aus der Zeit des Nationalsozialismus. 1903 erstritten sich Brauereiangestellte drei Tage bezahlten Urlaub, 1929 gab es bereits 8000 Tarifverträge, die das Recht auf Erholung enthielten. Die Nazis verstaatlichten diesen Anspruch nur. Am 27. November 1933 wurde die nationalsozialistische Gemeinschaft «Kraft durch Freude» (KdF) gegründet. Sie kümmerte sich um den Arbeiter in der Zeit, in der er nicht arbeitete: brachte Menschen zusammen, um gemeinsam Sport zu machen, ins Theater zu gehen, Kunst zu betrachten, zu tanzen, zu musizieren und eben, um zusammen zu verreisen.

Zu Kriegsbeginn war KdF der weltweit größte Reiseveranstalter, 10 Prozent aller deutschen Reisen wurden von ihr organisiert. Zwischen 1934 und 1939 waren das sieben Millionen

Verplante Flächen

Urlaube, ein Zehntel davon waren Schiffsreisen. Aber man wollte mehr als 10 Prozent, man wollte möglichst alle Deutschen erreichen, damit man auch während der Freizeit und im Urlaub die nationalsozialistische Ideologie in die Köpfe der Menschen bringen konnte. Deshalb plante man eine Reihe von Seebädern. Das erste sollte auf Rügen entstehen.

Das Gebiet zwischen Binz und Mukran war Mitte der 1930er Jahre ein idyllisches Naturschutzgebiet, direkt am Wasser gelegen, durch das sich parallel zur Küste eine kleine, mit Kiefern bewachsene Anhöhe zog, die die Einheimischen Prora nannten. An dieser Stelle sollte eine Utopie Realität werden. Ein Seebad für 20 000 Menschen, der Beginn des Massentourismus.

Man schrieb einen Wettbewerb aus, dessen Eckdaten wenig Raum für Kreativität ließen: 10 000 Doppelzimmer, alle mit Meerblick, 2000 Angestellte, Räume für körperliche und seelische Ertüchtigung, eine zentrale Festhalle. Von den knapp ein Dutzend Entwürfen entschied man sich für den von Clemens Klotz und kombinierte ihn mit dem Festhallenentwurf von Erich zu Putlitz.

Klotz' Anlage zog sich in einem große Bogen 4,5 Kilometer an der Küste entlang. In der Mitte lag ein 600 Meter breiter Festplatz, auf dem Putlitz' monumentale klassizistische Festhalle stehen sollte. Nördlich und südlich daran schlossen sich je vier 500 Meter lange sechsgeschossige Bettenhäuser an. Treppenhaus, Bäder, Toiletten, Waschräume, Müllschächte und dergleichen kamen in Seitenflügeln unter, die rechtwinklig ins Landesinnere gebaut werden sollten. Zwischen den Bettenhäusern plante Klotz zum Meer hin halbkreisförmige Gebäudeteile mit Küche, Restaurants, Speisesälen und überdachten Terrassen.

In jedem der 2,2 auf 4,75 Meter großen Zimmer sollte rechts und links des Fensters an der Wand je ein Bett stehen, dahinter dachte man sich eine kleine Wohnecke mit Tisch, Stühlen und

Verplante Flächen

einer Liege sowie einen Waschtisch mit fließend Wasser und einen Kleiderschrank. Luxus ist etwas anderes, aber dafür sollte ein Urlaub hier inklusive Vollpension, Badeanzug, Badetuch und Strandkorb nur zwei Reichsmark am Tag kosten. Außerdem plante man auf dem Gelände Cafés, Schreib-, Lese- und Spielräume. Es sollte Kegelbahnen geben, einen Billardraum und Liegehallen. Am Festplatz selbst waren weitere Angebote geplant: Kino, Turm mit einem Café mit Aussicht über das gesamte Areal, Kai für Boote und zwei Seestege für größere Schiffe.

Am 2. Mai 1936 wurde der Grundstein gelegt. Es war der dritte Jahrestag des Sturms auf die Gewerkschaften, an dem Kommandos der SA und SS Gewerkschaftshäuser besetzt, Bücher sowie Hab und Gut beschlagnahmt und Funktionäre verhaftet hatten. Der Akt der Grundsteinlegung war rein symbolisch, denn mit dem Bau wurde nicht begonnen. Erst sechs Monate später zog überhaupt die Bauleitung nach Binz und musste erst einmal Straßen planieren und Unterkünfte für all die Arbeiter errichten lassen, die die Gebäudeblöcke errichten sollten. Man brauchte Bahnanlagen für den Transport von Kies, Mörtel, Beton und Steinen. Dafür mussten Kieferwälder gerodet, der sandige Boden geebnet und stabilisiert werden. Die langen Strom- und Wasserleitungen wurden angelegt, wozu erst der Grundwasserspiegel abgesenkt werden musste. Die Baugruben waren so tief, dass sie mehrgeschossigen unterirdischen Bauwerken glichen. Achtundvierzig Firmen arbeiteten an dem Bau, davon acht Großbaubetriebe, jeder für ein Bettenhaus verantwortlich. Sie brachten ihre eigenen Angestellten und Facharbeiter mit. Dazu kamen junge Frauen, die zur Arbeit im KdF zwangsverpflichtet worden waren, Bauern aus Rügen, die mit ihren Wagen und Zugtieren aushalfen, und später polnische und russische Zwangsarbeiter. Zeitweise waren über 2000 Menschen auf der Baustelle beschäftigt.

Verplante Flächen

Im Oktober 1938 war das Skelett des ersten der acht Betten-häuser fertig. Man feierte Richtfest. Nur elf Monate später, am 1. September 1939, wurde ein Baustopp verhängt. Große Teile des Komplexes waren mittlerweile rohbaufertig, lediglich die Dächer waren nicht gedeckt, die Treppen hatten keine Stufen, und die Fenster bestanden nur aus Öffnungen. Um den Bau vor schnellem Verfall zu bewahren, mussten polnische und russische Zwangsarbeiter die Dächer abdichten. Doch das Gebäude hatte keinen Bestand, im Grunde wurde es nur wenige Jahre später wieder demontiert: Türen, Fenster, Gleise, Heizanlage, alles, was man wegschaffen konnte, ging nach Kriegsende an die Sowjetunion als Teil der Reparationszahlungen. In der Zeit dazwischen dienten die Hauseinheiten, die am weitesten fertig-gestellt waren, als Unterkünfte für Flüchtlinge aus Hamburg und dem Osten.

Nachdem das Wertvollste abtransportiert worden war, mach-ten sich die Menschen über das her, was übrig geblieben war: Ziegel, Mörtel, Bettwäsche, Decken, Strandkörbe. Man sagte, es gebe Häuser auf Rügen, die nur aus Secondhand-Material aus Prora errichtet wurden.

Weil die Gebäude sparsam gebaut worden waren, stürzten stellenweise Abschnitte ein. Deshalb sprengte man in den 1940er Jahren den südlichsten Block und einige Gebäude im nördlichen Teil. Die verbliebenen fünf Gebäude wurden wäh-rend der Teilung Deutschlands als Kaserne genutzt. Man baute sie aus, aber das Militär hatte weder architektonische noch ästhetische Ansprüche. Die ursprünglichen Pläne interessierten niemanden. Statt der geplanten Zentralheizung baute man Ofen-heizungen mit Schornsteinen ein. Die Schornsteine beschädig-ten die Dachhaut. Weil die Heizleistung nicht ausreichte, ent-standen Frostschäden an den Wasserrohren. Aber niemand scherte sich groß darum. 1956 entschied man, dass der Ausbau

Verplante Flächen

theoretisch abgeschlossen war. Im Grunde ist Prora bis heute eine Baustelle.

1990 übernahm die Bundeswehr den Standort und begann ihn wenige Jahre später abzuwickeln. Seit 1994 steht das Gebäude unter Denkmalschutz, aber die Blöcke verfielen zusehends. Ab 2004 wurden sie einzeln verkauft. Heute sind darin ein kleines Museum, Jugendherberge, (Ferien-)Apartments und Wohnungen. Damit ist es zu einem Feriengebiet geworden, so wie es geplant war. Nur die Welt hat sich verändert.

Mit Urlaub am Meer verbindet man etwas Leichtes, Unterhaltsames, Entspanntes. Dieses kilometerlange Gebäude wirkt aber eher wie die Nationalsozialisten selbst: megaloman, steif, zweckdienlich. Steht man heute vor den Resten dieser Anlage, jenen, die halb zerfallen sind, und jenen, die umgebaut und renoviert wurden, fühlt man sich klein. Ganz gleich, wie sehr man sich bemüht, die Architektur von ihrer Vergangenheit zu lösen, ihr Maßstab ist und bleibt unmenschlich. Fast eine Stunde kann man am Ufer entlangspazieren, und man sieht immer noch das gleiche Gebäude. Man fühlt sich ein bisschen wie auf einem Laufband, das eine Kulisse antreibt, die auf eine Leinwand gemalt ist, die man zwischen zwei Spulen gespannt hat und die im Kreis an einem vorbeizieht. Es ist das Gefühl des Auf-der-Stelle-Tretens, des Nicht-Vorankommens, während dieses scheinbar endlose, sachliche, funktionale Gebäude an einem vorbeizieht. Dabei hat man sich in der jüngeren Vergangenheit bemüht, ihm die anonyme, unpersönliche Note zu nehmen, hat Balkone angebaut, Fenstergrößen verändert, Eingänge verlegt. Aber die Monumentalität konnte man ihm nicht nehmen.

Verplante Flächen

Mannheim

49° 29′ 15.6″ nördlicher Breite; 8° 27′ 55.8″ östlicher Länge

Adressen, so die geläufige Meinung, setzen sich in Deutschland aus Straßennamen und Hausnummer zusammen. In der Innenstadt von Mannheim, zweifellos eine deutsche Stadt, ist das anders. Dort sind nicht die Straßen benannt, sondern die Blöcke, auf denen die Häuser stehen. Die Innenstadt gleicht einem großen Schachbrett, jedes Quadrat lässt sich durch eine Buchstaben-Ziffern-Kombination identifizieren. Eine Adresse lautet dann G 7, 24, Planquadrat plus Hausnummer. Das klingt nicht nur seltsam, das ist auch so. Wir sind es gewohnt, einer Straße immer der Nase nach zu folgen, um irgendwann eine Hausnummer zu finden. In Mannheim muss man dazu einmal im Kreis um einen Häuserblock laufen. Es ist verwirrend, als wäre der eigene Orientierungssinn einmal ordentlich durchgeschüttelt worden. Dabei haben die Quadrate das Leben einst erleichtert.

Anfang des 17. Jahrhunderts regierte Friedrich IV. die Pfalz, zu dessen Territorium das Gebiet des heutigen Mannheims gehörte. Sein Schwiegervater, der niederländische Wilhelm von Oranien, lag im Clinch mit den Spaniern. Die spanischen Truppen zogen über Frankreich den Rhein hinunter, und Friedrich IV. suchte nach einem strategischen Ort, von wo aus er den Spaniern den Nachschub abschneiden konnte. Er residierte damals im Heidelberger Schloss und fand unweit entfernt eine kleine Anhöhe zwischen den zwei Verkehrswegen Neckar und Rhein gelegen. Darauf stand ein kleines Dorf aus dem 6. oder 7. Jahrhundert. Es sollte der geplanten Festung weichen.

Die Dorfbewohner aber wehrten sich so sehr, dass sich Friedrich IV. gezwungen sah, neben der Festung auch eine Stadt zu gründen. Aus militärischer Perspektive im Grunde ein Desaster.

Verplante Flächen

Er nutzte seine Verbindungen in die Niederlande und heuerte niederländische Architekten und Ingenieure an. Sie zählten damals zu den besten Festungsbauern Europas, neben den Franzosen, die aber aus religiösen Gründen nicht infrage kamen. Sie planten eine Doppelsternanlage mit der Festung Friedrichsburg am Rhein und der Stadt Mannheim am Neckar.

Das Schachbrettmuster Mannheims ist keine Erfindung der Niederländer. Bereits römische Kastelle waren in dieser Art geplant worden. Sie bestanden aus Achsenkreuzen, und zwischen ihnen lagen *insulae*, die wir heute Blöcke nennen. Im 16. Jahrhundert baute man auf den römischen Ideen auf, entwickelte aber die umgebenden Festungsmauern weiter. In Mannheim setzten sich fünfeckige Bastionen durch.

Am 17. März 1606 wurde der Grundstein für die Festung gelegt, am 24. Januar 1607 erhielt Mannheim das Stadtprivileg. Erst danach begann man mit dem Bau. Sonderlich viele Einwohner, abgesehen von der bisherigen Dorfbevölkerung, gab es nicht. Friedrich IV. warb für eine Einwanderung von Protestanten nach Mannheim, aber nur wenige folgten seinem Ruf. Bereits fünfzehn Jahre nach Stadtgründung, während des Dreißigjährigen Krieges, wurde Mannheim 1622 wieder zerstört. Bis dahin hatte man längst nicht alle Grundstücke bebaut. Der Krieg setzte der Pfalz zu, als einer der Hauptkriegsschauplätze war sie entvölkert. Auch von den Einwohnern Mannheims haben nicht viele überlebt.

Als Mannheim 1652 ein zweites Mal gegründet wurde, beinhalteten die neuen Stadtprivilegien jede Menge Vorzüge. Jeder, der sich in Mannheim niederlassen wollte und sich verpflichtete, innerhalb von zwei Jahren ein Haus zu bauen, erhielt ein kostenloses Grundstück und vergünstigte Baumaterialien. Allerdings musste er das Haus auch wirklich bauen, eine Hütte zählte nicht. Die Ratsprotokolle zeigen, dass nicht wenigen die Grund-

Verplante Flächen

stücke wieder entzogen wurden, weil sie das nicht bewerkstelligen konnten. Ab 1689 begannen die Pfälzer Erbfolgekriege, die die Stadt erneut zerstörten. Danach entfernte man auch die letzten Reste der Festung und ihrer Mauern und errichtete an ihrer Stelle ein Schloss nach dem Vorbild von Versailles. Die Stadt und die Planquadrate blieben davon unberührt. Zu Veränderungen kam es erst, als 1799 die Stadt in der Tradition der niederländischen Baumeister erweitert wurde. Man wies neue Blöcke aus, nur dass sie nicht mehr quadratisch waren, sondern zunehmend rechteckiger wurden. Am Ende bestand die Innenstadt aus 144 Vierecken. Anfangs benutzte man Straßennamen, wobei man die Straßen durchweg Gassen nannte: Wormser Gasse und Speyrer Gasse – nach den benachbarten Städten –, Fischergasse und Schlossergasse – nach Berufen –, oder Friedrichsgasse und Karlsgasse – nach den Kurfürsten.

Aber den Protokollen des Stadtrats ist zu entnehmen, dass man sich mit der Zeit zunehmend an den Bezeichnungen in den Grundrissbüchern orientierte. In diesen Büchern sind alle Grundstücke der Stadt im richtigen Größenverhältnis zueinander dargestellt, so wie heute im Kataster der Vermessungsämter. Diese Bezeichnung der Grundstücke waren immer auf die einzelnen Quadrate bezogen. In anderen Orten war das gar nicht möglich, weil historisch gewachsene Städte keine gleichmäßigen Blöcke haben. Deshalb orientieren sich die Grundrissbücher dort am Verlauf der Straßen. Anders in Mannheim: Man nummerierte die Blöcke und dann die einzelnen Häuser auf dem Block.

Ab 1684 vergab man römische Ziffern für die Planquadrate. Nach der Stadterweiterung ab 1735 waren es unsere Ziffern, allerdings änderten sie sich immer mal wieder. Ab 1799 ging man zur Buchstaben-Ziffern-Kombination über. Das I ließ man weg, weil es dem J zu ähnlich ist. Ab 1811 nahm das System die heutige Gestalt an: Auf der östlichen Seite der Straße, die vom

Verplante Flächen

Schloss in Richtung Neckar verläuft, heißen die Blöcke A bis K, und die Hausnummern sind im Uhrzeigersinn vergeben, auf der westlichen Seite heißen sie L bis U und haben Hausnummern gegen den Uhrzeigersinn. Die Straße vom Schloss zum Neckar nennen übrigens alle Breite Straße, sie heißt aber offiziell Kurpfalzstraße. Auch andere inoffizielle Namen haben sich erhalten: Planken, Schiefe Gasse, Kalte Gasse, Fressgasse, Kunststraße. Planken, das war die damals mit Holzplanken ausgelegte Flaniermeile, heute ist es die Haupteinkaufsstraße. Die Schiefe Gasse verläuft bei G 7 und ist eben genau das: schief. In der Kalten Gasse steht die Jesuitenkirche, deren Mauern so hoch sind, dass die kleine Straße ständig im Schatten liegt.

Als im 19. Jahrhundert die Stadt – wie viele andere auch – durch die industrielle Revolution und den Zuzug von Arbeitern wuchs, versuchte man erst, die alphanumerischen Bezeichnungen weiterzuführen. Für eine kurze Zeit existierten Z-Quadrate, die sich in verschiedenen Stadtteilen rund um die Stadt verteilten. Z3 bis Z6 lagen am Neckar und wurden zerschnitten von der Holzstraße, Seilerstraße und Am Neckarvorland. Diese Straßennamen gibt es heute auch noch, die Z-Quadrate indes hat man wieder abgeschafft. 1892 sah man ein, dass die Stadt zu schnell wuchs und man mit dem System nicht weiterkam. Die neuen Stadtteile und eingemeindeten Dörfer tragen deshalb wieder Straßennamen.

Verplante Flächen

Rembertikreisel, Bremen

53° 04′ 37.4″ nördlicher Breite; 8° 49′ 09.6″ östlicher Länge

In Bremen gibt es einen sehr großen Kreisverkehr. Für halbwegs ortskundige Autofahrer sei gesagt: Gemeint ist der Kreisverkehr, in dem sie beim ersten Durchfahren eine Extrarunde drehen mussten, weil er so unübersichtlich ist, dass sie die richtige Ausfahrt nicht erwischt haben. Wer noch nicht in der Stadt war oder kein Autofahrer ist, kann einen Blick auf eine Karte werfen. Es ist dieser immens große Kreis kurz hinter den alten Wallanlagen, inmitten eines Wohnviertels. Es sieht aus, als hätte man ein überdimensioniertes Frisbee in die Stadt geworfen, das an der Stelle, an der es gelandet ist, alle Häuser ausradiert hat.

Schon in den 1920er Jahren war abzusehen, dass Bremen ein Verkehrsproblem hat. Oberbaurat Lempe schreibt in der Stadt- und Landesplanung von einer «nicht mehr lange ertragbaren» Verkehrsbelastung. Seine Idee: Statt den Verkehr weiterhin über den Marktplatz zu leiten, wollte er ihn um die Altstadt und die Wallanlagen herumführen lassen. Seine Vorschläge kamen in der Nachkriegszeit wieder auf den Tisch. Nach den Zerstörungen, die der Krieg hinterlassen hatte, baute man radikal pragmatisch. Das bedeutet in der Zeit des Wirtschaftswunders vor allem: autogerecht. Wer es sich leisten konnte, zog damals aus der Stadt hinaus, in die Vororte oder gleich aufs Land. Die Stadt galt als lebensfeindlich, die Häuser waren kaputt oder veraltet. In Bremen wurde Mitte der 1950er Jahre der Stadtteil Vahr gegründet. Fünf Kilometer südöstlich des Stadtzentrums reihten sich Wohnblöcke aneinander, umgeben von viel Grün. 1960 wohnten dort bereits rund 25 000 Einwohner. Viele von ihnen pendelten in die Stadt.

Man suchte nach einer Lösung, wie man die Wohngebiete besser an die Stadt anbinden und gleichzeitig die Innenstadt vom

Verplante Flächen

Durchgangsverkehr entlasten könnte. Die Stadt entschied sich für einen Verkehrsring, der als Drehscheibe dienen sollte. Drei Tangenten sollten von hier aus die Stadt durchschneiden. Anfang der 1960er Jahre existierten erste Nutzungspläne, auf denen die zukünftige Flächenverteilung eingezeichnet ist. Die Stadt begann, Grundstücke im Viertel Ostertor aufzukaufen. 114 waren es am Ende. Die Häuser wurden abgerissen. Es war eine Art zweite Zerstörung, erst durch den Krieg, nun für die autogerechte Stadt. In vielen deutschen Städten passierte Ähnliches. In nur wenigen wurden dafür allerdings intakte Stadtviertel abgerissen. Auf dem freien Platz entstand der Rembertiring. Vom Norden her führt der knapp zwei Kilometer lange Breitenweg auf ihn zu. Eine zweite Hauptverkehrsader führt in den Osten Bremens. Beide verlaufen streckenweise als auf Stelzen montierte Hochstraßen, die den Fernverkehr in einer eigenen Ebene über und durch die Stadt leiten.

Man baute die Tangenten in Abschnitten, jeder musste durch seine eigene Antrags-, Prüfungs-, Finanzierungsphase. 1967 fuhr der erste Wagen durch den Rembertikreisel. Zusammen mit der angrenzenden Straße Rembertiring hat er 2,5 Millionen Mark gekostet. Nun begann man die Tangente zu planen, die in den Süden führen sollte, eine Schnellstraße über die Weser. Sie verlief mitten durch das eng bebaute Ostertorviertel. Es war in keinem guten Zustand. Weil man bereits seit der Zwischenkriegszeit darüber diskutiert hatte, den Verkehr durch das Viertel zu leiten, hatte kaum einer mehr in die Häuser dort investiert.

1968 legte das Amt für Straßen- und Brückenbau einen Plan vor, dessen Programm im Grunde «Mehr vom Gleichen» lautete. Auch die Straße, die vom Rembertikreisel über die Weser führen sollte, plante man als zweietagig, eine normale Straße für den Ortsverkehr und über ihr eine Hochstraße für den Fernverkehr. Es wäre eine futuristische Stadt geworden mit Straßen im Stile

Verplante Flächen

von Los Angeles. Allerdings rechnete man damals auch noch mit einem rasanten Bevölkerungswachstum. Das Städtebauinstitut Nürnberg legte einen Alternativplan vor, der vorsah, den Verkehr in Tunneln unter dem Viertel hindurchzuführen. 110 weitere Häuser hätten dafür abgerissen werden müssen.

Verkehrsplanung und öffentliches Bauen sind langwierige Prozesse, in denen viel diskutiert, durchgeblättert, gestempelt und abgeheftet wird. Manchmal sind die Zeitspannen so lang, dass die vorherrschenden Ideen sich im Laufe des Genehmigungsverfahrens ändern. In den 1960er Jahren glaubte man an die Wunder der Technik, der erste Mensch wurde in den Weltraum geschossen, Fernsehen wurde farbig, Autos wurden massentauglich. Doch eine Gegenbewegung entwickelte sich: Martin Luther King träumte, Hippies tanzten in Woodstock, und Studenten bildeten eine außerparlamentarische Opposition. Menschen glaubten nicht mehr an das Auto, sie liefen oder fuhren Rad und wünschten sich Orte, an denen sie nicht den Geräuschen, Abgasen und Gefahren des Verkehrs ausgesetzt waren. Fußgängerzonen entstanden. Auch in Bremen begannen die Menschen, die in der östlichen Vorstadt lebten, sich gegen die Trasse zu wehren, die durch ihren Stadtteil und über die Weser verlaufen sollte. Die Häuser dort waren marode, einige besetzt. Eine Bürgerbewegung gegen die Straße durch das Ostertorviertel entstand. Ihre jungen Hauptaktivisten waren Mitglieder der in Bremen regierenden SPD. Anfangs hatten sie gar nicht vor, die gesamte Planung zu stoppen, im Gegenteil. Sie hatten einen Vorschlag ausgearbeitet, der die beiden existierenden verband: eine Hochstraße, in der der Verkehr durch eine Röhre floss, um den Lärm zu minimieren. Die Idee sollte im Juni 1973 in einer Bürgerversammlung vorgestellt werden. Doch dazu kam es nicht, denn die Stimmung war aufgewühlt, die Anwohner forderten spontan, das Projekt ganz zu stoppen. Die Reaktion beeindruckte

Verplante Flächen

die Mehrheitsfraktion der SPD im bremischen Parlament. Zwar votierte im Dezember noch die Mehrheit für die Umsetzung der Planungen, doch sie war so knapp, dass man die interne Abstimmung achtzehn Stunden später wiederholte. Jetzt fiel sie eindeutig negativ aus. Die Straße, die vom Rembertikreisel durch das Ostertorviertel über die Weser in den Süden führen sollte, wurde nicht gebaut. Und dabei blieb es bis heute. Die Menschen, die über die Weser in den Süden müssen, fahren kleine Umwege und stehen morgens und nachmittags im Stau. Ob Letzteres mit der Hochstraße aber nicht auch so wäre, weiß niemand.

So verbindet der Rembertikreisel zwei Straßen, die auch ohne ihn miteinander verbunden wären, nur dass die eine einfach in die andere überginge. In der Mitte des Kreisverkehrs ist eine große grüne Fläche. Sie ist leer. Natürlich ist es hier laut, aber es gibt in vielen Städten Plätze, die laut sind und die trotzdem von Menschen frequentiert werden: Das Kottbusser Tor in Berlin, der Stachus in München und der Opernplatz in Frankfurt am Main. Sie alle sind historisch gewachsene Orte. Der Rembertikreisel aber ist eine am Schreibtisch entstandene Idee, die der Stadt aufgepfropft wurde. Auf die Mitte des Rembertikreisels führen weder Zebrastreifen noch Ampel. Trotzdem gehen einige risikofreudige Menschen mit ihren Hunden hier spazieren. Abgesehen von einigen Kunstinterventionen alle paar Jahre, ist es die einzige Nutzung, die dieser Platz hat. In den 1990er Jahren gab es den Versuch, ihn umzubauen und besser in die Stadt einzugliedern. Ein Wettbewerb wurde ausgeschrieben, aber umgesetzt wurde nichts. Im Grunde ist der Rembertikreisel ein Nichtort. So hat der französische Geograph Marc Augé Orte genannt, die keine Geschichte haben und keine Identität. Sie hinterlassen keine Erinnerungen. Menschen kommen und gehen, aber niemand bleibt. Es sind Orte des Transits, die vor allem aus einem bestehen: Leere.

Verplante Flächen

Flughafen Berlin Brandenburg «Willy Brandt»

52° 21′ 54.0″ nördlicher Breite; 13° 30′ 44.0″ östlicher Länge

Am 31. Oktober 2020 eröffnete der Flughafen Berlin Brandenburg «Willy Brandt», besser bekannt unter seinem Kürzel BER. Es war der siebente Eröffnungstermin, ungefähr 4400 Tage verspätet, 26 Jahre nach Planungsbeginn. Mit rund sieben Milliarden Euro (je nach Berechnungsgrundlage) ist BER mehr als fünf- bis elfmal so teuer wie kalkuliert. Man würde sich das gerne als Thriller vorstellen mit Bösewichten, Intrigen und Eskapaden der besonderen Art. Aber es ist das Ergebnis von Selbstüberschätzung und Missmanagement – sofern von Management überhaupt die Rede sein kann –, von «Ich war's nicht»-Haltung im Zusammenwirken mit deutschen Verwaltungsvorschriften und kreativer Baustellenimprovisation – und das über Jahrzehnte.

Allein fünf Jahre brauchte man, um sich auf einen Standort für den neuen Flughafen zu einigen. Anfang der 1990er Jahre begann die Suche. Es wurden rund drei Dutzend Flecken in Berlin und Brandenburg untersucht: Wie viele Menschen leben dort? Wie nah liegen die nächsten Naturschutzgebiete? Gibt es Strom, Wasser, Straßen? Zwei Standorte kristallisierten sich heraus: Sperenberg und Jüterborg-Ost. Doch am 28. Mai 1996 unterschrieben der damalige Regierende Bürgermeister von Berlin, der Bundesverkehrsminister und der Ministerpräsident von Brandenburg eine Empfehlung für den Bau in Schönefeld. Der Berliner Bürgermeister hatte ein Interesse daran, dass der Flughafen so nah wie möglich an der Stadt liegt. Der Bundesverkehrsminister hatte alle Beamten im Blick, die dabei waren, von Bonn nach Berlin umzusiedeln, oder zwischen der alten und neuen Hauptstadt pendelten. Dass in Schönefeld viele tausend Menschen vom Fluglärm belästigt werden würden, interessierte

Verplante Flächen

sie nicht weiter. Man plante 156 Millionen für den Schallschutz ein, die man nach vielen Klagen und Urteilen fast verfünffachen musste auf 766 Millionen Euro. Die Flughäfen Tegel und Tempelhof wollte man bis spätestens 2010 schließen. Am 30. Oktober 2008 um 21.55 Uhr verließ die letzte reguläre Maschine Tempelhof in Richtung Mannheim. Der letzte Linienflug, der in Tegel am 8. November 2020 um 15.39 Uhr startete, war eine Air-France-Maschine in Richtung Paris Charles de Gaulle. Schon das Flugzeug, das 1960 als erstes in Tegel landete, war eine Air-France-Maschine gewesen.

Die Flughafengesellschaft hat drei Gesellschafter: Berlin und Brandenburg halten je 37 Prozent, der Bund die restlichen 26 Prozent. Das bedeutet, dass alle Entscheidungen dreimal diskutiert und getroffen werden: in den Verkehrs- und Finanzministerien der beiden Länder und auf Bundesebene, in den jeweiligen Flughafenausschüssen, Parlamenten und Rechnungshöfen. 1999 beschließt man, den Flughafenbau zu privatisieren und ihn im Oktober 2008 zu eröffnen. Doch nach vielem Hin und Her und wechselnden Personalien werden die Verhandlungen im Mai 2003 für beendet erklärt. Man ist der Meinung, man kann das selbst am günstigsten – neuer Eröffnungstermin ist jetzt 2009.

Ein renommierter Architekt plant den Bau und schätzt die Kosten auf 630 Millionen Euro. Später wird sich herausstellen, dass er dabei vergessen hat, Check-In, Gepäckbänder, Zoll- und Passstellen und all die anderen sehr spezifischen Dinge einzuberechnen, die man benötigt, um einen Flughafen betreiben zu können. Aber es ist die Zahl, mit der die Flughafengesellschaft arbeitet. Vier Konsortien bewerben sich Ende 2006 darum, das Gebäude zu errichten. Sie veranschlagen zwischen 1,038 und 1,041 Milliarden Euro. Unabhängige Gutachter halten selbst diese Kalkulationen für zu niedrig. Sie rechnen mit 1,4 Milliarden Euro.

Verplante Flächen

Die Flughafengesellschaft bleibt jedoch dabei: Wir machen das selbst. Eröffnungstermin soll nun der 30. Oktober 2011 sein. Aber man will auch möglichst große Teile der lokalen Bauwirtschaft daran beteiligen. Anstatt den Flughafen also von einem Generalunternehmer planen und bauen zu lassen, werden rund drei Dutzend mittlere, kleine und kleinste Aufträge vergeben. Diese müssen aber koordiniert werden, Firma A muss wissen, welche Kabel Firma B verlegt hat, und so weiter. Dazu benötigt man nicht nur jemanden, der den Überblick bewahrt, sondern das frisst auch Zeit. Am Eröffnungstermin hält man trotzdem fest.

Mit dem Baubeginn am 4. Oktober 2006 hebt auch gleich der Streit darüber an, ob der Flughafen bei der Eröffnung nicht zu klein sein wird. Der Luftverkehr entwickelt sich schneller, als man es in den 1990er Jahren erwartet hatte. Immer wieder beschließt man neue Bauten, neue Verkaufsflächen, neue Zwischengeschosse, neue Lounges, sogar Fahrgastbrücken für den A380, der damals noch von keiner Airline eingesetzt wurde und dessen Produktion mittlerweile eingestellt ist. Auf dem ersten Plan von 1998 hat das Gebäude 220 000 Quadratmeter Fläche, vor dem gescheiterten vierten Eröffnungstermin 2012 werden es 340 000 Quadratmeter sein.

Spätestens ab 2009 beginnt der Bau aus dem Ruder zu laufen. Baufirmen beschweren sich über Fehler in den Plänen, ein Teil des Planungsteams geht pleite. Damit gehen Wissen und Kompetenzen verloren. Von 3000 Plänen, die bis Weihnachten 2008 erstellt sein sollen, sind damals gerade mal ein Sechstel fertig. Man geht davon aus, dass man neun Monate langsamer ist als geplant.

Trotzdem feiert man am 8. Mai 2010 Richtfest. Sechs Wochen später aber muss man den Eröffnungstermin im Oktober 2011 – zur Erinnerung: es ist der dritte – absagen. Doch statt das als Chance zu begreifen und zu analysieren, was schiefgelaufen

Verplante Flächen

ist, um es in Zukunft besser zu machen, herrscht die «Ich war's nicht»-Mentalität. Am Ende trägt niemand Verantwortung, damals nicht und heute immer noch nicht. Schlimmer: Man macht weiter wie bisher, nur mit einem neuen Eröffnungstermin: 3. Juni 2012. Firmen verlegen Kabel dort, wo gerade Platz ist, und wo kein Platz ist, auch. Wände wachsen dort empor, wo keine stehen sollen, und dort, wo man brandhemmende benötigt hätte, stehen ganz normale. Den Sprinklern fehlt das Wasser. Wo ein Rohr verlegt werden müsste, ist eine Luftklappe im Weg. Aber alle diese Kollisionen werden nicht mehr gemeldet. Stattdessen wird um sie herum improvisiert. Man gewinnt den Eindruck, dass ohnehin keiner mehr weiß, wer eigentlich für was zuständig ist.

Im Februar 2011 geht man schon nicht mehr von einer Verzögerung von neun, sondern von fünfzehn Monaten aus. Ein Jahr später kommen sechs Institutionen unabhängig voneinander zu dem Schluss, dass auch der Juni 2012 als Eröffnungstermin nicht einzuhalten ist. Doch am 30. März treffen sich die Gesellschafter und bleiben beim genannten Termin. Knapp einen Monat später plant der Aufsichtsrat eine Feier für 40 000 Personen für den 24. Mai 2012. Spätestens an diesem Punkt fragt man sich, in welcher Realität die Mitglieder des Aufsichtsrats lebten. War es Ignoranz, Selbstüberschätzung oder der pure Glaube an Wunder, der sie durch das Projekt begleitete?

Der Traum endete im Mai 2012: Das Bauordnungsamt und der TÜV schauen sich auf der Baustelle um und stellen fest, dass der Flughafen – einen Monat vor Eröffnung – nur zu 56 Prozent betriebsfähig ist: Lüftungsklappen und Löschwasserrohre fehlen, Automatiktüren und Entrauchungsanlage tun nicht, was sie sollen. Dazu kommen all die Teile, die man seit mindestens 2009 sehr kreativ verbaute. Was tut man? Betreibt man Ursachenforschung, um den weiteren Bau effizienter zu managen? Nein,

Verplante Flächen

man entlässt die Planer und denkt sich einen neuen Eröffnungstermin aus: August 2012. Es ist der 4,5-te, denn nur eine Woche später verschiebt man ihn auf März 2013, den 4,75-ten, schlussendlich strebt man den 27. Oktober 2013 als 5. Eröffnungstermin an. An dieser Stelle wünscht man sich eigentlich, dass die Auflistung der Termine aufhört, aber das tut sie nicht. Der Flughafen bekommt einen neuen Technikchef, der eine Bestandsaufnahme macht und 120 000 Mängel feststellt. Den Termin im Oktober 2013 hält er für ausgeschlossen – er wird recht behalten. Immerhin wird die Eröffnung jetzt erst mal auf unbestimmte Zeit verschoben. In dieser Zeit, so schätzt man, kostet die Verwaltung der Bauruine monatlich 35 Millionen Euro. Geisterzüge fahren durch die Tunnel des Bahnhofes, um ihn zu belüften, damit er nicht schimmelt. Es ist ein Desaster, das der Technikchef abwenden soll. Doch im selben Jahr verlässt er die Baustelle, und ein Jahr später steht ein neuer Termin im Raum: zweites Halbjahr 2017.

Tatsächlich sind im zweiten Halbjahr 2017 Pier Nord und Süd, die beiden Landebahnen, die Roll- und Vorfelder einsatzbereit und werden vom TÜV abgenommen. Noch immer aber weist das Brandschutzsystem des Hauptterminals Mängel auf. Der Eröffnungstermin wird wieder verschoben – es ist der siebente Versuch. Immerhin ist man vorausschauender geworden und wählt den Oktober 2020.

Seit 2012 hat man über 200 000 Mängel gefunden. Im Frühjahr 2019 steht der neue Termin schon wieder auf der Kippe. Denn der TÜV Rheinland hat in einem Bericht zwei Monate zuvor rund 11 500 Mängel aufgelistet. Einige davon sind schwer zu flicken, man muss zurückbauen, was man gerade erst errichtet hat: Eine Abnahme durch die Genehmigungsbehörde sei ansonsten wenig wahrscheinlich. Einen Monat später hat man es immerhin geschafft, jenen Teil des Brandschutzsystems abgenommen zu bekommen, der bei einem Feuer den Rauch aus den 4500 Räumen des Flughafengebäudes leiten soll. Diese Entrauchungsanlage war jahrelang eines der größten Probleme. Aber noch immer gibt es Probleme mit der Kabelführung, nicht zugelassenen Dübeln und Umbauarbeiten, die notwendig geworden sind. Über 16 800 Brandmelder müssen ausgetauscht werden, weil sie die zulässige Nutzungsdauer von acht Jahren erreicht haben. Kostenpunkt: 1,6 Millionen Euro.

Abweichend von den ursprünglichen Plänen sind 1200 Räume zusätzlich eingebaut worden. Sie alle mussten nachgerüstet werden, damit sie den Brandschutzbestimmungen entsprechen. Allein 6000 Kilometer neue Kabel mussten dafür gezogen werden. Dazu kam, dass sich im Laufe der langen Bauzeit die Bauvorschriften änderten. Während bis 2010 nur 5 Zentimeter Abstand zwischen Kabeln und Rohren sein mussten, sind es heute 20 Zentimeter. Aber so viel Platz hat man einfach nicht. Man beantragte eine Zulassung im Einzelfall. 180 solcher Fälle hatte man zu lösen. Dafür waren 40 000 verschiedene Nachweise zu erbringen, die zusammen über zwei Millionen Dokumente ergaben. Es ist ein Strom an Zahlen, Daten und Größen, der an einem vorbeifließt. Immer mehr, immer unglaublicher. Doch all das endet im Mai 2020, als die Baubehörde endlich die Nutzungsgenehmigung für das Terminal erteilt. Am 1. November 2020 um 6.45 Uhr verlässt die erste Maschine den Flughafen Berlin-Brandenburg mit Flugziel London Gatwick. Zu klein ist der Flughafen nicht geworden. Das Covid-19-Virus legt zu jener Zeit den Luftverkehr lahm. Die Flugbranche steckt in ihrer größten Krise.

Verplante Flächen

Enklaven und Exklaven

Büsingen am Hochrhein

47° 41′ 47.5″ nördlicher Breite; 8° 41′ 14.7″ östlicher Länge

Büsingen ist ein reichlich verwirrender Ort. Schon auf dem Weg dorthin verzettelt man sich im Wirrwarr der deutsch-schweizerischen Grenze – oder besser: Grenzen. Der kleine Ort mit nur knapp 1500 Einwohnern liegt direkt am Rhein, 50 Kilometer nördlich von Zürich, am Rande der Schweiz, ist aber Teil von Deutschland. Die Enklave ist 7,62 Quadratkilometer klein und umgeben von 17 Kilometern Grenze. Es ist eine fünffache Grenze: Sie markiert eine Eigentumsgrenze, das Ende der Gemeinde

Büsingen, des Landkreises Konstanz, des deutschen Staates, und es ist eine EU-Außengrenze.

Besucht man Büsingen, sieht man am Straßenrand immer wieder Grenzsteine und Pfosten in schwarz-rot-goldenen Farben. Dennoch verliert man schnell den Überblick, ob man sich nun auf deutschem oder schweizerischem Gebiet befindet. An der schmalsten Stelle trennt das Dorf nur wenige hundert Meter vom Mutterland. Der Ort hat ein eigenes deutsches Nummernschild, bei weniger als tausend Zulassungen. Steht man vor der Post, liest man: D-78266 Büsingen, CH-8238 Büsingen. Der Ort hat auch zwei Telefonvorwahlen. Die Schweizer Postleitzahl gibt es erst seit 1986. Davor musste ein Brief von Schaffhausen nach Büsingen, die nur sechs Kilometer Landweg trennen, über Winterthur nach Romanshorn, von dort mit dem Schiff über den Bodensee nach Friedrichshafen und von dort weiter mit dem Zug nach Singen und dann nach Büsingen transportiert werden.

Büsingen wird das erste Mal 1040 als Bosinga erwähnt, als Graf Nellenburg dem Kloster Allerheiligen zwei Höfe im Dorf schenkt. Um diese Zeit herum wird auch die Bergkirche St. Michael errichtet, sie thront auf einer Anhöhe einige hundert Meter vom Rhein entfernt. Auf alten Luftbildern kann man an der Struktur des Bodens erkennen, dass einst um die Kirche viele Häuser standen. Wann und warum das Dorf hinunter an den Rhein gezogen ist, weiß man nicht. Man geht aber davon aus, dass die Gegend am Fluss früher sumpfig, von Flussarmen durchzogen und von Hochwasser heimgesucht war, so dass die Anhöhe lange Zeit einen sicheren Ort dargestellt hat.

Dörfer waren im Mittelalter eine Ware, die gehandelt wurde. Zwar zogen die Menschen nicht um, aber die Herren, denen sie zur Loyalität verpflichtet waren, wechselten. Bei Büsingen führte das zu einem Durcheinander. Es wurde zwischen Österreich und dem Stadtstaat Schaffhausen (die Schweiz wird erst

1848 als Staat gegründet) hin- und hergeschoben. Mal gehörte es zu dem einen, mal zum anderen Territorium. Seit Ende des 15. Jahrhunderts war Büsingen ein Teil von Österreich, der allerdings von einem Vogt verwaltet wurde, der aus dem Stadtstaat Schaffhausen stammte. Das ging fast 200 Jahre gut. Büsingen war landwirtschaftlich geprägt. Bauern bewirtschafteten das Land. Die anderen verdienten ihr Geld, indem sie Schiffe mit Waren den Rhein hinaufzogen. Vor allem Salz wurde nach Schaffhausen geschifft und Wein aus Schaffhausen in Richtung Österreich.

1535 starb Vogt Heinrich Barter, und die Schaffhauser Adelsfamilie Im Thurm übernahm das Amt. Sie bauten 1597 ein Haus, von dem aus sie den Ort verwalteten. Dieses Junkerhaus gibt es noch heute, obwohl es mittlerweile einige Umbauten hinter sich hat. Es ist ein massiver, zweistöckiger Fachwerkbau mit Seitenflügeln, der in der Ortsmitte steht. Damals im 17. Jahrhundert hatte ihn noch eine Mauer umgeben, und ein Turm war angebaut gewesen.

Zur gleichen Zeit passierte noch etwas anderes: die Reformation. Die Österreicher blieben streng katholisch, in Schaffhausen schloss man sich der neuen Bewegung an. Die Büsinger entfernten alle Bilder aus ihrer Bergkirche St. Michael. Nun war es also so, dass ein Beamter aus dem reformierten Schaffhausen ein Dorf verwaltete, das zum katholischen Österreich gehörte. Um diese Gratwanderung zu meistern, hätte man diplomatisches Geschick und Feingefühl gebraucht. Aber das hatte Eberhard Im Thurm nicht. Im Gegenteil: Er war impulsiv, cholerisch und leicht erregbar. Als die Schaffhauser den reformierten Pfarrer Konrad Gelzer in Büsingen einsetzten, warf er ihm an den Kopf, dass ein katholischer Geistlicher sicher der bessere Lateinlehrer gewesen wäre. Gelzer beschwerte sich daraufhin in Schaffhausen über den heimlichen Katholizismus der Im Thurms. In der damaligen Zeit gab es fast keine Beschuldigung, die schwerer gewogen hätte.

Im Thurm wurde zu lebenslanger Kerkerhaft verurteilt, für die seine Familie jährlich 3000 Gulden für Kost und Logis zahlen musste. Damit hätte die Geschichte als Familientragödie enden können, tut sie aber nicht, denn Österreich als Lehnsherr war auch gegenüber seinem Lehnsnehmer verpflichtet. Es intervenierte, erst auf niederer Ebene mit der Bitte um Freilassung. Aber weil man sich in Schaffhausen stur zeigte, weitete sich die Sache zu einer internationalen Krise aus: Österreich sperrte die Getreideausfuhr in die Schweiz oder belegte sie mit exorbitanten Zöllen, Rheinschiffe wurden konfisziert. Rund fünfzig Jahre zuvor hatte Österreich einige Dörfer um Büsingen herum an Schaffhausen verpfändet, diese löste es nun aus. Es war der Höhepunkt der Krise. Am 16. Juni 1697 musste eine Delegation nach Radolfzell reisen, um dort die 20 000 Gulden Pfandgeld abzuholen. Die eben erst reformierten Dörfer unterstanden nun wieder katholischen Herren und wurden dementsprechend schikaniert. So sehr, dass die Schaffhauser einlenkten und am 1. Januar 1699 Eberhard Im Thurm auf einer Sänfte zurück nach Büsingen trugen. Er starb dort 1728. Im gleichen Jahr kaufte Schaffhausen die Dörfer zurück. 221 744 Gulden mussten sie dafür bezahlen, mehr als das Zehnfache der ehemaligen Pfändung. Die Landkarte sah nun so aus, dass Büsingen als Zipfel Österreichs ins Schaffhauser Territorium hineinragte. Es hatte noch eine Landverbindung über Dörflingen nach Österreich, doch diese ging 1770 verloren, als Zürich die Rechte über ebenjenes Dorf kaufte. Damit wurde Büsingen zur Enklave.

Damals war das nichts Ungewöhnliches. Deutschland und die Schweiz waren ein Flickenteppich aus Stadtstaaten, Grafschaften, Herzogtümern und dergleichen. Mit der Konsolidierung der territorialen Nationalstaaten nahm die Zahl der Enklaven ab.

Enklaven und Exklaven

Büsingen ist eine der wenigen verbliebenen in Europa. Bei den Verhandlungen zum Pressburger Frieden 1805 wurde es dem Königreich Württemberg zugeschlagen, fünf Jahre später kam es zum Großherzogtum Baden, das 1839 Grenzsteine aufstellen ließ. Der erste steht im Rhein rund eineinhalb Meter unter der Wasseroberfläche. Insgesamt sind es 123. Der vierte steht heute auf dem Grundstück des Restaurants Waldheim, durch dessen Biergarten die Grenze verläuft. Man kann dort mit einem Stuhlbein in der Schweiz und einem in Deutschland einen Kaffee trinken und dabei auf den Rhein hinunterblicken.

Es gab einige Versuche, die Situation von Büsingen zu ändern. 1918 stimmten 96 Prozent der Büsinger für einen Anschluss an die Schweiz, aber Baden konnte kein ausreichendes Tauschland anbieten. 1955 bereinigte man den Grenzverlauf zwischen Deutschland und der Schweiz und hätte darin auch Büsingen einbezogen, hätte der Landkreis Konstanz nicht gefordert, das Dorf über einen Landkorridor in Deutschland zu halten.

Immerhin gibt es seit 1967 einen «Vertrag zwischen der Bundesrepublik Deutschland und der schweizerischen Eidgenossenschaft über die Einbeziehung der Gemeinde Büsingen am Hochrhein in das schweizerische Zollgebiet vom 19. Juli 1967». Seitdem gehört Büsingen politisch zu Deutschland, wirtschaftlich aber zur Schweiz.

Das fällt einem auf, wenn man an einer der vielen Gaststätten stehen bleibt und sich die Speisekarten anschaut. Sie sind in Franken ausgepreist. Theoretisch ist die Hauptwährung zwar der Euro, aber wirklich nur sehr theoretisch. Die Mehrheit der Büsinger verdient Franken, die Wirte müssen in Franken einkaufen und möchten in Franken bezahlt werden.

Auch führt der Umstand, dass man zwar Schweizer Franken verdient und schweizerische Lebenshaltungskosten hat, allerdings nach dem deutschen Steuersatz (der wesentlich höher als der

Enklaven und Exklaven

schweizerische ist) besteuert wird, dazu, dass viele junge Menschen wegziehen. Rentnern hingegen gefällt es (noch) in Büsingen, da in Deutschland die Rente (noch) weniger besteuert wird als in der Schweiz. Deshalb schwankt der Altersdurchschnitt in Büsingen seit zehn Jahren um die fünfzig Jahre. Damit liegt es fünf Jahre über dem deutschen Durchschnitt.

Wird sich der Status von Büsingen je ändern? Vermutlich nicht. Die Büsinger möchten nicht durch und durch deutsch werden, Schweizer schon eher. Die Schweiz allerdings darf nach ihrem Neutralitätsprinzip kein fremdes Land annehmen, und Deutschland darf seiner Verfassung gemäß kein Land abgeben. So wird Büsingen vermutlich auf ewig die letzte deutsche Enklave bleiben.

Schwarzenberg

50° 32′ 47.8″ nördlicher Breite; 12° 47′ 32.3″ östlicher Länge

«Ich bitte Sie, meinen Landkreis umgehend zu besetzen», schreibt der Landrat zu Schwarzenberg am 25. Mai 1945 an die Militärregierung in Auerbach, Plauen. Man stelle sich vor, wie dieser Landrat, Friedrich Hänichen der Name, zurückgekämmte braune Haare, hohe Stirn, große Nase, vielleicht im Landratsamt am Fenster steht, während er diesen Brief diktierte. Er schaut hinaus auf die schroffen Strukturen des Erzgebirges. Der Höhenzug erstreckt sich bis hinüber nach Tschechien. Keine 30 Kilometer liegt die Grenze entfernt.

Schwarzenberg ist in diesem Moment ein Ort, den es nicht mehr geben sollte. Sechs Wochen lang wird das so bleiben. Das alte, nationalsozialistische Deutschland hatte im Mai 1945 kapituliert. Britische, französische, amerikanische und sowjetische Truppen waren in alle Landstriche vorgedrungen, hatten sie eingenommen und unter ihre Kontrolle gebracht. Alle, außer Schwarzenberg. Zwischen dem 12. Mai und dem 24. Juni 1945 war der damalige Landkreis unbesetzt – 560 Quadratkilometer Deutschland, in dem geschätzte 200 000 Menschen lebten. Es war das einzige Stück Deutschland, das in dieser Zeit von keiner der vier Siegermächte verwaltet wurde. Der Schriftsteller Stefan Heym hat diese Besonderheit für einen Roman mit dem Titel *Schwarzenberg* genutzt, dessen Handlung über die Jahre viele Menschen für die Realität hielten. Darin schildert er, wie durch eine kommunistische Revolution eine «Freie Republik» entstand, in der die Utopie eines basisdemokratischen Sozialismus gelebt wurde. So schön die Vorstellung für manche auch sein mag, so ist sie doch ein Mythos.

Das unbesetzte Gebiet reichte von kurz vor Chemnitz im Norden bis kurz vor Karlsbad im heutigen Tschechien im Süden. Es ist eine düstere, garstige Gegend, in der dunkles Gestein sich zackig vom Himmel abhebt. Der Mensch hat versucht, sich dieser Landschaft zu bemächtigen, hat Burgen und Schlösser auf Felsvorsprüngen gebaut und Häuser um sie herum an Hänge, in dem verzweifelten Versuch, Fuß zu fassen. In der DDR-Zeit haben in Reihen angelegte Großwohnsiedlungen das Chaos der kreuz und quer stehenden kleinen Fachwerk- und Steinhäuser abgelöst.

Wie konnte es passieren, dass in der Zeit nach Kriegsende dieser Landstrich keiner Besatzungsmacht unterstand? Darüber haben sich einige Theorien entwickelt. Eine davon behauptet, die Amerikaner hätten zwei Flüsse, die beide Mulde heißen, miteinander verwechselt und wären vor dem falschen stehen geblieben. Eine andere Theorie besagt, dass man den letzten umherirrenden Wehrmachtssoldaten den Weg in die amerikanische Gefangenschaft ermöglichen wollte, denn niemand war scharf

Enklaven und Exklaven

darauf, von den Sowjets gefangen genommen zu werden. Warum aber hätte man das tun sollen? Die Deutschen hatten Millionen Juden getötet, einen Krieg angezettelt, warum hätte man nett zu ihnen sein sollen? Und falls doch jemand auf diese Idee gekommen war, wieso dann ausgerechnet in und um das Provinzstädtchen Schwarzenberg im gebirgigen Niemandsland? Wie hätten die Soldaten von dem Korridor erfahren sollen?

Immerhin hat diese These einen historischen Bezug. Das Gebiet um Carlsfeld am Rande des Landkreises war bis zum 20. Mai von den Amerikanern besetzt worden. Zwei Wochen zuvor hatte Sergeant Thomas Stafford während der Einnahme von Jägersgrün einen Oberst der Wehrmacht festgenommen. Aber er wollte mehr, er wollte die Kapitulation der ganzen Einheit erzwingen. Also reiste er nach Carlsfeld, wo er in der örtlichen Gaststätte so lange verhandelte, bis sich die 40 000 Soldaten ergaben. Die Gefangenen wurden von Carlsfeld aus in die Sammellager in der Umgebung gebracht. Als am 20. Mai alle verteilt waren, zogen die Amerikaner wieder ab.

Die wahren Ursachen der Besatzungslosigkeit sind sehr viel unspektakulärer: Als die Deutschen bedingungslos kapitulierten, standen die amerikanischen Truppen bei Auerbach und Zwickau. Dort blieben sie und kontrollierten die Region. Die Rote Armee hatte ihre Kommandantur in Annaberg. Dazwischen lagen der Landkreis Schwarzenberg und die kreisfreie Stadt Aue, in denen keine militärische Verwaltungshoheit der Besatzungsmächte errichtet worden war. Allerdings fuhren die Amerikaner trotzdem täglich Patrouillen, beschlagnahmten Waffen, Fotoapparate, Schmuck und Geld. Man muss sich das ein bisschen vorstellen wie in einem Kafka-Roman: Niemand war verantwortlich, aber alle taten so, als gäbe es zumindest irgendwo einen Oberbürokraten.

Nach der Kapitulation waren die Politiker der Dresdner Lan-

Enklaven und Exklaven

desregierung verschwunden. Die Land- und Stadtkreise hatten keine Vorgesetzten mehr. Der Landrat von Schwarzenberg wendete sich deshalb in einem Brief an die Amerikaner. «Der Landkreis Schwarzenberg ist zurzeit noch unbesetzt und von allen Seiten in seiner Ausfuhr und Einfuhr abgeschnitten. (…) Der Landkreis ist als hoch gelegenes Gebirgsland ein Zuschussgebiet und auf die Einfuhr, vornehmlich aus den westsächsischen Überschussgebieten, angewiesen. Diese Einfuhr ist seit Wochen unmöglich, und die Lebensmittelvorräte für die Einwohner sind fast aufgebraucht. Die Mühlen haben nur noch für 10 Tage Mehl. Die Händlerlager für Nährmittel sind geleert. Die Kartoffelvorräte sind aufgebraucht», schreibt er.

Auch Holz und Kohle wurden knapp – der Winter 1944/45 war harsch gewesen. Landrat Hänichen hatte bereits einen Monat zuvor an die Reichsbahndirektion in Breslau geschrieben und um Frachtraum für Lebensmittel gebeten. Vergeblich. Gleichzeitig erreichten viele Geflüchtete das Erzgebirge, das von größeren Kämpfen verschont geblieben war. Dazu kam, dass alle Menschen, auch die Polizei, entwaffnet wurden. Man musste also mit immer weniger Ressourcen immer mehr Menschen versorgen und hatte kaum Mittel zur Verfügung, die öffentliche Ordnung aufrechtzuerhalten, falls ein hungernder Mob angefangen hätte zu randalieren. Der Landrat bittet deshalb die Amerikaner um Besetzung.

Er schreibt: «Ich bitte Sie: Ermöglichen Sie uns die Einfuhr von Lebensmitteln aus unseren bisherigen Liefergebieten durch Ausstellung von Passierscheinen.» Er selbst sieht sich nicht als Instanz, die solche Scheine ausgeben konnte. Nur, wo die Scheine herbekommen?

Es gab Menschen, die fuhren einfach ohne sie über die Zonengrenzen, andernorts begann man, sie kurzerhand selbst auszustellen: in der Stadt Schwarzenberg zum Beispiel. Sie spielte innerhalb des Landkreises eine Sonderrolle. Hier übernahm am 12. Mai 1945 eine Gruppe die Verwaltung, die aus vier Kommunisten und zwei Sozialdemokraten bestand. Sie wussten seit Wochen, dass das Ende des Krieges kurz bevorstand, weil sie Radio Freies Moskau gehört hatten. Am Tag zuvor, am 11. Mai, hatten sie sich getroffen und einen Aktionsausschuss gegründet. Solche Ausschüsse und antifaschistischen Komitees sind in jener Zeit überall in Deutschland entstanden. Sie verband, dass sie die dem nationalsozialistischen Regime treu ergebenen Beamten aus ihren Ämtern entfernen und den Wiederaufbau des Landes vorantreiben wollten.

Wer Schwarzenberg heute besucht, dem bleibt vor allem das imposante Schloss im Gedächtnis, das über der Stadt wacht. Um es herum winden sich die schmalen Gassen der Altstadt mit dem mittelalterlichen Markt, bevor es im Zickzack hinabgeht Richtung Tal. Dort, am Fluss Schwarzwasser, steht das Rathaus, in dem am 12. Mai der Aktionsausschuss den Bürgermeister absetzte, weil er es ihrer Ansicht nach weder schaffte, für ausreichend Sicherheit zu sorgen, noch sich genügend gegen die NSDAP gewehrt hatte. Allerdings übernahmen sie sieben der neun Polizei- und Hauptwachtmeister – alles ehemalige Mitglieder der NSDAP, einige sogar verantwortlich für die Kontrolle und Bestrafung von Zwangsarbeitern.

Was genau sich in diesen sechs Wochen in der Stadt Schwarzenberg alles ereignet hat, lässt sich nicht mehr rekonstruieren, und man könnte beinahe auf die Idee kommen, das sei so gewollt. Aus dieser Zeit existiert nur ein einziges Protokoll einer Sitzung des Aktionsausschusses. Nachkriegszeit, könnte man sagen, da ging es ja überall drunter und drüber. Allerdings sind im benachbarten Aue noch jede Menge Aufzeichnungen erhalten. Was man jedoch archiviert hat, sind Passierscheine, Gesuche und Bescheinigungen, allesamt unterschrieben vom Ersten Bür-

Enklaven und Exklaven

germeister. Der Erste Bürgermeister wie auch sein Stellvertreter waren zwei der sechs Mitglieder des Aktionsausschusses. Die anderen wurden Leiter des Polizeiamts und Leiter der Schutzpolizei. Zwei weitere erhalten Stellen in Verwaltung und Logistik.

Am 9. Juni dann beginnt die Rote Armee, den Landkreis nach und nach einzunehmen. Am 12. Juni erreicht sie Schneeberg. Drei Tage später beginnen die Amerikaner, sich aus dem Gebiet rund um Chemnitz zurückzuziehen. Am 21. Juni verlesen die Sowjets in Annaberg die ersten Befehle und Vorgaben: Verhaftungen sind einzustellen, Schulen sollen eingerichtet werden, und ab sofort gilt Moskauer Zeit. Und in Schwarzenberg errichten sie am 14. Juni ihre Kommandantur. Damit ist der ganz alltägliche Nachkriegstrott in der Stadt angekommen.

Die erste Anordnung des Kommandanten betrifft die Auflösung der Aktionsausschüsse. Die Verwaltung wird auf die Bürgermeister übertragen. In Schwarzenberg ändert sich damit nichts. Der Bürgermeister entstammt dem Aktionsausschuss. Während die Besatzungsmacht im restlichen Land die von Aktivisten installierten Bürgermeister entlässt und eigene Gefolgsleute in die Positionen hebt, bestätigt sie hier alle sechs Ausschussmitglieder in ihren Ämtern oder Funktionen. Somit hat die sowjetische Militäradministration die neu entstandenen Strukturen in Schwarzenberg im Nachgang legitimiert und damit selbst die Grundlage für all die Mythen von kommunistischer Revolution und «Freier Republik» geschaffen, die sich um das kurzzeitig unbesetzte Gebiet rankten.

Enklaven und Exklaven

Klein Glienicke

52° 24′ 34.6″ nördlicher Breite; 13° 06′ 24.6″ östlicher Länge

An diesem Ort geht die Post von zwei nebeneinanderliegenden Häusern in zwei verschiedene Bundesländer: Das eine Haus steht in Brandenburg, das andere in Berlin. Sie haben auch unterschiedliche Festnetztelefon-Vorwahlen, sofern sie einen solchen Anschluss noch besitzen. Der Ort heißt umgangssprachlich Klein Glienicke, und man muss ihn zuerst von oben betrachten: Er ist eine hufeisenförmige Einkerbung in der Grünfläche der Berliner Wannsee-Insel, mit dem Brandenburger Festland nur über zwei Brücken verbunden. In DDR-Zeiten waren die 28 Hektar, die der Ort einnimmt, von einer Mauer umgeben. In der Wannseestraße standen sich so zwei Mauern im Abstand von 15 Metern gegenüber. Es war die schmalste Stelle der DDR.

Klein Glienicke besteht aus dem Dorf Klein Glienicke und einem Gutsbezirk gleichen Namens. Das ist etwas verwirrend. Das Dorf tauchte erstmals 1375 in historischen Dokumenten auf und wechselte viele Male seine Besitzer. Nach dem Dreißigjährigen Krieg war es menschenleer. Neben den Ruinen entstand Ende des 17. Jahrhunderts ein Jagdschloss für den Kurfürsten Friedrich Wilhelm von Brandenburg, im 19. Jahrhundert kamen ein weitläufiger Park hinzu und ein Gebäude, das anfangs Gutshaus war, aber zu einem Schloss ausgebaut wurde. Aus diesen Elementen bildete sich der Gutsbezirk Klein Glienicke.

Das Dorf wurde 1750 auf Geheiß von Friedrich II. neu besiedelt. Im Laufe des 19. Jahrhunderts entwickelte sich der idyllische Ort am Wasser zwischen Glienicker Lake und Griebnitzsee zu einem beliebten Ausflugsziel. Im umliegenden Waldstück entstanden Häuser, die aussehen, als hätte man sie aus den Alpen hierher verfrachtet: aus Holz mit allerlei verschnörkelten Schnitz-

Enklaven und Exklaven

arbeiten in der Fassade. Es sind Schweizer Häuser, wie sie als Gegenbild zur Industrialisierung in vielen Teilen Deutschlands errichtet wurden, etwa auch auf der Pfaueninsel oder im Frankfurter Stadtteil Rödelheim. Auf der gegenüberliegenden Potsdamer Seite des Griebnitzsees, die ebenfalls Teil der Gemeinde ist, bauten sich reiche Berliner ihre Villen. Am 22. Dezember 1900 begann der Bau des Teltowkanals mit dem ersten Spatenstich an der Glienicker Lake. Er führte zu der kuriosen Situation eines Dorfes, dessen Gebiet durch einen Kanal in zwei Hälften geteilt wird. Die eine Hälfte lag näher an Potsdam, die andere näher an Berlin.

1925 wurde das Dorf Klein Glienicke in Neubabelsberg umbenannt und 1938 nach Babelsberg eingegliedert, das ein Jahr später zum Stadtkreis Potsdam gehörte. Noch heute steht deshalb Potsdam auf dem Ortseingangsschild von Klein Glienicke. Schlösser und Park, die vollständig auf der Wannsee-Insel lagen, wurden im Zuge der preußischen Gebietsreform mit dem Erlass des «Gesetzes über die Bildung der neuen Stadtgemeinde Berlin» vom 27. April 1920 nach Berlin eingemeindet. Es folgten der Zweite Weltkrieg und die Teilung Deutschlands: Brandenburg und damit das Dorf Klein Glienicke wurden sowjetische Besatzungszone. Der Gutsbezirk Klein Glienicke in Westberlin hingegen unterstand den Alliierten. Es entstand eine DDR-Enklave auf der Wannsee-Insel. Warum, fragt man sich, hat man das Gebiet nicht gegen ein anderes getauscht? Das passierte in anderen Teilen Deutschlands durchaus. Die Vermutung ist, dass man sich davon im Falle einer Eskalation zwischen den Siegermächten einen strategischen Vorteil erhoffte, weil man über den Griebnitzsee und Teltowkanal Wasserwege kontrollierte.

Im Dorf selbst mit damals rund 500 Einwohnern änderte sich erst einmal nichts. In den 1950er Jahren konnten Kinder noch einfach ins Westberliner Wannsee-Gebiet hinüberspazieren und

Enklaven und Exklaven

sich Karamellbonbons kaufen. Erst im August 1961 wurden Grenzschützer entlang des Grenzverlaufs aufgestellt und ein Stacheldrahtzaun errichtet, der zu einer Mauer ausgebaut wurde.

Am 7. Mai 1965 schrieb die Hauptabteilung I/Abwehr, Unterabteilung 4. Brigade: «Am 07. 05. 1965 gegen 11.45 Uhr ereignete sich im Bereich der 4. GK des 48. GR. (= Grenzregiment) ein schwerer Grenzdurchbruch. Es gelang zwei männlichen Personen, die Grenze aus der Ortschaft Klein Glienicke, Möwenstraße, im Planquadrat 1070 3 c nach Westberlin unter Zuhilfenahme einer Leiter zu durchbrechen.» Die meisten Menschen, die aus Klein Glienicke und der DDR flohen, folgten dieser Methode. Deshalb mussten Leitern im Ort immer angeschlossen sein. Auf lose Leitern stand ein Bußgeld von fünf Mark. Allerdings gab es auch andere Arten der Flucht. 1962 sprang eine Frau mit ihrem Kind von einem Balkon aus dem ersten Stock in ein Sprungtuch der Feuerwehr auf der Westseite. Und in der Nacht vom 25. auf den 26. Juli 1973 flohen zwei Familien durch einen 19 Meter langen, selbst gegrabenen Tunnel unter der Mauer hindurch zum Jagdschloss, das im amerikanischen Sektor lag. Das war nur möglich, weil den Grenzern nicht bekannt war, dass das Fluchthaus einen Keller hatte, und weil durch den trockenen Sommer der Grundwasserspiegel so weit abgesunken war, dass man einen Tunnel graben konnte.

In den 1970er Jahren wurden immer mehr Häuser abgerissen, weil sie zu nah an der Staatsgrenze standen. Selbst ein Haus, das alle nur die weiße Villa nannten, war Teil davon: Eine seiner Außenwände ging in die Mauer über. Sie wurde am 21. März 1975 gesprengt. Insgesamt verschwanden 40 Häuser. Nach dem Bau der zweiten Mauer und der Anlage des Kontrollstreifens zwischen den beiden Mauern wurden die Straßen am Waldrand und Teile der Wannseestraße zu Patrouillenrouten der Grenzschützer. Weil ansonsten Teile des Dorfs voneinander abgeschnitten worden

Enklaven und Exklaven

wären, musste man eine neue Straße bauen, die man lange Zeit nur die Betonstraße nannte. Sie ist aus dem Schutt eines abgerissenen Hauses gebaut.

Es gibt alte Fotos von Klein Glienicke, auf denen sich die Enge förmlich spüren lässt. Wo man auch hinschaut, ist immer ein Stück dieser weißen, anonymen Mauer zu sehen, auf deren anderer Seite hingegen der Wald im Westen. Wasser fehlt vollkommen. Der Ort, der früher für Sommerfrische und Bootsausflüge gestanden hatte, war mit der Mauer vollkommen vom Ufer abgeschnitten.

Den Regierenden war durchaus klar, dass die Situation in Klein Glienicke kritisch war und man im Grunde nur zwei Möglichkeiten hatte: räumen oder zum Vorzeigeobjekt des Sozialismus ausbauen. Man entschied sich für Letzteres. Die Regale im Supermarkt waren immer gefüllt. Wenn es im benachbarten Babelsberg keine Zigaretten und keinen Schnaps mehr gab, was die Dorfbewohner schon deshalb mitbekamen, weil die meisten von ihnen dort arbeiteten, kauften sie das dort Fehlende bei sich im Ort ein und brachten es den Babelsbergern mit. Wer nach Klein Glienicke wollte, brauchte einen Passierschein, weil er sich in der grenznahen Zone bewegte. Vielen Handwerkern und Händlern aber war das Prozedere der Beantragung zu viel Aufwand. Deshalb klempnerte auch mal der Volkspolizist, der FDJ-Sekretär sorgte sich um die Elektrik, und der NVA-Mann half mauern. Alles, damit die einheimische Bevölkerung das Gefühl hatte, man kümmere sich um sie.

Trotzdem zogen einige weg, andere wurden umquartiert. In den leer stehenden Wohnungen richteten sich linientreue Bürger ein, Armeeangehörige, Polizisten, Parteimitglieder ohne Westverwandtschaft. So zerbrach die einst enge Dorfgemeinschaft. Das Leben wurde zunehmend unpersönlicher, die Menschen immer vorsichtiger, wem sie etwas erzählten.

Enklaven und Exklaven

Dann kam die Wende. Vom Waldrand her begann man die Mauer einzureißen. Den Anfang machte das Technische Hilfswerk, die Ostgrenzer setzten den Abriss fort. Die Menschen konnten wieder zum Wasser. Menschen zogen weg, andere hin. Die Schweizer Häuser wurden UNESCO-Weltkulturerbe. Doch an der verwaltungstechnischen Situation hat sich auch bis heute nichts geändert. Im Gegenteil: Die Berliner und die Brandenburger Müllabfuhr fahren durch den Ort, ebenso wie der Berliner und der Brandenburger Briefträger Post bringt. Die Klein Glienicker allerdings stört das nicht mehr.

Saterland / Seelterlound

53° 06′ 24.2″ nördlicher Breite; 7° 40′ 40.1″ östlicher Länge

«Schon vor mehreren Jahren hatte ich von einem Völkchen im nördlichen Westfalen gehört, von welchem mir ein Reisender sonderbare Dinge erzählte. Ich hielt es nach diesen Erzählungen für eine römische Kolonie, und wäre damals schon dorthin gereist, wenn mich nicht große Hindernisse zurückgehalten hätten, wovon dieß das kleinste war, daß der Reisende selbst nicht wußte, wo das Volk eigentlich wohnte, sondern nur einige Männer in Ostfriesland gesehen hatte», schrieb der Halberstädter Pastor Johann Gottfried Hoche 1800 in einem Reisebericht. Das Volk, von dem er spricht, sind die Saterfriesen, und sie sind noch heute sonderbar, denn sie sprechen drei verschiedene Formen des Deutschen: Hochdeutsch als Standardsprache, Niederdeutsch (oft Plattdeutsch genannt) als Umgangssprache und Saterfriesisch als Familiensprache. Saterfriesisch ist die kleinste anerkannte Minderheitensprache Deutschlands.

Enklaven und Exklaven

Das Saterland liegt im Nordwesten Deutschlands, südöstlich des Ostfrieslandes. Es hat keine Landesgrenzen und keine besonderen Merkmale. Nur wer genau hinschaut, stellt fest, dass auf den Schildern der vier Ortschaften, die das Saterland ausmachen, unter den deutschen Namen ein zweiter Name steht: Ramsloh/Roomelse, Scharrel/Skäddel, Sedelsberg/Seedelsbierich und Strücklingen/Strukelje. Die zweite Sprache ist Saterfriesisch. Deutschland hat fünf Minderheitensprachen.* Saterfriesisch ist eine davon. Es gibt nur noch rund tausend Menschen, die es fließend beherrschen. Entwickelt sich die Sprache weiter wie bisher, nimmt man an, dass es in fünf Generationen niemanden mehr geben wird. Saterfriesisch klingt für das ungeübte Ohr ähnlich wie Dänisch, Plattdeutsch oder Niederländisch. Man hat das Gefühl, man könnte es verstehen, wenn man sich doch nur bemühen würde. Die Melodie der Worte ist auf eine gewisse Weise vertraut, nur etwas weicher.

Wie konnte sich mitten in Niedersachsen eine nur von wenigen tausend Menschen gesprochene Sprache erhalten? Dazu muss man wissen, dass die Gegend hier einst von Mooren geprägt war. In diesen Mooren lagen Inseln aus Sand, die die Gletscher der Saale-Eiszeit zurückgelassen hatten. Auf ihnen entstanden Dörfer. So auch im Moor der Grafschaft Sögel, 80 Kilometer westlich von Bremen, entlang der Sater Ems. Im Mittelalter zwischen 1100 und 1400 verließen die Ostfriesen die Küstenregionen in der Gegend, wo heute die Staatsgrenze zwischen Deutschland und den Niederlanden verläuft. Sie flüchteten vor den ständigen Sturmfluten und den harschen Lebensbedingungen und fanden in der Grafschaft Sögel eine 14 Kilometer lange, ein bis vier Kilometer

---

* Die Sprachen sind Sorbisch, das sich in Ober- und Niedersorbisch unterteilen lässt, Friesisch, wobei man Saterfriesisch und Nordfriesisch unterscheidet, Plattdeutsch, Romanes und Dänisch.

Enklaven und Exklaven

breite Sandinsel, die nur dünn besiedelt war. Dort begannen sie ihre Hütten zu errichten.

Rund um die Dörfer lag Moor, und dahinter lagen andere Dörfer. Allerdings waren die Friesen in diesen umliegenden Dörfern in der Minderheit, die Westfalen dominierten. Sie sprachen Niederdeutsch. Es entwickelte sich über die Jahrhunderte, nahm Elemente des Friesischen auf, im Osten auch des Slawischen, durch die Hanse kam ein mitteldeutscher Einfluss hinzu. So wurde daraus langsam das Hochdeutsch, das wir heute sprechen.

Anders in Roomelse, Skäddel, Seedelsbierich und Strukelje. Die Friesen waren die Mehrheit, man hörte kaum etwas anderes als Friesisch. Das lag auch daran, dass die Dörfer sehr abgeschieden waren. Man erreichte sie im Grunde nur per Boot über die Sater Ems. Ein einziger Weg über das Moor in das Münsterland existierte, aber sicher war er nur in trockenen Sommern oder in sehr kalten Wintern, wenn es zugefroren war. «Der zwei Meilen weite Weg nach Sagterland über das wilde Moor ist oft lebensgefährlich und für Pferde und Wagen ungangbar», schreibt Richter Tameling aus Friesoythe 1574.

Im Saterland spricht man noch immer das alte (Ur-)Ostfriesisch, das im heutigen Ostfriesland schon lange vom Niederdeutschen abgelöst worden ist. Man kann sich das so vorstellen, dass für einige hundert Jahre, zumindest was die Sprache angeht, die Zeit angehalten wurde. Im Laufe der Zeit unterstanden die Dörfer zwar immer wieder anderen Herrschern, doch das änderte nicht viel, denn kaum einer von ihnen machte sich auf den mühsamen Weg ins Saterland. Die Menschen dort waren ohnehin sehr arm und lebten von dem wenigen, was die Natur ihnen bot. Die Sater Ems hinterließ fruchtbaren Schlamm, über die Jahrhunderte wurde Torf abgebaut und nach Emden verschifft, wo er als Brennmaterial genutzt wurde. Ansonsten verdiente man am Handel, indem man den Transitverkehr zwischen Ostfriesland und dem

Enklaven und Exklaven

Stift Münster übernahm. Als der Torfabbau unrentabel wurde und der Transit schneller über Straßen abzuwickeln war, begann man Buchweizen anzubauen, widmete sich der Imkerei und Subsistenzlandwirtschaft. Es gibt noch heute Sprichwörter, die daran erinnern. Zu altklugen Kindern sagt man: *Dät Oai wol klokker weze as ju Hanne / Das Ei will klüger sein als die Henne. Gluk is twelich Oaiere, trättien Sukkene / Glück ist 12 Eier, 13 Küken.* Über Menschen, die darauf erpicht sind, immer und überall die Form zu wahren, lästert man: *Riegjet jou, kwaad die Buur, do hied 'r man een Ku / Stellt euch in eine Reihe, sagte der Bauer, dabei hatte er nur eine Kuh.*

1811 bauten napoleonische Soldaten einen befestigten Heerweg. Kanäle wurden angelegt, das Saterland wurde an die Außenwelt angebunden. Zuwanderer ließen sich nieder. Ihre Kinder schnappten das (Ur-)Ostfriesische auf, weil es überall auf der Straße gesprochen wurde, auch wenn sie zu Hause mit ihren Eltern Niederdeutsch sprachen. Je besser die Verbindung vom Saterland in die umliegenden Dörfer und Städte wurde – erst durch die Eisenbahn, dann durch eine Autobahn –, desto mehr Menschen, die noch nie ein Wort Saterfriesisch gehört hatten, zogen in die vier Dörfer. Saterfriesisch lernen war schwierig, denn Bücher gab es nicht. Es war die längste Zeit über eine ausschließlich gesprochene Sprache. Die Ersten, die sie aufschrieben, waren Reisende und Sprachwissenschaftler im 19. Jahrhundert. Allerdings folgte die Verschriftlichung keinen festgelegten orthographischen Regeln. Erst 1964 erschien das erste Buch in Saterfriesisch: *Dät Ooldenhuus/Das Elternhaus*, eine Sammlung von verschiedenen Erzählungen aus dem Alltag, Sagen und Mythen.

Nach dem Zweiten Weltkrieg begann das Saterfriesische zu verschwinden. Geflüchtete erreichten das Saterland, sie sprachen hochdeutsch. In den Schulen wurde auf Hochdeutsch unterrichtet. Die saterfriesischen Kinder blieben stumm. Hochdeutsch war für sie eine Fremdsprache. Aber schnell prägte sich ein: Wer etwas werden will, der muss es lernen. Verstärkt wurde diese Vorstellung auch dadurch, dass durch das Wirtschaftswunder, das erst in den 1960er Jahren im Saterland ankam, Firmen aus anderen Teilen Deutschlands Standorte im Saterland eröffneten. Das Personal wurde mitgebracht, die angeheuerten Arbeiter vor Ort mussten Hochdeutsch sprechen.

Heute lernt kaum noch jemand Saterfriesisch. Man heiratet, wo die Liebe hinfällt, und nicht denjenigen, der der alten Sprache noch mächtig ist. An einigen Grundschulen unterrichtet man bilingual, in anderen werden AGs angeboten. Es ist ein Versuch, das Verschwinden zu verlangsamen, denn verschwinden wird diese Sprache. Noch wird sie dort gesprochen, wo zwei Saterfriesen aufeinandertreffen: beim Bäcker, an der Tankstelle, im Chor, beim Heimatverein.

Ralbitz / Ralbicy

51° 18′ 04.6″ nördlicher Breite, 14° 14′ 54.9″ östlicher Länge

Am Anfang sieht man nichts. Die Landschaft verändert sich langsam und unmerklich. Zuerst verliert sie ihre Trostlosigkeit. Die Häuser auf den Dörfern haben keine eingeworfenen Fenster mehr. Statt dreckig-beigefarbenen Putz zu tragen, sind die Hauswände gestrichen. An den Bushaltestellen fehlen die Graffiti, Aufkleber und Kaugummispuren. An den Werbetafeln kleben keine verblichenen Plakate mehr, die für den einzigartigen, unvergleichlichen Standort derselben Tafel werben. Die Welt kippt zurück in die Ordnung, aus der sie in vielen Teilen des ländlichen Sachsens anscheinend herausgefallen ist. Dörfer sind wiederbelebt. Mehr noch: Entlang der Straßen stehen Altäre,

Mariengrotten schmiegen sich an Hauswände. Offene religiöse Bekenntnisse dieser Art gibt es im Osten Deutschlands kaum. Im Leben der DDR spielte die Kirche keine Rolle. Sie wurde so sehr vernachlässigt, dass von den Gotteshäusern die Friedliche Revolution ausgehen konnte.

Ralbitz steht auf dem Schild am Eingang eines Ortes. Unter dem Namen prangt ein zweiter: Ralbicy. Dahinter sieht man aufeinandergestapelte Strohballen und eine Scheune, in der Traktoren und Maschinen parken. Am Straßenrand stützt sich ein Mann auf seinen Besen. Er hat gerade die Straße gekehrt. Er redet in einem weichen Singsang mit einem zweiten Mann. Hinter den beiden ragt ein Kirchturm gen Himmel. Ein zweites Schild verkündet: Boža mša – Heilige Messe, gefolgt von Uhrzeiten. Ist das noch Deutschland? Oder doch schon Polen oder Tschechien? Doch ja, das ist Deutschland. Auch wenn es einem nicht so vorkommt. Deutschland ist ein Land, aber bevor es das war, war es eine Ansammlung unterschiedlichster Stämme. Das spürt man noch heute im äußersten Osten, wo die deutsche Sprache und Schrift eben nicht das ist, was einen Menschen als Deutschen identifiziert.

Die beiden Männer in Ralbicy sprechen Sorbisch, eine slawische Sprache, miteinander. Nie gehört? Vielleicht unwissentlich: Krabat, der Junge mit Zauberkräften, war Sorbe. Heute gibt es nur noch 20 000 bis 30 000 Menschen, die Sorbisch beherrschen. Die meisten von ihnen leben in der Lausitz. Das Wort stammt selbst aus dem Sorbischen: Łuzica heißt sumpfiges Land. Ein solches war die Gegend, als sich slawische Stämme im 6. und 7. Jahrhundert nördlich des Erzgebirges und des Fichtelgebirges niederließen und Dörfer gründeten.

Und während sich im germanischen Teil aus den verschiedenen Dialekten das Deutsch entwickelte, das wir noch heute sprechen, hat sich dort im Osten die slawische Sprache erhalten – bis

Enklaven und Exklaven

heute. Auf der Markise des Bäckers steht etwas auf Sorbisch. Der Aushang an der Bushaltestelle: sorbisch. Die Schule ist zweisprachig. Geht man zu einem Fußballspiel der Kreisklasse oder zu einem der kirchlichen Feste, ist es sehr wahrscheinlich, dass man kein Wort versteht.

Wenn man durch Ralbitz oder eines der anderen kleinen Dörfer in der Oberlausitz spaziert, stellt sich schnell ein Gefühl von Urlaub, Fremde und Exotik ein. Man hört diese andere Sprache, die man selbst nicht spricht, sie gleitet an einem vorbei und nimmt den alltäglichen Stress mit, trägt die lange Liste der To-dos an Arztterminen, Elternabenden und Sporttraining-Verabredungen hinfort. So fühlt sich Urlaub an. Nur, dass man in der Lausitz das eigene Land eben noch gar nicht verlassen hat. Es ist ein Beispiel dafür, wie nah das Fremde manchmal doch liegt.

Im 10. und 11. Jahrhundert besiedelten die sorbischen Stämme 40 000 Quadratkilometer zwischen Ostsee, Oder, Elbe und Saale. Heute ist es nur noch ein Zehntel davon. Ab dem 12. Jahrhundert zogen unterschiedliche germanische Stämme in die Region der Sorben, später im Deutschen Reich brachte der wirtschaftliche Aufschwung während der Industrialisierung eine Vielzahl an deutschsprachigen Arbeitern in den Osten. Die Wirtschaft integrierte die Sorben. Gleichzeitig wurden immer neue Eisenbahnlinien gebaut, die Städte miteinander vernetzten. Dörfliche Strukturen, lange Zeit die Grundlage der agrarisch geprägten Sorben, zerfielen. Sitten und Bräuche verloren sich. Hitler wollte das kleine Volk eindeutschen, nach 1945 wurden deutschsprachige Flüchtlinge in der Region angesiedelt. Die DDR-Führung protegierte die Sorben zwar, weil der große Bruder Russland, ebenfalls Slawe, sehen sollte, dass es dem kleinen Bruder gut ging. Allerdings waren die Sorben meist Landwirte, die ihre Familienbetriebe mit der Kollektivierung in LPGs verloren – und damit weiter an Tradition einbüßten.

Enklaven und Exklaven

Heute existieren noch sechs Kerngemeinden in der Lausitz, die sorbische Kultur pflegen: Chrósćicy, Ralbicy-Róžant, Pančicy-Kukow, Njebjelčicy, Radwor und Worklecy. Dort gibt es noch immer einige alte Damen, die jeden Tag Tracht tragen. Die dunklen, langen Röcke mit den Schürzen darüber und die kopftuchartigen Schleifen am Hinterkopf machen einen strengen Eindruck und lassen an die Jahrhundertwende denken, an Ernsthaftigkeit und Entsagung. Die alten Frauen und die anderen Sorben der Oberlausitz haben einen gemeinsamen Pilgerort: das Kloster Marienstern in der Gemeinde Ralbicy-Róžant. Es wurde im 13. Jahrhundert gegründet und ist seitdem ununterbrochen besetzt. Die Sorben in der Oberlausitz wurden nach der Reformation nicht protestantisch. In der Kirche waren sie oft unter sich, gesungen, gepredigt, gesegnet wurde auf Sorbisch. Der Kirche ist es zu verdanken, dass die Sprache heute noch so lebendig ist. Umgekehrt findet man den religiösen Einfluss auch in der Sprache wieder. Glück auf Sorbisch bedeutet übersetzt *mit Gott*. Wer Unglück hat, ist *ohne Gott*.

Auf dem Friedhof von Ralbicy stehen weiße Kreuze in Reih und Glied. Vor jedem von ihnen ein kleiner Erdhügel, umrandet von grünen Pflanzen. In der Mitte ein Streifen roter, lilafarbener oder gelber Geranien, Petunien und Primeln. Die Gräber sind so ordentlich und gepflegt wie eine frisch gelegte Dauerwelle. Eines ist wie das andere. Auf den Kreuzen steht vielfach der gleiche Spruch, auf den meisten auf Sorbisch, auf einigen wenigen auch auf Deutsch: «Hier ruht in Gott», gefolgt von Namen. Vor Gott sind alle gleich.

Das Spezielle des Sorbenlandes drängt sich einem Besucher nicht auf. Niemand würde Kindergärten oder Schulen besuchen, um dem zweisprachigen Unterricht zu lauschen, oder eine Sitzung des Serbski Sejm, des sorbischen Parlaments. Nur Theater oder Chöre, das geht. In Bautzen, dem Verwaltungszentrum der

Sorben, gibt es zwei sorbische Theater: das Deutsch-Sorbische Volkstheater, in dem klassisch geschauspielert wird, und das Sorbische Nationalensemble, das sich auf Musik, Tanz und Folklore spezialisiert hat.

Je nach Jahreszeit hört man dort die Geschichte der Vogelhochzeit, bei der eine männliche Drossel eine weibliche Amsel heiratet. Dazu gehört auch der Brauch unter Kindern, am 25. Januar einen Teller nach draußen zu stellen, auf dem am Morgen Gebäck in Form von Vogelnestern liegt, oft mit einer süßen Creme gefüllt. Im Sommer begegnet man eher dem Märchen der Mittagsfrau, die den Bauern, die mittags auf dem Feld arbeiten, den Verstand raubt und die Köpfe abschneidet. Obwohl die Erzählung selbst fantastisch ist, trägt sie doch einen wahren Kern in sich. Die sorbischen Bauern waren sehr lange erbuntertänig, erst die preußischen Reformen Anfang des 19. Jahrhunderts erlösten sie davon. Bis dahin waren sie im Grunde die Sklaven desjenigen Mannes, dem das Land gehörte, auf dem sie Kartoffeln, Karotten und Korn anbauten. Sie mussten für ihn arbeiten. Oft besaßen sie aber ein klitzekleines Stück Acker, das sie bewirtschafteten, und weil sie dazu kaum Zeit hatten, machten sie es in ihrer Mittagspause. In der sommerlichen Hitze dehydrierten sie, erlitten Hitzschläge und Sonnenstiche. Die Mittagsfrau suchte sie heim. Es ist das beliebteste Märchen unter den Sorben. Obwohl Landwirtschaft schon lange nicht mehr der Haupterwerbszweig der Sorben ist, kann man die agrarische Prägung noch erkennen, wenn man die Hauptstraße von Ralbicy entlangschlendert. Dort reihen sich noch immer mächtige Dreiseitenhöfe aneinander. Hinter ihnen liegen weite Felder.

Doch die Region, in der die Sorben leben, ist kontinuierlich kleiner geworden. Nicht nur durch Kriege und Einwanderung, sie wurde auch abgebaggert. Gott hat die Lausitz erschaffen, aber der Teufel hat die Kohle daruntergelegt, sagt ein sorbisches

Enklaven und Exklaven

Sprichwort, das sehr wahrscheinlich Mitte des 20. Jahrhunderts mit der Braunkohlenutzung entstanden ist. Wenn die Bagger und Maschinen wieder abziehen, hinterlassen sie einsame, mondartige Landschaften. 137 Siedlungen sind seit 1924 verschwunden. Und mit ihnen auch die Schilder, auf denen heute etwa Klein Lieskow/Liškowk oder Tranitz/Tšawnica gestanden hätte.

Enklaven und Exklaven

Orte, die bewegen

Ökumenische Autohofkapelle Schwabhausen

50° 53′ 53.1″ nördlicher Breite; 10° 43′ 34.2″ östlicher Länge

An der A4, zwischen Truckstop, Fastfood-Restaurant und Tankstelle, steht eine Kapelle. Sie ist unauffällig, ein tipiförmiges Gebäude aus Holz. Blaue Glasfenster sind in die Spitze eingelassen, auf ihr thront ein Kreuz. Die Autos, die an der Raststätte vorbeirasen, erzeugen in ihrer Menge ein konstantes Tosen, über das sich das Lachen von Kindern legt, die vor dem Fastfood-Restaurant eine Rutsche hinuntergleiten. Ein weißer Lattenzaun umgibt den Bereich, ebenso den Truckstop. Daran hängen Blumenkästen mit blühenden Stiefmütterchen. Gegenüber steht das Gotteshaus. Es ist eine von zweiundzwanzig Kirchen, die auf Deutschlands Autobahnraststätten stehen. Dabei gibt es kaum einen weniger metaphysischen Ort als eine Autobahnraststätte, wo Menschen halten, um Bedürfnisse zu befriedigen, die ihrer Wagen, ihre eigenen oder die des Gesetzgebers: Benzin, Toilette, Hunger, Ruhezeit. Nie lange, selten geduldig, am allerwenigsten besinnlich.

Der Schriftzug auf dem Dach der Raststätte erinnert an die 1990er Jahre, als Brathähnchen und Dauerwelle in waren. Unweit stehen weiße, saubere Zapfsäulen, deren Hahn wie ein überdimensionierter Kassenscanner aussieht. Das Ganze mutet nach einem Raumschiff-Drive-Thru an, ist aber eine Ladestation für Elektroautos. Hinter der Tankstelle haben LKW-Fahrer ihre Brummis geparkt, die Schriftzüge an den Seiten wurden überpinselt. Drinnen in der Raststätte steht ein Flipperautomat neben einer Maschine, die Horoskope und Zukunftsprophezeiungen ausspuckt. Auf der Toilette kann man sich neben Kondomen und Tampons auch Vibratoren ziehen. Der Rasthof, ein Ort, an dem man schnell wieder verschwindet, und wenn man das nicht kann, dann zumindest die Dehnung der Zeit vergessen will, die Warten mit sich bringt. Es ist ein roher, schroffer Ort. Die Kapelle passt so gar nicht dazu. In ihr ist es ruhig, die schwere Tür hält den Lärm draußen. Die Pflanzen auf dem Altar sind frisch. Um diesen Ort kümmert sich jemand, nicht nur metaphysisch, sondern ganz real. Er ist auf eine sterile Art häuslich. Ein Ort, an dem man ankommen kann.

Menschen bewegen sich von einem Ausgangsort zu einem Ziel. Das klingt wie eine ziemlich banale Aussage, und doch hatten Menschen jahrtausendelang gar keine Ziele. Seit 300 000 Jahren gibt es den Homo sapiens. Rund 288 000 Jahre verbrachten sie als umherziehende Nomaden. Der Weg war das Ziel. Alles, was sie besaßen, trugen sie mit sich herum.

Orte, die bewegen

4000 Jahre lang wehrten sich die Nomaden gegen die Sesshaftigkeit. So viel Zeit liegt zwischen der Domestikation der ersten Tiere und Getreidesorten und dem Entstehen der ersten Städte und Staaten. Rund doppelt so lange wie unsere derzeitige Zeitrechnung zwischen Jesus, Hexenverbrennung, Buchdruck, Internet, Virtual Reality.

Die ersten Städte entstanden 5000 v. Chr. am östlichen Mittelmeer, in den heutigen Staaten Syrien und Irak. Die ersten Straßen ließ Perserkönig Darius ungefähr zur gleichen Zeit bauen, weil er seine Truppen schnell von einem Ort zu einem anderen schaffen wollte. Es entstand ein Netzwerk aus Wegen zwischen Städten, Handelsplätzen und Häfen. Die schnelle Truppenverschickung war einer der Hauptgedanken beim Straßenbau. So dachten später die Römer und auch Adolf Hitler, der den Autobahnbau in Deutschland forcierte.

Oft wird der 23. September 1933 als Geburtstag der Autobahn genannt. An jenem Tag wurde mit dem Bau der ersten Reichsautobahn von Frankfurt über Darmstadt und Mannheim nach Heidelberg begonnen. Nur stimmt das nicht.

Bereits 1904 wollte Kaiser Wilhelm II. eine «Nur-Kraftwagenstraße» bauen lassen. Er liebte Autos. 1885 hatte Carl Benz den Benzinmotor erfunden. Knapp dreißig Jahre später hatte Henry Ford begonnen, Autos am Fließband zu produzieren. Jeder Wagen war in zig Einzelteile zerlegt worden. So konnten Pkws preisgünstig hergestellt werden. In den USA wurden sie zum Fortbewegungsmittel aller, ein motorisierter Pferdeersatz. In Deutschland nutzten vor allem Adelige und andere besser situierte Menschen Autos. Sie ersetzten weniger das Pferd als die Kutsche. Das Auto war ein Statussymbol.

1909 dachten einige Autofans darüber nach, eine Automobil-Verkehrs- und Übungsstraße zu bauen. Die AVUS, deren Bau der Erste Weltkrieg verzögert hat, wurde 1921 eingeweiht: zehn

Orte, die bewegen

Kilometer lang, eine Fahrspur pro Richtung. Aber im Grunde war sie nur eine Rennstrecke für Menschen, die sich sowohl den Wagen als auch die Maut der AVUS leisten konnten. Sie führte nirgendwohin.

Die erste echte deutsche Autobahn eröffnete 1932 Konrad Adenauer, der damals Oberbürgermeister von Köln war. Die heutige A555 nannte man Kraftwagenstraße Köln-Bonn. Hitler degradierte sie zu einer Bundesstraße und schuf sich seinen eigenen Autobahnerfinder-Mythos. Bis zum Ende des Zweiten Weltkrieges entstanden knapp 4000 Kilometer Autobahn. Es fehlten nur die Autos.

In den USA waren Autos längst im Alltag angekommen. In Europa hatten die beiden Weltkriege diese Entwicklung ausgebremst. In den 1950er Jahren entwickelte sich deshalb ein Motorisierungsboom. Jeder in Deutschland wollte sich einen Wagen leisten. Der VW Käfer ging in die Massenproduktion. Heute fahren knapp 46 Millionen Wagen mit deutschen Kennzeichen herum. Sie pilgern entlang 12 993 Kilometern Autobahn. 2478 Kilometer sind allein nach der Wiedervereinigung entstanden. Dabei wurden Strecken des VEB Autobahnkombinats erneuert, andere Teilstrecken hinzugefügt. Zusammen legen die Deutschen 625,5 Milliarden Kilometer im Jahr zurück. Und zwischen all diesen vielen Kilometern Strecke gibt es vierundvierzig ausgeschilderte Autobahnkirchen, zweiundzwanzig davon stehen auf Rastplätzen, weitere zweiundzwanzig in nahe gelegenen Ortschaften. Die erste entstand bereits 1958 an der A8 bei Adelsried, die vorerst letzte an der A7 am Gramschatzer Wald.

Die Kapelle an der A4 ist nicht groß. Groß genug, um nicht klaustrophobisch zu werden, aber klein genug, um sich nicht einsam und verlassen zu fühlen, wenn man allein darin ist. Das Tipi ist aus massiven Holzbalken zusammengesetzt, der Boden besteht aus Ziegelsteinen, der Altar ist gemauert. Darauf steht ein geschmiedetes Kreuz. Es sind so greifbare, bodenständige Baumaterialien. Blaues Licht fällt durch die Glasspitze des Daches. Zwei Bänke, breit genug für zwei bis drei Menschen, stehen beiderseits des Altars. Auf einer liegen Kalender mit Bibelversen. Broschüren über den Weg zu Gott. Dabei haben die Menschen, die hierherkommen, den Weg zu Gott schon längst gefunden. In dem Anliegenbuch, das auf dem Altar liegt, teilen sie sich ihm mit. In vielen verschiedenen Sprachen schreiben sie Gott, auf Französisch, Polnisch, Russisch, dabei liegt Schwabhausen hunderte Kilometer von jeder Grenze entfernt. Sie bedanken sich bei ihm: für ihre glückliche Reise, dass Er ihnen beisteht, für den sicheren Weg.

Eine Reise ist immer auch ein Wagnis, ein Sich-der-Welt-Zumuten. In Zeiten von Pferd und Kutsche fürchtete man Unwetter, Überfälle, Unfälle. Achsen konnten brechen, Kutschführer betrunken vom Bock fallen oder Pferde krank werden. Auf nichts davon hatte der Reisende Einfluss, im besten Falle konnte er das Wetter für einige Stunden vorhersehen. Gott war derjenige, der das eigene Schicksal lenkte. Kirchen waren Orte der Einkehr, die einem ein Dach über dem Kopf boten und moralischen Beistand.

Doch statt Kutscher, Pferde und Wagen haben wir jetzt eben Notrufsäulen, Führerscheine und TÜV. Die Technik hat Gott abgelöst. Trotzdem ist Deutschland das einzige Land mit einem Netz an Kirchen entlang seiner Schnellstraßen. Man könnte argumentieren, dass, als in den 1950er Jahren die Liebe der Deutschen zum Auto wuchs, die Kirchen versuchten, ihre Schäfchen dort zu empfangen, wo sie sich befanden: auf der Autobahn. Die Autobahnkirche ist damit nur Ausdruck einer immer effizienteren Lebensgestaltung, die nur die Angebote überhaupt in Betracht zieht, die sich ihr ganz unmittelbar anbieten.

Man könnte Autobahnkirchen aber auch als den in Architektur gegossenen Ausdruck deutscher Unvernunft interpretieren.

Orte, die bewegen

Deutschland ist eines der wenigen Länder, in dem es keine Geschwindigkeitsobergrenze gibt. Andere sind Nepal, Burundi, Afghanistan. Diese Länder haben aber keine Autobahnen. Sie haben Straßen, die oft kaum besser sind als unsere Feldwege: mal schlammig, mal voller Schlaglöcher und Bodenwellen, im besten Fall intakt. Allein in Deutschland gibt es überhaupt Straßen, auf denen man 250 Kilometer und mehr in der Stunde rasen kann, und vielleicht ist bei dieser Schnelligkeit Gott einer der wenigen, der einem noch zu helfen vermag.

Autobahntorso im Söhrewald

51° 14′ 48.9″ nördlicher Breite; 9° 36′ 45.0″ östlicher Länge

Es stehen viele Bauwerke in deutschen Wäldern: Burgen, Bergbautunnel, Bunker. Sie alle erinnern an das Leben, das dort stattgefunden hat. An die Mühen und Grauen. Wenn man an ihnen vorbeikommt, durch sie hindurch oder um sie herum läuft, hat man sofort Bilder davon im Kopf, wie es einst gewesen sein muss, in den feuchten Mauern einer alten Burg, in den Zeiten der industriellen Revolution und in den Kriegen, die folgten. Diese Bauwerke sind eine Vorlage, die von der eigenen Fantasie mit Leben gefüllt wird.

Dann aber gibt es auch Bauwerke, die gleichermaßen Kulturgut sind, aber das Gefühl hinterlassen, sie seien vor allen Dingen eins: monumental sinnlos. So ein Bauwerk steht im hessischen Söhrewald in der Nähe von Wellerode, 15 Kilometer südöstlich von Kassel. Es besteht aus massivem Beton, gebaut für die Ewigkeit, würde man meinen. Von oben betrachtet hat es die Form des Buchstabens H, zwei Längsstreben verbunden mit einer

Querstrebe. H wie Hitler. Das ist Zufall, aber wenn es nach Adolf Hitler gegangen wäre, würde an dieser Stelle die Autobahn verlaufen, die Kassel mit Erfurt verbinden würde. Das Bauwerk ist die Röhre einer Unterführung und deren Stützpfeiler, die die Autobahn hätten tragen sollen.

1926 beginnt der Verein zur Vorbereitung der Automobilstraße Hansestädte – Frankfurt – Basel (HAFRABA) e. V., ein 6000 bis 7000 Kilometer langes Autobahnnetz für Deutschland zu entwickeln. Im gleichen Jahr arbeitet die Studiengesellschaft für den Automobilstraßenbau (STUFA) an einem Kraftwagenstraßennetz. Beide Ideen werden 1933 von der Gesellschaft zur Vorbereitung der Reichsautobahnen (GEZUVOR) aufgegriffen. Für die Führung des nationalsozialistischen Deutschlands sind die Autobahnen ein Ausdruck modernster Technik, die aber mit der Landschaft verschmelzen sollte, eine Verbindung aus Tradition und Fortschritt, von Heimatboden und Massenmobilität.

Im Dezember 1937 beginnt man, auf knapp 12 Kilometern eine Schneise durch den Söhrewald zu schlagen. Schaut man auf die Pläne der Forstverwaltung, auf denen die Baumbestände festgehalten werden, kann man noch erkennen, wo sie hätte verlaufen sollen: Dort haben sich andere Baumarten angesiedelt als im umliegenden Wald.

Die geplante Autobahn teilt den Wald entzwei. Für die Forstarbeiter und Fahrzeuge, die Holz abtransportierten, entwarf man eine Verbindung unter der Autobahn hindurch. Man wollte die Straße über einen aufgeschütteten Damm führen und den Arbeitern eine Unterführung hindurchbauen, von der sie von Wellerode in den Kaufunger Abschnitt des Waldes gelangen konnten. Läuft man heute etwas weiter in den Wald hinein, kann man die Teile des Damms noch erahnen. In der Verlängerung des Bauwerks verläuft eine Anhöhe. Sie wurde künstlich geschaffen von schlesischen Arbeitern, die in den umliegenden

Orte, die bewegen

Dörfern lebten. Förster haben noch Sprenglöcher entdeckt, wo einst Baumstümpfe gewesen sein müssen. Gleichzeitig mit diesem Damm baute man die Konstruktion für die Unterführung. Weiter kam man nicht, der Krieg verleibte sich die Arbeiter ein. Übrig blieb ein unfertiges Ungetüm mitten im Wald. Dass es eine Röhre und ihre Stützpfeiler sind, erkennt man auf den ersten Blick nicht. Erst mal sieht es aus wie ein Betonmonument, und man fragt sich, was es eigentlich ist, was es einmal war, was es werden sollte.

Es ist ein Bauwerk, das einen Übergang schaffen sollte zwischen Orten, und wurde zu einer Rückzugsstätte, wohin man ging, um unentdeckt zu bleiben. Es wurde Motorenwerk, Partyort, Brutstätte für den Waldkauz.

1943, als man sich in Kassel vor Luftangriffen fürchtete, suchte man nach möglichst unauffälligen Orten, an die man die Produktion der Junkers Flug- und Motorenwerke verlegen konnte. Man mauerte die Brückenröhre einseitig zu und installierte auf der anderen Seite mächtige Tore. Dabei entstanden 200 Quadratmeter Produktionsfläche. 500 weitere Quadratmeter schuf man, indem man parallel zur Brückenröhre rechts und links im Abstand von 18 Metern jeweils eine Mauer errichtete. Die Flächen dazwischen goss man mit Beton aus und überdachte sie, wobei das Dach auf Mauern und Röhre auflag. Noch heute kann man im Betonboden die Fundamente von Pfosten sehen, die es in der Mitte getragen haben müssen. Das Dach selbst gibt es nicht mehr, nur Reste der Dachpappe hängen noch an einigen Stellen. Auf den Besucher wirkt es, als hätte man zwei Wasserbecken in den Wald eingelassen und vergessen, sie zu füllen. Damals, in den letzten Jahren des Krieges, standen hier Werkbänke mit Drehmaschinen und Standbohrmaschinen. Daran arbeiteten rund fünfzig Menschen, einige russische Kriegsgefangene, Polen, Tschechen und Litauer, aber auch Deutsche. Jeden Tag um 17 Uhr kam ein Pferdewagen aus Wellerode, der Verpflegung brachte. Bis zum Kriegsende baute man eifrig Motorenteile.

Danach gerieten der Bau und auch die A44 in Vergessenheit, Deutschland war geteilt, und es war klar, dass die Strecke nicht verwirklicht werden konnte. Aber es setzte der wirtschaftliche Aufschwung ein und mit ihm der Wohlstand. Die Deutschen kauften das, wofür sie heute weltweit bekannt sind: Autos. Verkehr begann sich überall zu stauen, nicht nur in den Städten, auch in den umliegenden Dörfern. Er wurde zur Belastung. Erste Umgehungsstraßen entstanden. Auch in den Gemeinden rund um Kassel dachte man darüber nach, den Verkehr um die Orte herumzuleiten. Dazu wurde eine verkehrswirtschaftliche Analyse gemacht. 1970 schlug man vor, den ersten Abschnitt der A44 zwischen Kassel und Hessisch-Lichtenau bis 1975/76 zu bauen und alle anderen Orte mit Umgehungsstraßen zu versehen. Allerdings wurde das Projekt nur mit der sehr niedrigen Dringlichkeitsstufe drei versehen, und 1972 stellte man alle weiteren Planungen ein. Wäre es dazu gekommen, stünde heute nicht ein Beton-H im Söhrewald, sondern eine Schnellstraße.

Stattdessen nutzten Jugendliche die alte Unterführung, die unter nichts durchführte und zu nichts hinführte, um sich dort zu treffen und zu feiern. Es war ein perfekter Ort; überdacht und weit genug weg, um andere Einwohner nicht zu stören. Einige hinterließen ihre Namen: «Hubert und Gerald 1977» steht etwa an einer Wand.

Dann kam die Wende, und die Autobahn, über die man 1926, 1934 und 1970 nachgedacht hatte, konnte endlich realisiert werden. Am 9. April 1991 wird das Verkehrsprojekt Deutsche Einheit vom Bundeskabinett beschlossen.

Allerdings wird für den Abschnitt zwischen Kassel und Eisenach nicht mehr nur die Trasse durch den Söhrewald diskutiert. Die Prioritäten haben sich geändert. In den 1920er und 1930er

Orte, die bewegen

Jahren hatte man nach einer kurzen, geradlinigen Strecke gesucht. In den 1970er Jahren wollte man den Verkehr möglichst effizient von den Ortschaften wegleiten. Nun ist man der Auffassung, dass auch ökologische Faktoren eine Rolle spielen. Siebzehn verschiedene Routenführungen werden entworfen. 1993 beschließen Bundesverkehrsminister Günther Krause und der hessische Ministerpräsident Hans Eichel, die A44 relativ nah an den Ortschaften vorbeizuführen und dabei dem Verlauf der B7 zu folgen. Diese Strecke ist fünf Kilometer länger als jene durch den Söhrewald, ein Viertel der Strecke führt durch dreizehn Tunnel. Weitere fünfzehn Talbrücken müssen gebaut werden. An einigen Stellen ist das noch immer der Fall: Die A44 ist die letzte Autobahn aus dem Verkehrsprojekt Deutsche Einheit, an der noch gebaut wird. 2032 soll das letzte Teilstück zwischen Kassel und Helsa fertig werden.

In der alten Unterführung repariert unterdessen das Forstamt Hochsitze. Das erste Wasser hat seinen Weg in das Innere der Röhre gefunden. Ganz langsam bearbeitet die Natur den Beton. Vermutlich in einigen Jahrzehnten wird sie das Betonmonument zu einer romantischen Ruine geschliffen haben.

Treidelpfad über das Gelände des AKW Neckarwestheim

49° 02′ 29.0″ nördlicher Breite; 9° 10′ 24.4″ östlicher Länge

Der Parkplatz Kalb Brücke am Rande von Gemmrigheim auf halbem Weg zwischen Stuttgart und Heilbronn ist so unscheinbar wie tausend andere im ganzen Land. Wie er so daliegt, am Rande der Schnellstraße, auf einer kleinen Anhöhe, versteckt hinter Büschen, so ganz ohne Schild, das auf ihn hinweist. Er will einfach keine Aufmerksamkeit auf sich ziehen. Menschen parken hier, weil sie noch mal mit dem Hund rausmüssen, eben schnell eine Runde runter zum Neckar und zurück.

Wenn sie aus dem Wagen steigen, schweift ihr Blick über monotone Felder, bis er an einem Bau hängen bleibt. Er ist groß und rund, und daraus steigt eine mächtige Dampfwolke auf. Er erinnert an den Topf des Bösewichts Gargarmel, in dem er die Schlümpfe kochen wollte. Daneben stehen einige halbkugelförmige Gebäude, eine Art Mondcamp, wie man es in schlechten (und, ja, manchmal auch in guten) Sciencefiction-Filmen sieht. Davor und auch dazwischen streben Strommasten und Schornsteine gen Himmel. Dieses Gesamtensemble ist das Gelände des Atomkraftwerks Neckarwestheim. Und über das Gelände dieses AKWs führt ein Wanderweg.

Wer vom Parkplatz aus zum Neckar läuft und dessen Lauf flussabwärts folgt, der steht nach einigen Minuten vor einem eisernen Metalltor, neben dem am Pfosten eine Klingel und ein Schild angebracht sind. Die Schrauben sind rostig, das Schild hängt dort schon so lange, wie es das Kraftwerk gibt. «Benutzer des Uferweges bitte läuten!» steht darauf.

Hinter dem Tor sieht man zwei Anlagen, die aussehen wie Megafone, wie sie Riesen benutzen würden. Sie sind sehr, sehr groß und liegen so, dass der Schall in den Himmel entschwindet. Von ihnen geht ein sehr hoher, nerviger Piepston aus. Zumindest scheint es so. Vielleicht nistet in der Nähe aber auch nur ein Vogel, der es schafft, in absolut regelmäßigen Abständen einen nervigen, hohen Piepston auszustoßen.

Wenn man klingelt, meldet sich ein Pförtner. «Sind Sie alleine?», fragt er. «Mit oder ohne Rad, Hund, Pferd?» Pferde sind der Grund, warum man heute über das Gelände des Atomkraftwerks wandern kann. Bis 1913 zogen sie Flößer mit ihren Waren

Orte, die bewegen

auf diesem Teilstück des Neckars flussaufwärts. Anfang des 18. Jahrhunderts hatte man begonnen, den Neckar bis Bad Cannstatt schiffbar zu machen. Dort, wo das Gefälle des Flusses stark war und die Flößerei schwierig oder gefährlich machte, baute man Wehre und Schleusen. Am Gemmrigheimer Wehr mussten die Flößer von Zugpferden unterstützt werden. Den Pfad, auf dem die Pferde am Ufer entlangstapften, nennt man Lein- oder Treidelpfad. Nicht nur hier, sondern überall in Deutschland gab es solche Pfade. Nur hat der Bürgermeister von Gemmrigheim dieses historische Wegerecht nie aufgegeben.

Er erinnerte sich an den alten Lein- oder Treidelpfad, als 1972 diskutiert wurde, ob ein Atomkraftwerk an den Neckar gebaut werden sollte. Im Rahmen des atomrechtlichen Genehmigungsverfahrens wird festgehalten: «Die Gemeinden Neckarwestheim und Gemmrigheim verlangen, bei der Erstellung der Kraftwerksanlagen und der Einfriedung darauf Rücksicht zu nehmen, dass entlang dem Neckarufer die Erhaltung eines Fußwegs und die Anlegung eines Fahrwegs ermöglicht wird» – und das Wirtschaftsministerium macht genau das später zu einer Auflage. Weswegen nun, wenige Minuten nachdem man geklingelt hat, ein Wachmann erscheint. Er ist stämmig und freundlich, mit Waffe am Gürtel und Hund an der Leine. Er spricht etwas in sein Funkgerät, was nach «007, bitte kommen, bitte um Erteilung der Genehmigung, das Tor zu öffnen» klingt, nur dass 007 natürlich nie um irgendeine Genehmigung bittet.

Er wuchtet das Tor auf, man tritt hindurch, wartet neben dem Hund darauf, dass er es wieder verschließt. Dann läuft man gemeinsam mit ihm über das Gelände des Kraftwerks. Im Sommer würden ständig Leute kommen, erzählt er, auch mit dem Rad. Einmal habe man auch einen Reiter samt Pferd hinüber begleitet. Allerdings dürfen nur Einzelpersonen oder kleine Gruppen das Gelände passieren. Wer mit mehr als dreißig Menschen aufschlägt, muss längere Wartezeiten in Kauf nehmen, weil die Ansammlung dann in kleinere Gruppen unterteilt wird. In Begleitung des Wachmanns läuft man einen Zubringerweg entlang, vorbei an gesichtslosen Gebäuden, denen man nicht ansieht, was darin sein könnte. Nach kurzer Zeit taucht der Neckar wieder neben einem auf, diesmal ohne Gestrüpp, das die Sicht versperrt, aber mit einem Geländer gesichert. Das letzte Stück des Weges führt über eine Art Wehr- oder Staumauer, an dieser Stelle wird Kühlwasser für das AKW aus dem Fluss entnommen und später wieder eingeleitet. Am Ende taucht wieder ein massives Tor auf, das in jeden Indiana-Jones-Film passen würde.

Es ist eine absurde Erfahrung, neben einem Wachmann in voller Kampfmontur, dessen Hund man vermutlich auch als Waffe bezeichnen könnte, über das Gelände eines Atomkraftwerks zu spazieren. In dem Spaziergang über den Treidelpfad verschmelzen die Widersprüche zwischen Natur und Beton, Freiheit und Kontrolle, zwischen Alltag und Außergewöhnlichem zu einem ganz und gar unwirklichen Erlebnis.

Hinter dem zweiten Tor, zurück in der Freiheit, verläuft ein kleiner Bach, über den man hinüberspringt, sich dann an den Neckar hält, bis nach wenigen hundert Metern rechts ein Trampelpfad abzweigt, welcher auf einen Feldweg führt, der außen um das Gelände herumläuft. Dabei stellt man fest, dass der alte Treidelpfad eine feine Abkürzung ist auf dem Weg von Gemmrigheim nach Neckarwestheim. Bitte nicht versuchen, sich eine zweite Abkürzung zurück zu suchen, quer durch das Unterholz, nah entlang der Außengrenzen des AKWs. Das habe ich bereits für Sie getestet und kann Ihnen sagen: Es bringt nicht viel, außer dass man die Pfade von Wildschweinen kreuzt, verzweifelt über Elektrozäune klettert und sich auf einer Rinderwiese wiederfindet in der Hoffnung, keine wilden Stiere zu treffen. Auch diese Variante führt auf den Feldweg, den Sie finden, wenn Sie

Orte, die bewegen

geduldig den Neckar entlangspazieren und sich bei der nächsten offensichtlichen Gelegenheit rechts halten.

Steinhuder Hecht am Wilhelmstein

52° 27′ 38.7″ nördlicher Breite; 9° 18′ 26.9″ östlicher Länge

Don Quijote hatten spanische Soldaten ihn genannt, als sie den großen, hageren Mann mit einem riesigen Hut auf dem Kopf erblickt hatten. Graf Wilhelm zu Schaumburg-Lippe war sich durchaus bewusst, dass er «im Widerspruch zu gewöhnlichen Meinungen stand», wie ihn ein Biograph zitiert. Aber das störte ihn nicht. Er fand, man konnte es den Menschen sowieso nie recht machen. Deshalb genügte er vor allem sich selbst und ließ ganz nebenbei das erste U-Boot der Welt bauen.

Wilhelm war Herrscher über die kleine Grafschaft Schaumburg-Lippe, ein 340 Quadratkilometer großes Land, halb so groß wie das heutige Hamburg, zwischen Hamburg und Bielefeld gelegen. Es hatte seinerzeit knapp 17 000 Einwohner. Am Rande des kleinen Reichs lag das Steinhuder Meer, ein flacher See mit durchschnittlich nur 1,35 Metern Tiefe. Wilhelm war ständig darum besorgt, dass die angrenzenden Länder Hannover und Hessen-Kassel die kleine Grafschaft sich einverleiben könnten, weswegen er viel Energie darauf verwendete, sein kleines Reich effizient und innovativ abzusichern.

1757 dachte er zum ersten Mal darüber nach, eine Festung in das Steinhuder Meer zu bauen, um 1000 bis 2000 Mann auf ihr zu stationieren, die verfeindete Truppen aufhalten könnten. Vier Jahre später versenkte er eigenhändig den ersten Stein. Der Ort, an dem er ein Fundament aufschütten ließ, war strategisch gewählt: Das nächste Ufer bestand aus einem schwimmenden Moor, Soldaten könnten dort nicht ohne umständliche Vorbereitung positioniert werden. Fünf Jahre lang ruderten seine Untertanen täglich, außer sonn- und feiertags, vierzig Fuder Steine über den See und warfen sie ins Wasser. Ein Fuder entsprach zwischen 800 und 1800 Litern. Im Sommer 1765 lugte der erste über die Wasseroberfläche.

Weitere zwei Jahre – bis zum 30. März 1767 – dauerte der Bau des Wilhelmsteins, der Sternschanze in der Mitte des heutigen Areals. Steine, Mörtel, Werkzeug, kurzum das gesamte Baumaterial mussten über Wasser und Eis zur Insel geschafft werden. Um diese Festung herum rammte man weitere Pfähle ins Wasser, errichtete Plattformen mit Häusern, die wie Miniinseln wirken.

1767 eröffnete Wilhelm dort eine Kadettenschule für 30 Männer. Die anfängliche Besatzung lag bei 250 Mann und 50 Kanonen, die Insel konnte aber bis zu 800 Soldaten aufnehmen. Die massive Festung umgaben sechzehn kleinere Inseln, vier in jeder Himmelsrichtung, auf dreien davon standen Häuser. Rechte Winkel waren kaum vorhanden: Die Kanonen mussten an den Gebäuden vorbeischießen können, weswegen so gebaut wurde, dass die Schießbahnen frei blieben. Später hat man den Raum zwischen den Inseln aufgeschüttet und eine einzige große daraus gemacht. Die Wilhelmsinseln wurden seit jeher als militärische Liebhaberei angesehen, die Unmengen an Landesmitteln verschwendete. Für Wilhelm selbst wurden sie zum Dreh- und Angelpunkt seiner wissenschaftlichen Innovationen, die in das weltweit erste Unterwasserboot mündeten.

Die Insel Wilhelmstein gibt es heute noch. Kaum am Hafen angekommen, denkt man noch, was das doch für ein seltsamer, kleiner Ort ist, den man sicher in wenigen Minuten umrundet hat. Aber dann findet man sich in der Festung wieder, in der

Orte, die bewegen

Treppen in alle Richtungen führen, und schnell hat man den Überblick verloren. Es ist wie auf einem Gemälde von M. C. Escher, alles sieht gleich aus und führt doch woanders hin. Hier experimentierte Wilhelm oder ließ andere es für ihn tun: Er besorgte verschiedene Pulversorten und verglich ihre Wirkungen, bis er im März 1773 sein eigenes Pulver in besonderer chemischer Zusammensetzung herstellte. Er entwarf mit einer brennbaren Flüssigkeit gefüllte Kugeln, die mit kleinen Ankern versehen waren, zu dem Zweck, dass sie sich in den Segeln verfeindeter Schiffe verfingen. Er ließ Dolche herstellen, mit denen man auch schießen konnte.

Er dachte auch über andere Dinge nach: Schwimmhilfen für Pferde zum Beispiel. Er plante mit Leder überzogene Ochsenblasen, die man den Tieren über Brust und Schulter zog. Damit, so meinte er, könnten Reiter über große Distanzen zur Not bis auf den Wilhelmstein schwimmen – für den Fall, dass seine Schiffe anderweitig in Kämpfe eingebunden wären. Wohlgemerkt in einem Gewässer, dessen tiefste Stelle gerade einmal 2,90 Meter beträgt. Er entwarf ein aus vier Teilen bestehendes, zerlegbares Boot. Jedes einzelne Teil war ein Minirettungsboot, das einen Mann hätte tragen können.

Ab 1759 arbeitete der Ingenieurgeograph Jakob Chrysostomus Praetorius für Wilhelm und unterstützte seine erfinderische Ader mit noch visionäreren Ideen. 1761 entwarf er ein Amphibienfahrzeug, das sowohl auf dem Wasser schwimmen als auch über Land fahren konnte. Er nannte es Hippopotame. Auf Zeichnungen sieht es aus wie ein Pferd mit zu langem Hals und zu kurzen Beinen. Die Füße ließen sich in Ruder umwandeln, der Bauch bestand aus zwei Kammern, die Auftrieb verliehen. Ein Jahr später dann hat Praetorius die Idee für die «Bückenbergische Advis Jagt». Bückenberg ist die Hauptstadt der Grafschaft, Advis stand für Nachrichten und Jagt für Yacht. Es ist also eine Art

Orte, die bewegen

Postschiff. Das Neue daran war, dass es nicht auf, sondern unter der Wasseroberfläche fahren sollte. Seiner Vorstellung nach würde es nur sechs Tage von der Weser bis Lissabon benötigen.

Warum Lissabon? Wilhelm war in diesem Jahr das Oberkommando auf einem Nebenschauplatz des Siebenjährigen Krieges in Portugal übertragen worden. Er brauchte Monate, um über See und Land dorthin zu gelangen. Die Wege waren zudem nicht sicher, es bestand Gefahr, überfallen oder von Feinden angegriffen zu werden. Damit Nachrichten von Wilhelm schnell in die heimische Grafschaft gelangen konnten, entwickelte Praetorius die Bückenbergische Advis Jagt. Sie ähnelte einem lang gezogenen Fisch, 30,5 Meter lang, aber im Inneren kaum zwei Meter hoch, weshalb man sie heute Steinhuder Hecht nennt. Die «Ohren» sind zu Luken geworden, über die die Mannschaft ein- und ausstieg. Das U-Boot wurde durch Schläge mit der Schwanzflosse angetrieben, die durch ein kompliziertes System an Scharnieren und Seilen im Inneren von mindestens einem halben Dutzend Mann bedient werden mussten. Auch an ein Pumpwerk, um Ballastwasser ein- und auszulassen, hatte er gedacht. Sollte das Boot doch auftauchen müssen, konnte es über der Wasseroberfläche Segel entfalten, die wie eine Reihe von Rückenflossen auf dem Fisch saßen, während des Tauchgangs aber zusammengefaltet waren.

Der Fisch ist gebaut worden. Allerdings nicht in voller Größe. Ab 1771 konstruierte man ein Schiff aus Holz und Leder zur Erprobung des Tauchgedankens. Das Projekt unterlag strikter Geheimhaltung. Genaue Aufzeichnungen darüber existieren nicht. Am 4. November 1771 schrieb der Kommandant des Wilhelmsteins an Wilhelm, dass Praetorius eine sehr lange und auf eine bestimmte Weise geformte Eichenbohle «por son Batteau» – für sein Boot benötigt, und bat Wilhelm, diese aus dem Wald anliefern zu lassen. Knapp zwei Monate später, im Januar 1772,

Orte, die bewegen

bestätigte er: «Leutnant Pretorius hat das Stück Holz bekommen, das als Kiel seines Bootes dienen soll; es liegt in der Festung; er will es dort während der Wintermonate bauen lassen.» Im April schrieb Praetorius selbst, ironisch die Pflicht zur Geheimhaltung umgehend: «Die Arbeit an dem neuen Falconet Schiff ist, wie befohlen, hier nicht angeführt.»

Wann er es fertig gestellt hat, ob Wilhelm es je betreten hat, wie viele Tauchversuche gemacht wurden, was man genau verbessern wollte – all das weiß man nicht. Es gibt einen Bericht, der aber verschollen ist, wonach das Boot mit acht Mann zwölf Minuten lang getaucht sei. Man kann sich allerdings vorstellen, dass es schwierig gewesen sein könnte, ein U-Boot in Balance zu halten, das durch das Hin- und Herschlagen des Schwanzes angetrieben wurde.

Kaum sechs Jahre nach dem Bau des ersten Unterseebootes stirbt Wilhelm. Nach seinem Tod schreibt Philipp Ernst, Wilhelms Neffe und Nachfolger, am 6. August 1778, dass das Schiff von Praetorius repariert und sicher gelagert werden soll. Ein Jahr später ist es allerdings noch immer defekt. Im Nachlass findet sich unter dem 18. August 1779 die geheimnisvolle Notiz: «Noch ein Falconet Schiff welges das Pretorganisg Schiff genannt und auf Fisch-Art gebaut. Zu diesen Pretorganisen Schiff ist zur Reparation erforderl.» Dreizehn Jahre später taucht es nur noch als Nebenbemerkung in einer Reparaturliste auf als eines, das wie «ein Fisch gebauet». Danach ist es verschwunden, verschollen.

Orte, die bewegen

Entmagnetisierungsstelle Lauterbach

54° 19′ 30.78″ nördlicher Breite; 13° 35′ 22.20″ östlicher Länge

Auf 54° 19′ 30.78″ nördlicher Breite und 13° 35′ 22.20″ östlicher Länge steht mitten in der Ostsee im Greifswalder Bodden ein Gebäude. Am besten sieht man es von Rügen aus. Man fährt durch die wunderschön beruhigenden, baumbestandenen Alleen, die stellenweise noch mit Kopfstein gepflastert sind. Die Straßen werden kleiner, kaum biegt man auf die Halbinsel Reddevitz ab, gibt es auch keine Dörfer mehr, eher verstreute Höfe und Weiler. Kurzum: Man wähnt sich in der Abgeschiedenheit. Am Reddevitzer Höft parkt man und spaziert noch einige hundert Meter weiter bis zum Strand. Und da thront es im Wasser, eine Art Haus, das aus der Ferne einer Schiffsbrücke gleicht: zwei aufeinandergestapelte Quader, wobei der obere etwas über den unteren hinausreicht. Vögel kreisen über ihm. Noch näher kommt man dem Bauwerk nur mit der Fähre, die auf ihrer Boddenrundfahrt zwischen Lauterbach und Baabe an ihm vorbeischippert. Das Gebäude sitzt auf einer künstlichen Insel und wurde von der Volksmarine der DDR zur Entmagnetisierung von Schiffen benutzt.

Es gibt Minen, die durch Magnetfelder ausgelöst werden. Sie wurden aus Flugzeugen über Flussmündungen, Hafeneinfahrten und Uferbereichen abgeworfen, wo sie die Gegner am stärksten treffen konnten. Magnetfelder entstehen überall dort, wo Strom fließt: in Glühbirnen, Smartphones, Radios, im Fernseher, in Kaffeemaschine und Herd. An Bord von Schiffen gibt es einige dieser Magnetfelder, die wiederum den Schiffsrumpf magnetisieren. Das funktioniert besonders gut bei einem Rumpf aus Eisen, nicht bei einem aus Holz oder Spezialstahl. Fährt ein Schiff mit einem Rumpf aus Eisen über eine solche Mine, wird sie durch sein Magnetfeld gezündet. Eine nach oben steigende

Luftblase entsteht. Sie führt dazu, dass sich die Dichte des Wassers ändert, sie ist nicht mehr überall gleichmäßig. Damit kommt ein Schiffsrumpf nicht klar, er steht unter Spannung. Dann erreicht die Druckwelle der Detonation den gestressten Schiffskörper, drückt ihn nach oben, bevor er in das leichtere Wasser zurücksackt. Der Rumpf reißt auf, Wasser dringt ein, oft genau dort, wo es das Schiff am schlimmsten trifft: mittig unten.

Um zu verhindern, dass Magnetminen ausgelöst werden, begann man, Entmagnetisierungsstellen zu bauen. Diese heben das schiffseigene Magnetfeld auf, indem sie ein Gegenfeld aufbauen. Es wird durch armdicke Kabel erzeugt. Im Greifswalder Bodden lagen sie in elf Metern Tiefe auf dem Grund. Durch sie wurde starker Gleichstrom geschickt. Es entstand ein Magnetfeld, das das Magnetfeld des Schiffs kompensierte. Zwar waren die Schiffe der Volksmarine mit Mineneigenschutzanlagen ausgerüstet – ein Gewirr an Kabeln, das im Schiffsrumpf verlegt war und das Magnetfeld des Schiffs neutralisieren sollte. Aber es kam immer wieder zu Einflüssen auf das Magnetfeld, zum Beispiel durch Schweißarbeiten in der Werft. Deshalb wurden die Schiffe mindestens einmal im Jahr zur Entmagnetisierung in den Greifswalder Bodden gebracht. Die magnetischen Einflüsse waren dabei so stark, dass alle Uhren der Besatzung an Bord vorher eingesammelt wurden und an Land bleiben mussten. Wer es vergaß, konnte seine Uhr danach entsorgen.

Während des Zweiten Weltkrieges warfen britische Flugzeuge unzählige Minen über der gesamten Küste Mecklenburg-Vorpommerns ab. Nach dem Krieg lagen noch sehr viele von ihnen auf dem Grund der Ostsee, deshalb war es noch jahrzehntelang notwendig, Schiffe zu entmagnetisieren. Anfangs räumten dort sowjetische Minensuchschiffe der Baltischen Flotte auf. Wie viele Schiffe dabei zerstört wurden und wie viele Menschen ums Leben kamen, weiß man nicht. Überliefert ist nur, dass in der

Orte, die bewegen

Rostocker Neptunwerft ständig Minensuchschiffe repariert werden mussten. Ab 1951/52 übernahm die neu gegründete Volksmarine die Aufgabe. Obwohl sie noch bis weit in die 1960er Jahre räumte, weiß man nur von Auslösung einer einzigen Magnetmine durch Minensuchschiffe. Allerdings haben die Minen auch Batterien, ohne die sie nicht zünden konnten, und diese werden nach fünfzehn bis zwanzig Jahren inaktiv.

Die Entmagnetisierungsstelle wurde noch bis 1991 von der Volksmarine betrieben. Die nachfolgende Bundeswehr hatte keine Verwendung für die Station. Sie hat ihre eigenen Anlagen. Eine davon sieht man, wenn man auf der A7 den Nord-Ostsee-Kanal überquert. Dort steht im Wasser ein Käfig in Form eines überdimensionierten Hauses. Für die Station im Greifswalder Bodden gab es Ideen: Marinemuseum oder Künstlerkolonie? Umgesetzt wurde keine von beiden. Stattdessen ist das Gebäude heute zum Paradies für Kormorane geworden.

Memmertfeuer, Insel Juist

53° 40′ 30.4″ nördlicher Breite; 6° 59′ 42.4″ östlicher Länge

Wenn man im Farbenspiel der Dämmerung über den Strand der ostfriesischen Insel Juist spaziert, fällt einem ein Licht auf, das immer wieder aufflammt. Alle dreizehn Sekunden sieht man einen Blitz. Spätestens am Hafen stellt man fest: Es stammt von einem Leuchtturm. Seine Position ist 53° 40′ 30.4″ nördlicher Breite und 6° 59′ 42.4″ östlicher Länge. Er ist 17 Meter hoch, aus rotem Klinker gemauert. Auf den zweiten Blick allerdings merkt man, dass hier irgendetwas nicht stimmt. Das Licht des Turms wandert nicht hinaus auf die See, wo es Schiffen den Weg durch die sichere Fahrrinne weist. Das kann es gar nicht. Der Turm steht an der Wattseite Juists, die dem niedersächsischen Festland zugewandt ist.

Dieser Leuchtturm ist auf keiner Seekarte eingezeichnet. Bis 1986 stand er gar nicht an Ort und Stelle, sondern rund zehn Kilometer weiter südwestlich. Dort liegt die Insel Memmert. Memmert war jahrhundertelang kaum mehr als eine größere Sandbank. Sie wurde vor allem von Silbermöwen, Seeschwalben und Austernfischern angesteuert, die hier ihre Jungen aufzogen. Zumindest versuchten sie es. Wer sie daran hinderte? Die Menschen. Sie kamen bis Anfang des 20. Jahrhunderts und plünderten die Gelege und schossen die Vögel vom Himmel. Bis die Insel am 31. Juli 1907 durch einen Erlass des preußischen Ministers für Landwirtschaft, Domänen und Forsten zur Vogelkolonie erklärt wurde. Abgesehen von einem Vogelwart lebt hier noch heute kein Mensch.

An der Südwestspitze von Memmert hatte man 1939 einen Leuchtturm errichtet, um die Schiffe sicher in die Oster Ems zu leiten. Ein viereckiger, gemauerter Turm stand in den Dünen. Sein Licht wies den Schiffen über 25 Seemeilen einen sicheren Weg nach Emden. Es ist ein Sektorenfeuer. Ein Teil des Glases des Laternenhauses ist rot, der gegenüberliegende Teil ist grün. Nur der Sektor in der Mitte ist durchsichtig. Er zeigt die Fahrrinne an. Scheint rotes oder grünes Licht auf das Schiff, muss der Kapitän den Kurs korrigieren.

Doch die Ostfriesischen Inseln verändern sich. Sie entstanden durch Strömungen, Wellengang und Wind, die Sand auf- und umschichteten. Wenn der Sand lange genug über die Wasseroberfläche lugte und auch keine Sturmflut ihn mehr hinwegkarrte, brachten Vögel in ihrem Kot Pflanzensamen. Die Pflanzen stabilisierten den Untergrund. Aus der Sandbank wurde eine Insel. Diese Inseln sind nun Ebbe und Flut im Weg. Das Wasser

Orte, die bewegen

sucht sich einen Weg um die Inseln herum und bildet Strömungsrinnen. An den Westseiten der Ostfriesischen Inseln nimmt die Gezeitenströmung Sand mit, den sie an den Ostseiten wieder ablagert.

So verlor auch Memmert immer mehr von seinem weiten Strand im Westen, und damit rückte das Meer näher an den Leuchtturm heran. Auf alten Fotos kann man sehen, wie er in den 1950er Jahren noch inmitten einer weiten, bewachsenen Dünenlandschaft thront. In den 1970er Jahren stand er nur mehr am Rand eines breiten Sandstrandes, der in den 1980er Jahren auf einen schmalen Streifen geschrumpft war, bis er irgendwann ganz im Wasser stand, das seine Fundamente entblößte. Es sieht aus, als würde er auf Stelzen balancieren. Die Stromversorgung konnte ab 1986 nicht mehr gewährleistet werden. Hätte man aber auf Gas umgestellt, wäre das Licht nicht mehr so weit sichtbar gewesen. Deshalb wurde das Leuchtfeuer laut Bekanntmachung für Seefahrer Nr. 93/86 am 11. Juli 1986 gelöscht. Man verankerte Fahrwassertonnen vor Memmert, die den Schiffen ab nun den Weg weisen sollten. Der Leuchtturm selbst verfiel, aber das Gehäuse und alles darin wurde von der Besatzung des Tonnenlegers «Norden» geborgen und in den Tonnenhof nach Emden gebracht, einer zentralen Lagerstelle für jede Art von Seezeichen.

Auf den Ostfriesischen Inseln ist es wie in jedem Dorf: Jeder kennt jeden, und die Leute reden schneller, als die Zeitung druckt. Die Kunde des Leuchtturms gelangte sehr schnell nach Juist, zu dem die Insel Memmert politisch gehört. Die Anglergemeinschaft NO-PO-NI-RE AG schloss sich mit dem Segelklub zusammen und begann, Spenden zu sammeln, um das 4,5 Tonnen schwere Feuer, so nennt man den oberen Teil eines Leuchtturms, nach Juist zu holen. Man baute einen neuen Turm dafür, den ein lokaler Architekt entworfen hatte. Er ist nicht mehr

Orte, die bewegen

eckig wie einst auf Memmert, sondern rund. Und weil das Feuer ursprünglich eben auf Memmert gebrannt hat, heißt dieser Turm Memmertfeuer. Am 29. Dezember 1992 sendete er erstmals sein Licht in die Welt. Allerdings durfte er nicht mehr als Seezeichen dienen. Damit man sein Licht drüben auf der Nordseeseite nicht sehen kann, ist der Turm nur 17 Meter hoch. Seit einigen Jahrzehnten entsteht zwischen Juist und Memmert eine neue Insel: Kachelot Plate nennt man sie. Noch ist sie eine Sandbank, die mit rasantem Tempo Richtung Memmert wandert. Vermutlich werden die beiden irgendwann zu einer größeren Insel verschmelzen. Auf Memmert hat man die Reste des alten Turms 2002 abgebaut. Heute sieht man von ihm dort keine Spur mehr.

Vogelinsel Trischen

54° 03′ 52.7″ nördlicher Breite; 8° 41′ 20.9″ östlicher Länge

Wenn man in Friedrichskoog am Rande der Meldorfer Bucht am Ufer der Nordsee steht und aufs Wasser hinausschaut, kann man in weiter Ferne am Horizont einen Schimmer Land erkennen. Zumindest meint man das. Es ist dieses silbrige Glitzern, bei dem man nicht mehr unterscheiden kann, ob die Reflexion vom Wasser oder vom Sand herrührt. Dort liegt die Insel Trischen, grob zumindest, denn sie wandert.

Auf Trischen wohnt nur ein einziger Mensch: der Vogelwart. Sie besteht im Grunde nur aus Sand, der im Laufe von mehreren Jahrhunderten angespült wurde und spätestens seit Beginn des 17. Jahrhunderts über der Hochwassermarke liegt. Damals wird die Insel erstmals in Urkunden erwähnt. Allerdings wandelte sie sich seitdem stark. Es gab Perioden, in denen sie viermal so groß war wie heute, andere, in denen sich hohe Dünen entwickelt hatten, in deren Schutz sich weite Salzwiesen entwickelten. 1884 maß man einen 1500 Meter breiten Strand, 1921 war er auf 250 Meter geschrumpft. Heute ist die Insel knapp drei Kilometer lang und 1,5 Kilometer breit.

Wasser und Wind haben ständig an Trischen gezerrt und tun es auch heute noch. Im Westen nimmt die Strömung beständig Sand mit und lagert ihn im Osten wieder ab. So bewegt sich die Insel 30 bis 35 Meter im Jahr. Man geht davon aus, dass sie seit ihrer Entstehung vier Kilometer zurückgelegt hat.

Trotzdem gab es immer wieder Versuche, die Insel zu zähmen. Bereits 1868 versuchte der preußische Staat, die Insel zu stabilisieren, errichtete Sommerdeiche, eine Hütte und eine Wasserstelle für Tiere und verpachtete das Land an einen Schäfer. Allerdings wurde es bereits 1899 von einer Sturmflut überspült, und all die Mühen waren dahin. Stattdessen entdeckten Vogeljäger und Eiersammler die Insel, sie erschlugen Gänse in der Mauser und stahlen Eier aus den Nestern. 1909 wurde Trischen deshalb bereits vom zuständigen Landrat zum Vogelschutzgebiet erklärt und ein Vogelwächter auf der Insel stationiert.

Als Tierweide wurde sie immer mal wieder benutzt, aber erst seit den 1920er Jahren wurden erneute Versuche gestartet, die Insel einzudeichen und wirtschaftlich zu nutzen: Ein kleiner Hof entstand, Landwirtschaft wurde betrieben, ein Kinderheim für Mädchen eingerichtet ebenso wie eine Künstlerresidenz. Nichts davon hatte lange Bestand. Die Ernten waren so mager, dass jeder Landwirt Verluste schrieb. Ab 1936 gab man Trischen deshalb nach und nach auf. Der letzte Bauer verließ 1943 das kleine Stück Land, nachdem eine Sturmflut innerhalb von zwei Tagen die Deiche eingerissen und das fruchtbare Land mit Salzwasser geflutet hatte. Einige Jahre später kam eine Familie für

Orte, die bewegen

zwei Sommer mit ihren Schafen, aber auch sie blieb nicht dauerhaft.

Niemand lebt das gesamte Jahr über auf Trischen, selbst der Vogelwart, den es seit 1927 gibt, bleibt nur von März bis Oktober. Es ist, als habe die Natur den Menschen endlich Einhalt geboten. Weil die Insel wandert, muss seine Hütte immer mal wieder neu errichtet werden. Seit 1985 ist Trischen Teil des Nationalparks Schleswig-Holsteinisches Wattenmeer und der einzige Bereich, den niemand betreten darf, abgesehen vom Vogelwart, notwendigen Handwerkern und Schiffbrüchigen. Einmal in der Woche bringt ein Schiff Nahrungsmittel und Post und nimmt Abfälle mit zurück. Der Vogelwart beobachtet die 15 000 bis 20 000 Vogelpaare, überwiegend Möwen- und Seeschwalbenarten, die auf der Insel nisten, und die über 300 000 Zugvögel, die hier Rast einlegen, darunter Brandgänse, Knutts, Alpenstrandläufer, Sanderlinge und Kiebitzregenpfeifer. Rund 200 verschiedene Arten nutzen die Insel, es ist ein kleines Paradies. Aber eben exklusiv für Tiere. Alles, was wir davon zu sehen bekommen, ist der glitzernde Streifen am Horizont.

Orte, die bewegen

Verschwundene Gebiete

Arngast

53° 29′ 11.2″ nördlicher Breite; 8° 11′ 02.4″ östlicher Länge

Wie die Landschaft vor der Küste Niedersachsens früher ausgesehen haben muss, kann man ertasten, und zwar mit den Füßen.
Wandert man von Dangast aus durch das Watt, ist es anfangs
weich und glitschig. Man versinkt darin wie eine Hand in zu
dünnem Teig. Das Laufen ist mühsam, bei jedem Schritt zieht
man den Fuß schmatzend aus dem Loch, das das eigene Gewicht
verursacht hat. Gerade wenn man sich zu fragen beginnt, wie
lange man sich noch so mühsam vorwärtszukämpfen hat, spürt

man, dass sich etwas ändert unter der Fußsohle. Der Grund wird fester, der Sand komprimierter, man schreitet wieder aufrecht und hinterlässt kaum mehr als jene Spuren, die zeigen, dass man soeben Wasser aus dem Sand gepresst hat. Man bleibt stehen und schaut sich um und merkt: Das Watt birgt Geheimnisse. Es sieht überall gleich aus, und doch erzählt jedes Stückchen Land eine andere Geschichte. Der sich verändernde Untergrund ist ein Zeichen dafür. An einige der Geschichten erinnern aber sichtbarere Relikte. Der Leuchtturm Arngast ist eines davon. Er steht an der Stelle einer Insel, die es nicht mehr gibt.

Er thront auf 53° 29′ 11.2″ nördlicher Breite und 8° 11′ 02.4″ östlicher Länge im Jadebusen. Um ihn herum ist nichts als Watt. Die Reste der Insel, dessen Namen er trägt, sind 1905 in einer der großen Sturmfluten hinfortgespült worden. Im Grunde reiht sich im gesamten Jadebusen ein Atlantis an das nächste. Über drei Dutzend kleine Inseln soll es hier 1511 nach einer besonders verheerenden Flut, der Antoniflut, gegeben haben. 1904 sind davon noch zwei übrig. Arngast ist eine davon, allerdings ist sie über Jahrhunderte beständig geschrumpft.

Das geologische Fundament von Arngast entstand während der Eiszeiten. Als die Gletscher, die sich von Skandinavien aus über ganz Mitteleuropa ausgedehnt hatten, abschmolzen, lagerten sie mitgetragenen Sand und Schotter ab. Die Inselmitte von Arngast bestand aus Teilen davon. Die Namensendung -gast weist auf eine sandige Anhöhe hin. Ursprünglich war Arngast Teil eines Geestrückens, der von Dangast in nordöstlicher Richtung verläuft. Deshalb ist der Untergrund hier fester als im umgebenden Watt. Spätestens seit der zweiten Marcellusflut 1362 ist Arngast zu einer mindestens sechs Quadratkilometer großen Halbinsel geworden, 1509 war es nur noch Insel.

Wann genau Menschen begonnen haben, auf Arngast zu siedeln, weiß man nicht. Zweihundert Jahre lang lebten sie hier, so

Verschwundene Gebiete

schätzt man, vor allem von Torfabbau und Subsistenzwirtschaft. Man weiß das, weil man Reste von Mühlsteinen und Knochen von Haustieren gefunden hat. Erst nachdem das Meer im Jahr 1520 einmal mehr die Insel überschwemmte, kehrten die Einwohner nicht mehr zurück. Vielleicht erfroren sie auch allesamt. Man stellt sich vor, dass Menschen ertrinken, meist aber sterben sie an den Folgen der Fluten, die sie im Herbst oder Winter heimsuchen, wenn es kalt ist. Sie schaffen es nicht, sich trocken und warm zu halten, und erfrieren.

Ein bisschen haben die Menschen selbst zum Untergang von Arngast beigetragen. Sie bauten die Moore ab und nutzten den Torf als Brennstoff. Das ursprüngliche Moor war natürlich hochwassersicher gewesen, denn es hatte bis zu vier Meter höher gelegen. Auch in den Überbleibseln der alten Insel Arngast fand man Moorboden, sogar mit Heide- und Wollgrasresten. Davon sieht man heute nichts mehr. Während der Wattwanderung kommt man allerdings an eine Stelle, an der Eichen- und Birkenstümpfe einige Zentimeter aus dem Wattschlick hervorragen. Vermutlich markierten die Bäume damals die Stelle, an der das Moor begann. So konnte man es auch nachts erkennen und stolperte nicht aus Versehen hinein. Einige Schritte weiter liegen größere Gesteinsbrocken im dunklen Sand. Man geht davon aus, dass sie Ablagerungen sind, die mit den Gletschern aus Skandinavien, während der Saale-Eiszeit vor 300 000 bis 130 000 Jahren, nach Norddeutschland gelangten.

Das letzte Gebäude auf Arngast war eine kleine Kirche, die irgendwann nach 1612 aufgegeben wurde. Kirchen waren meist die einzigen Gebäude aus Stein, während die Unterkünfte der Bauern nur aus reetgedeckten Hütten bestanden. Ab dem 18. Jahrhundert wurde Arngast nur noch als Weide benutzt. Ungefähr zur gleichen Zeit begannen zwar die Friesen, das Land einzudeichen, für Arngast kam diese Maßnahme allerdings zu spät.

Verschwundene Gebiete

Die Insel schrumpfte zunehmend. 1770 hatte sie noch 17,5 Hektar, 1812 war die Fläche fast halbiert. 1873 schrieb Franz Buchenau: «Die Insel Arngast liegt etwa 2 Kilometer ostnordöstlich von Dangast im Jadebusen. Sie stellt einen langgestreckten und schmalen Rücken vor, dessen Länge nahezu 1½ Kilometer betragen wird (...)» Kaum zehn Jahre später waren daraus zwei Inselchen geworden, die von der Flut umspült wurden. Bei Ebbe leuchtete eine breite helle Sandbank im Watt. Bis Anfang des 20. Jahrhunderts blieb sie noch beliebtes Ausflugsziel, das man von Dangast aus erreichen konnte. Doch in zwei aufeinanderfolgenden Sturmfluten im Dezember 1904 und Januar 1905 wurden auch die letzten grasbewachsenen Reste von Arngast von den Wellen weggetragen.

1875 erinnerte man sich noch mal an Arngast. Es sollten zwei Leuchttürme gebaut werden, um Schiffe sicheren Weges in die Jade zu geleiten. Arngast wurde anfangs als Standort anvisiert, später aber zugunsten des Vareler Hafens verworfen. Erst 34 Jahre später errichtete man tatsächlich dort, wo die Insel ungefähr im Mittelalter gelegen haben muss, als sie noch mehrere Quadratkilometer groß war, einen Leuchtturm. In der Zeit dazwischen existierte lediglich ein pyramidenförmiges Holzgerüst als Peilbake. Der Leuchtturm Arngast ist Orientierungspunkt für die Schiffe auf der Jade, noch heute. Bis 1967 lebte ein Wärter im Turm, seitdem wird er vom Festland aus betrieben. Allerdings versperrt der Weserport in Wilhelmshaven Schiffen mitunter die Sicht auf Arngast, weswegen man im Jappensand zwei neue Türme baute, die man Ober- und Unterfeuer nennt. Wenn beide so hintereinanderstehen, dass man nur einen sieht, ist man auf dem richtigen Kurs.

Verschwundene Gebiete

Emmauskirche, Borna

51° 07′ 31.6″ nördlicher Breite; 12° 29′ 49.5″ östlicher Länge

Im sächsischen Borna stehen in der Altstadt am Martin-Luther-Platz zwei Kirchen nebeneinander. In der Mitte des Platzes thront eine verschachtelte, raumgreifende Kirche, der man ansieht, dass sie in verschiedenen Epochen gebaut, erweitert, erneuert wurde. Die zweite Kirche an ihrer Nordseite ist leicht zu übersehen. Es ist ein kleiner, einfacher Bau, knapp 15 Meter lang und 9 Meter breit, der sich nicht aufdrängen möchte. Wäre da nicht der schiefergedeckte Kirchturm mit der Wetterfahne, könnte man das einfach verputzte, ziegelgedeckte Gebäude auch für eine geräumige, renovierte Scheune halten. Wie kommt es, dass zwei Kirchen so unmittelbar nebeneinander errichtet wurden? Das wurden sie aber gar nicht. Die kleinere Emmauskirche stand einst in Heuersdorf, einem Ort, den es seit 2009 nicht mehr gibt.

Heuersdorf lag im mitteldeutschen Kohlerevier, unweit fraßen sich seit den 1950er Jahren Bagger in die Erde und förderten Braunkohle herauf. Man nahm an, dass das siebzig Jahre lang so weitergehen würde. Und jedes Dorf, das im Weg war, musste weichen: Der erste Ort war Hagenest, ein Ortsteil Löschützmühle. Dort lebten 1957 noch zwanzig Menschen. Drei Jahre später wurden Teile von Kleinhermsdorf und Nehmitz abgebaggert. 1967 folgte Schleenhain, als es noch 270 Einwohner hatte. Für einige von ihnen baute man in Heuersdorf neue Häuser. In den 1980er Jahren mussten erst die 300 Einwohner von Droßdorf, dann die 450 von Breunsdorf umsiedeln.

Dann kam die Wende. Viele Braunkohletagebaue wurden geschlossen. In Heuersdorf hoffte man, dass man auch im Tagebau Schleenhain die Maschinen ruhen lassen würde. Aber unter

Verschwundene Gebiete

neuer Führung und nach Zusammenlegung mit anderen Tagebauen wurde weiter Kohle aus dem Boden geholt – und Heuersdorf war im Weg. Unter dem Ort lagerten geschätzte 52 Millionen Tonnen Kohle, mit denen man das nahe gelegene Kraftwerk Lippendorf knapp vier Jahre am Laufen halten kann.

Die Heuersdorfer wehrten sich. Wer damals in den 1990er Jahren durch das 330-Einwohner-Dorf fuhr, las selbstgemalte Schilder an Zäunen: «Tagebau ist Heimatklau» und «Heuersdorf will leben». Aber es durfte nicht: 1994 wurde die Auflösung des Dorfes festgesetzt. Die Heuersdorfer klagten – vergeblich. Die Bürger wurden zum 1. Oktober 2004 nach Regis-Breitingen eingemeindet. Am Ende waren es sechsundsechzig Orte, die durch den Braunkohleabbau im Süden von Leipzig verwüstet wurden. 23 000 Menschen mussten umsiedeln. Neunzehn Kirchen wurden zerstört. Die Emmauskirche ist die einzige, die diesem Schicksal entgangen ist. Die romanische Saalkirche war das älteste Gebäude des Dorfes. Man hat die Jahresringe der Baumstämme untersucht, die bei ihrem Bau verwendet wurden. Sie waren um 1250 gefällt worden. Die Kirche war im Laufe der Jahrhunderte mehrere Male umgebaut worden. In der Renaissance hatte man eine hölzerne Kassettendecke eingezogen. Im Barock waren die Tür und einige Fenster vergrößert worden. Die Glocken waren 1829 in Apolda hergestellt worden.

Die MIBRAG (Mitteldeutsche Braunkohlegesellschaft) war dazu verpflichtet, Eigentum zu entschädigen. Sie hatte immer angeboten, die Kirche zu versetzen. Doch dazu hätte es jemanden gebraucht, der die Kirche verwaltet und genutzt hätte. Aber in der Region hatte jedes Dorf bereits eine Kirche, einige sogar zwei, wenige drei. Niemand wollte sie. Bis 2006 eine Fotomontage auftauchte, auf der die Emmauskirche auf dem Marktplatz von Borna stand. Die Idee entwickelte ein Eigenleben. Der Marktplatz eignete sich nicht, aber die Menschen erinnerten sich, dass am

Martin-Luther-Platz einst die alte Kirchschule gestanden hatte. Das Grundstück gehörte der Stadt. Die Kirchengemeinde Heuersdorf beschloss, es zu kaufen.

Im Oktober 2007 zog die Emmauskirche um. Dabei wurde sie nicht in Einzelteile zerlegt, die man durchnummeriert und neu zusammengesetzt hätte. Sie wurde so, wie sie war, versetzt. Dazu musste man als Erstes das Mauerwerk verdichten, denn die 750 Jahre alte Kirche bestand aus mehr oder weniger lose aufeinandergestapelten Steinen, die lediglich von etwas Lehm zusammengehalten wurden. Man beabsichtigte, Bohrungen zu machen und über sie Mörtel einzuspritzen. Nur die Denkmalschützer stellten sich quer: Sie entdeckten einen mittelalterlichen Putz, den sie erhalten wollten. Die Situation war absurd: Um den Putz und damit die Kirche zu erhalten, musste man sie versetzen, denn an Ort und Stelle wäre sie ja abgerissen worden. Aber versetzen konnte man sie nur, wenn man den Putz zerstörte. Das Denkmalamt gab nach.

Nachdem man also die Mauern stabilisiert hatte, legte man der Kirche ein Korsett aus Stahlträgern an und goss einen Betonboden in sie hinein. Er trennte nun die Kirche vom Boden darunter. In ihn wurden Löcher gebohrt, und eine Kletterpresse wurde installiert, die die gesamte Kirche, Millimeter um Millimeter, bis auf eine Höhe von 1,60 Meter anhob. Darunter fuhr ein Gefährt, das aussieht wie eine Plattform auf Rädern. Es besteht jedoch aus einzelnen Modulen, die aneinandergekettet sind. Zusammen waren sie knapp 32 Meter lang und 5 Meter breit, hatten 40 Achsen und 160 Räder. Jedes Rad war einzeln steuerbar. Mit der Kirche wog das Gefährt rund 963 Tonnen.

Am 25. Oktober setzt sich die Kirche in Bewegung. Zwischen Heuersdorf und Borna liegen 12,5 Kilometer Strecke. Auf diesem Weg mussten zwei Flüsse, zwei Bahnlinien über- und drei Hochspannungsleitungen unterquert werden. Über die beiden Flüsse

Verschwundene Gebiete

liefen jeweils Brücken. Man hatte geplant, die Pfeiler zu verstärken und darüberzufahren – doch wenige Wochen vor dem Transport wurde die Genehmigung nicht erteilt. Also beschloss die MIBRAG, die das Projekt koordinierte und finanzierte, die Flüsse zuzuschütten. Riesige Rohre wurden verlegt, um das Wasser zu kanalisieren. Dann wurden die neuen Übergänge gebaut, neben den eigentlichen Brücken. Es erscheint wie ein monströses Unterfangen, aber in den Tagebauen werden ebenso große Erdmassen bewegt, für den Konzern war das Alltagsgeschäft. Bei den Bahnlinien war es etwas einfacher: Man musste den einen Übergang mit Stahlplatten auslegen und die Oberleitungen abmontieren. Die Deutsche Bahn erlaubte das allerdings nur in einer bestimmten Nacht. Für fünf Stunden wurde die Strecke Leipzig–Chemnitz gesperrt. Danach musste alles aussehen wie zuvor. Bei dem zweiten Übergang musste lediglich die Schrankenanlage zurückgebaut werden. Die Unterquerung der Hochspannungsleitung klingt da wie ein Kinderspiel: Man schraubte die Masten ab und hob sie mit einem Kran so weit an, dass die Kirche darunter hindurchpasste.

Zwanzig Stunden benötigte der Transport, verteilt auf sechs Tage. Am Abend des 30. Oktober, dem Tag vor dem Reformationstag, an dem die Kirche ihre Erneuerung feiert, erreichte man den Martin-Luther-Platz in Borna. Die Einfahrt zum neuen Stellplatz der Kirche war an einer Stelle so schmal, dass das Gefährt nur acht Zentimeter, knapp eine Handbreit, zum Navigieren hatte. Drei Millionen Euro soll der Transport gekostet haben, über fünfzig Firmen aus der Region waren daran beteiligt. Läuft man heute um die Kirche herum, sieht man auf der Rückseite am Boden noch Stahlträger, die an die Reise erinnern.

Elsbachsee

51° 35′ 13.8″ nördlicher Breite; 6° 51′ 44.4″ östlicher Länge

Fährt man durch das Ruhrgebiet, fragt man sich oft, wo nun die eine Stadt endet und die andere anfängt. Manchmal ändert sich der Name der Stadt, aber nicht der Name der Straße, auch die Hausnummern laufen einfach weiter. Es reihen sich Duisburg, Essen, Bochum, Dortmund aneinander, mit vielen kleineren Städten dazwischen. Überall stehen Schornsteine und dahinter die gleiche 50er- oder 60er-Jahre-Architektur: schnell und pragmatisch hochgezogene Wohnanlagen. Aber dann verlässt man die Autobahnen und stellt fest: Das Ruhrgebiet hat verdammt viel Natur, oder zumindest sieht es nach Natur aus: der Elsbachsee zum Beispiel.

Nördlich von Duisburg und Essen liegt Bottrop, und am nördlichen Stadtrand gibt es die Kirchheller Heide, eine Heide- und Moorlandschaft mit viel Wald, die schon seit rund hundert Jahren Naturschutzgebiet ist. Der Wald ist lichtdurchflutet und warm, Fichtenmonokulturen findet man hier kaum. Spaziert man hindurch, gelangt man zu einem See, die Oberfläche ist ruhig, darunter schwimmen Rotfedern, Hechte und Schleien. Eisvögel flattern am Rand zwischen Kiefern und Birken. Auf den abgestorbenen Stümpfen im Wasser sitzen Kormorane und Silberreiher. Dieser See hat vor fünfzehn Jahren noch nicht existiert. Ohne den Bergbau hätte es ihn nie gegeben. Was aussieht wie ein Naturparadies, ist eine der vielen Folgen des Kohleabbaus.

Zwar gab es einige der heutigen Großstädte des Ruhrgebietes bereits im Mittelalter, aber das schnelle Wachstum und die Ausdehnung der Städte und Dörfer hat es der Industrialisierung und dem Bergbau zu verdanken. Die ersten Eisenhütten entstanden

Mitte des 18. Jahrhunderts in Essen und Oberhausen. Zur Verarbeitung des Eisenerzes benötigte man Kohle. Die wurde schon im 13. Jahrhundert ausgegraben, zunehmend professioneller. Anfangs gab es rund 200 Zechen in der Region. Wenn sich die Kohlevorkommen ihrem Ende zuneigten, wurden neue Zechen gebaut, immer den Flözen folgend, in Richtung Norden. Für die Zechen brauchte man Arbeitskräfte und für die Arbeitskräfte Infrastruktur – so wuchs das Ruhrgebiet. Seine Grenzen orientieren sich noch heute an der Kartierung des 1920 gegründeten Siedlungsverbandes Ruhrkohlebezirk. Auf einer Fläche von knapp 4500 Quadratkilometern leben 5,1 Millionen Menschen. Zum Vergleich: In der Metropolregion Berlin-Brandenburg sind es sechs Millionen Menschen, aber auf 30 500 Quadratkilometern. Man schätzt, dass es in den zweihundert Jahren des Bergbaus rund 3200 Zechen gegeben haben soll.

Das letzte Bergwerk wurde am 21. Dezember 2018 geschlossen. Es war das Ende der Steinkohleförderung in Deutschland. Dieses Bergwerk heißt Prosper-Haniel. Es liegt in Bottrop, Prosper V, Schacht 10 heißt der Schacht unter der Kirchheller Heide. Dort wurde das Flöz Chriemhilt abgebaggert, man hat sich in 1400 bis 1500 Metern Tiefe vom Norden in den Süden durchgegraben. An der Oberfläche indes plätscherte der Elsbach vor sich hin, knapp 1,50 Meter breit, nur rund 50 Zentimeter tief. Er fließt in Ost-West-Richtung und kreuzte das Flöz, das beständig kleiner wurde.

Im Steinkohleabbau frisst sich eine Maschine durch 2,5 bis 3 Meter dicke kohleführende Schichten und fräst die Kohle heraus. Hinter ihr bricht das Deckgebirge zusammen. Das geschieht in mehreren übereinanderliegenden Schichten. Immer wieder rutscht Gestein von oben und den Seiten nach, so dass sich im Laufe der Zeit diese Entwicklung bis zur Oberfläche fortsetzt. Ein Trichter entsteht, der größer ist als das abgebaggerte Gebiet, aber

Verschwundene Gebiete

nicht so stark abgesenkt. In solch einen Trichter fließt nun der kleine Elsbach hinein. Er wurde dort aufgestaut, bis er den Trichter ausgefüllt hatte. Ein See war geboren.

Warum findet man nicht überall im Ruhrgebiet solche Seen? Das würde man sogar, würden nicht ständig Pumpen laufen. Der Bergbau hat dazu geführt, dass rund ein Fünftel des Ruhrgebietes unter dem Grundwasserspiegel liegt, an einigen Stellen sind es nicht wie beim Elsbachsee wenige Meter, sondern über 20 Meter. Es gibt keine Stadt, die keine Pumpen hat. Die erste ging 1914 in Duisburg in Betrieb, dreißig Jahre später waren es bereits 19 Pumpwerke, 1965 war die Zahl auf 63 gestiegen. Heute gibt es 600 (!), die eine Milliarde Kubikmeter Wasser im Jahr abpumpen. Die Kosten dafür trägt die RAG-Stiftung. RAG steht für Ruhrkohle AG. Da sie auf unbestimmte Zeit laufen, nennt man sie Ewigkeitskosten. Man schätzt, dass die gesamten Ewigkeitskosten sich auf 220 Millionen Euro im Jahr belaufen, ein Drittel davon entfällt auf das Poldern.

Aber in der Kirchheller Heide wollte man nicht bis in alle Ewigkeit pumpen müssen. Als der abbauende Bergbaukonzern, Jahre bevor auch nur Anzeichen eines Sees sichtbar wurden, dem Förster der Kirchheller Heide erklärte, dass sich der Boden senken wird, beschloss man, den See kontrolliert entstehen zu lassen. Kennt man die Geologie des Untergrundes und die Struktur des Bodens, kann man sehr genau berechnen, wann er sich absenken wird und wie tief. Achtzig Prozent der Absenkungen finden in den Anfangsjahren statt. Seitdem hat sich innerhalb von zehn Jahren ein neues Biotop entwickelt. Der Elsbachsee hat noch keinen offiziellen Namen. Einige nennen ihn Koppelwegsee, im Netz wurde er Pfingstsee getauft. Er ist ein zehn Hektar großer, flacher See, an dessen Ufer die Kiefern und Birken in den nächsten Jahren vermutlich weniger werden und das Schilf mehr. Und wüsste man es nicht, würde man sagen: Welch ein

Verschwundene Gebiete

herrliches Stück Natur das hier ist. Nur eben, dass es ohne das Zutun der Menschen, ohne die Zerstörung der geologischen Strukturen nie entstanden wäre.

Bohrloch 1004

53° 00′ 45.4″ nördlicher Breite; 11° 20′ 01.1″ östlicher Länge

Geduckte Klinkerhäuser reihen sich in den Dörfern im Wendland südöstlich von Hamburg aneinander. Baumalleen umrahmen die Straßen, auf denen wenige Autos unterwegs sind. Nur ein paar Fässer, auf denen das Atomkraftsymbol prangt, unterbrechen die Idylle. Sie sind aber leicht zu übersehen. In einem dieser Orte führt ein schmaler, betonierter Weg am Rande von Feldern entlang, die in Wald übergehen. Der Wald gehört zur Gemeinde Gartow. Die Bäume sind nicht sehr alt, die Stämme schlank und kerzengrade. Er ist nicht natürlich wild gewachsen, sondern militärisch in Reihen gepflanzt. Der Weg schlägt zwei Haken, bevor er auf einem betonierten Stück Gelände endet. Ein Vieleck, alles in allem nicht größer als ein Fußballfeld. Das Auffälligste daran sind die beiden massiven Hydranten, die dort stehen.

Der Beton markiert das Bohrloch 1004. Es ist Teil der Bodenerkundung, die vorgenommen wurde, als man Ende der 1970er Jahre nach einer Endlagerstätte für die Brennstäbe suchte, die in Atomkraftwerken nach der Stromgewinnung als Abfallprodukt übrig bleiben. Bevor man hier allerdings bohren konnte, musste man zuerst die Freie Republik Wendland räumen lassen, die an dieser Stelle vom 3. Mai bis 4. Juni 1980 für dreiunddreißig Tage existiert hat.

Verschwundene Gebiete

Knapp zwanzig Jahre zuvor, am 13. November 1960, war in der Nähe eines kleinen Dorfs in Bayern das erste Kernkraftwerk in Betrieb gegangen. Ein halbes Jahr später speiste es den ersten Atomstrom ins Netz ein. Die Grundlage dafür war am 23. Dezember 1959 mit dem Atomkraftgesetz geschaffen worden. Allerdings hatte man darin nicht festgehalten, wie die radioaktiven Abfälle entsorgt und gelagert werden sollten. Das änderte sich erst am 5. September 1976 mit dem Inkrafttreten der Entsorgungsnovelle. Sie legte fest, dass die Bundesregierung verpflichtet ist, Anlagen einzurichten, in der radioaktiver Müll gesichert und bis in alle Ewigkeit gelagert wird.

Bis in alle Ewigkeit ist etwas übertrieben, die Zeit, bis radioaktiver Abfall aus der Stromgewinnung nicht mehr für den Menschen schädlich ist, beträgt nur mehrere Hunderttausend bis wenige Millionen Jahre. Es war klar, man würde den Abfall unter der Erde lagern müssen. Eine kritische Frage war dabei, wie die Gesteine mit der Wärme umgehen, die radioaktiver Abfall ausstrahlt. Steinsalz kann Wärme schnell ableiten, schneller als Granit oder Ton. Es ist, was die Temperatur angeht, sehr belastbar – anders als Tongestein, bei dem es unter Wärme zu Mineralumwandlungen kommt. Zudem kann Steinsalz sich verformen, man sagt, es krieche. Über die Jahrhunderte schließt es so die radioaktiven Abfälle ein, einem eingewachsenen Splitter unter der Haut gleich. Man hielt deshalb einen tief liegenden, ausreichend großen und trockenen Steinsalzstock für die beste Option. Davon gibt es einige in Deutschland, immerhin bauen wir hier seit über 150 Jahren Salz ab.

Allerdings musste der Ort weitere Bedingungen erfüllen, und die waren mitunter widersprüchlich. Einerseits musste er verkehrstechnisch erschlossen und angebunden sein, damit man die Abfälle hinschaffen konnte. Vor Ort brauchte man Strom und Wasser, um die Anlage betreiben zu können. Andererseits

Verschwundene Gebiete

sollten möglichst wenige Menschen in der Gegend wohnen, die am besten kaum Vieh- oder Landwirtschaft betrieben. Auch durfte die Region touristisch nicht interessant sein. Man suchte nach der Einöde, die es in unserem dicht besiedelten Land kaum gibt.

Die Bundesregierung gründete die Kernbrennstoffwiederaufarbeitungsgesellschaft (KEWA), die mehrere Standorte ausfindig machte. Nur die Bevölkerung war nicht begeistert. An allen kam es zu Protesten gegen ein Entsorgungszentrum. Da der Großteil der vorgeschlagenen Standorte in Niedersachsen lag, begann das Land eigene Forschungen anzustellen, um zu verstehen und vertreten zu können, warum ein Ort sich eignete oder eben nicht. Am 22. Februar 1977 nominierte das Land Niedersachsen Gorleben als Standort für eine Wiederaufbereitungsanlage. Im Juli desselben Jahres folgte die Bundesregierung der Entscheidung.

In den 1970er Jahren lagen Gorleben und der Gartower Wald im Zonenrandgebiet. Im Norden grenzte die Region an das heutige Brandenburg und das heutige Sachsen-Anhalt. Das Salz lag zwischen 300 und 3500 Meter tief unter der Erde, und der gesamte Salzstock war mit 40 Quadratkilometern der größte Niedersachsens. Es gab nur einen Haken: Teile davon lagen auf dem Gebiet der DDR, wo man 1969 Gas in 3381 Metern Tiefe an der Basis des Salzstocks gefunden hatte. Allerdings war das Vorkommen nach sehr kurzer Zeit, nur zwei Tagen nämlich, bereits erschöpft gewesen. Andere Bohrungen auf DDR-Territorium, wie auch bereits frühere in Niedersachsen, hatten kein weiteres Erdgas gefunden.

Auch in Gorleben schlossen sich unmittelbar mit der Bekanntgabe Menschen zu Protesten zusammen. Am 12. März 1977 demonstrierten sie im Wald zwischen Trebel und Gartow. Die Fläche war im heißen Sommer 1975 abgebrannt, vermutlich hatte damals jemand nachgeholfen. Die Deutsche Gesellschaft zur Wiederaufbereitung von Kernbrennstoffen (DWK) stand ge-

Verschwundene Gebiete

rade im Begriff, sie zu erwerben. Nun pflanzten die Demonstrierenden unter dem Motto «Wiederaufforstung statt Wiederaufarbeitung» zehntausend Bäume, die Landwirte aus dem Umland von Hamburg gespendet hatten. Es war der Beginn einer neuen, kreativen Phase des Widerstands gegen die Atomenergie in Deutschland.

Nicht alle Eigentümer verkauften ihre Grundstücke an die DWK: Einige Bauern, die Kirchengemeinde und der Großgrundbesitzer Andreas Graf von Bernstorff weigerten sich. Letzterer verpachtete ein kleines Stück des Geländes an die Bürgerinitiative Umweltschutz Lüchow-Dannenberg, die dort einen Abenteuerspielplatz bauen wollte. Auch das war ein Zeichen des Protests, eine Genehmigung dafür gab es nicht und wäre vermutlich auch nie erteilt worden. Er lag an der Bundesstraße, zu gefährlich für spielende Kinder. Eine Abbruchverfügung wurde erlassen. Als die Bürgerinitiative ihr nicht folgte, wurde der Platz geräumt. Die Menschen aus Gorleben und dem Wendland fühlten sich weder wahr- noch ernst genommen.

Im April 1978 begann man, im Gartower Forst den Boden zu vermessen und zu erkunden. Es galt herauszufinden, wie genau der Untergrund aussieht, ob es Grundwasser gibt, das den Salzstock beeinflusste, und was das für ein Endlager bedeuten würde. Auf einem 300 Quadratkilometer großen Areal sollten 125 Aufschlussbohrungen, 270 Pegelbohrungen und neun Kernbohrungen gemacht werden.

Doch bereits die erste Tiefbohrstelle wird von Atomkraftgegnern blockiert – Menschen aus den Städten, die angereist sind, um die Einheimischen mit eher militanten Aktionen zu unterstützen. Am 11. September muss die Polizei einschreiten und räumen. Die Bohrstellen 1002 und 1003 werden von bis zu fünf Meter hohen Stahlbetonmauern geschützt, die mit Öffnungen für Wasserwerfer ausgestattet sind.

Verschwundene Gebiete

Ein halbes Jahr später sind die Protestierenden zurück, nur ist die Gruppe gewachsen. Ab dem 3. Mai besetzen bis zu zehntausend Menschen das Bohrloch 1004 und rufen die Freie Republik Wendland aus. Anfangs zelten die Menschen, doch nach und nach entsteht ein Dorf aus selbst gezimmerten Hütten, die sich um einen Dorfplatz gruppieren. Ein achteckiges Gemeinschaftshaus mit einem Durchmesser von 35 Metern wird errichtet, das gleichzeitig kommunikatives Zentrum ist. Es gibt Volksküchen, Kinderbetreuung, Diskussionsforen und sogar einen eigenen Radiosender. Anfangs leben ständig zwischen drei- und fünfhundert Menschen in einer Art Rotationssystem auf dem Gelände, am Wochenende vervielfacht sich deren Zahl.

In einem Dokumentarfilm über diese Zeit sieht man, wie sich nicht nur junge Menschen von auswärts, sondern auch die ansässigen Bauern, Arbeiter, Hausfrauen im Hüttendorf einbringen. Die Freie Republik hat einen eigenen, ironischen Grenzposten und stellt Pässe aus. Es werden Puppenspiele und Theaterstücke aufgeführt, Dichter tragen vor, Lieder werden geschrieben, Gruppen finden sich und machen zusammen Musik. Hühner und Schweine leben auf dem Gelände. Die verschiedenen Gruppen haben sich darauf geeinigt, nur passiven Widerstand zu leisten, und wollen sich keine Schlachten mit den Ordnungskräften liefern. «Eine Besetzung, die keine öffentliche Unterstützung findet, halten wir für sinnlos», schreiben sie in ihrem Aufruf, «die Verletzung von Menschen ist von unserer Seite ausgeschlossen.»

Am Pfingstwochenende, das damals auf den 24. bis 26. Mai fiel, organisieren die Atomkraftgegner so viele Veranstaltungen, dass es einem kleinen Festival gleicht. Mittlerweile gibt es mindestens sechzig Hütten und mehrere hundert Zelte. Benachbarte Bauern bringen Lebensmittel ins Camp. Ein Sänger und eine Rockband treten auf. Es gibt ein Open-Air-Kino. Die Evangelische Kirche untersagt dem lokalen Pastor aus Gartow, in der von Göt-

Verschwundene Gebiete

tinger Theologiestudenten errichteten Kirche einen Gottesdienst abzuhalten. Drei Pastorinnen springen ein und improvisieren spontan eine Predigt vor rund dreihundert Atomkraftgegnern. Es wirkt wie ein sehr großes politisches Ferienlager. Doch diese gemeinschaftliche Utopie währt nicht lange.

An diesem Wochenende legen Beamte auch einen Stapel gedruckter amtlicher Hinweise an der Informationsstelle der Freien Republik nieder. Der Regierungspräsident, Oberkreisdirektor und Gemeindedirektor zählen darin acht Gesetze auf, gegen die alle Personen auf dem Gelände verstoßen. Diese Gesetzesbrüche könnten «auf die Dauer nicht hingenommen werden». Das Papier fordert die Menschen zur Räumung des Platzes auf. Sie sollen «sich darauf besinnen, ihre Meinung im Rahmen des geltenden Rechts kundzutun».

Ebenfalls an jenem Wochenende, in der Nacht zum Pfingstsonntag, zerstören einige Kernkraftgegner den Schrankenbaum, der die Tiefbohrstelle sichert. Das Postenhäuschen kippen sie um, Teile des Zauns, der Wild abhalten soll, zerschneiden sie. Die Polizei setzt Wasserwerfer gegen die etwa zweihundert Menschen ein.

Knapp zehn Tage später, am 4. Juni 1980 um 4 Uhr früh, werden die Menschen auf dem Gelände von Hundegebell und Schritten geweckt. Hundertschaften von Polizisten sind angerückt. Sie zerstören den Stacheldrahtzaun, der um große Teile der Freien Republik gespannt ist. Die *Süddeutsche Zeitung* schreibt: «Polizisten mit weißen Helmen, ein tiefgestaffeltes ‹Räumungskommando› im Innern und eine dünner bestückte ‹Absperrlinie II› nach außen hin. Zwischen den Linien etwa alle 20 Meter ein Polizist mit einem Schäferhund, am Rande eine Reiterstaffel mit 30 Pferden und dahinter Kolonnen von gepanzerten Sonderwagen, Wasserwerfern, Planierraupen, Mannschaftswagen mit den Reserven. Über allem kreiste unablässig ein Hubschrauber,

Verschwundene Gebiete

der die Einsatzleitung in Lüchow mit einer Fernsehkamera optisch informierte.» Es ist die damals größte Polizeiaktion der Bundesrepublik Deutschland.

Um 4.47 Uhr beginnt die Sonne aufzugehen. Zwei Stunden später setzen die Ordnungskräfte ein Ultimatum. Bis 8.23 Uhr haben die Menschen Zeit, die Flurstücke 30 und 31 der Flur 3 der Gemarkung Gorleben zu verlassen. Jeder, der bleibt, muss mit allem rechnen.

Auf Filmaufnahmen sieht man zwei- bis dreitausend Protestierende auf dem Boden sitzen, die Arme ineinander verhakt, eine riesige Häkeldecke aus Menschen, die sich über den Boden gelegt hat. Die Polizei zerstört sie nach und nach. Einige gehen freiwillig, auf andere prügeln die Polizisten ein, damit sie loslassen. Punkt 8.23 Uhr rücken Planierraupen und Bagger an und reißen die Bauten nieder. Am 6. Juni um 19.30 Uhr seilen sich die letzten Atomkraftgegner von drei Holztürmen ab, die sie auf dem Gelände errichtet haben. Unter ihnen stehen Kranwagen, die ansonsten hochgehoben würden, um die Kanzel abzusägen und auf den Boden zu heben. Auf alten Luftbildern kann man nachzählen, dass am Tag vor der Räumung 105 Hütten auf dem Gelände gestanden haben, dazu kamen fünf Türme und um die 250 Zelte. Am 6. Juni kurz nach Sonnenuntergang war all das verschwunden.

Eineinhalb Jahre nach dem Einsatz, am 26. Januar 1982, erhält eine Person, die während der Räumung verhaftet worden ist, eine Rechnung der Polizei. Darin wird sie aufgefordert, gemäß Polizeigebührenverordnung den Teilbetrag von 1093,42 DM zu bezahlen. Sie seien fällig für die Wiederherstellung der öffentlichen Ordnung und Sicherheit, die sie unter anderem gestört habe. Es liegt eine detaillierte Aufstellung der Gesamtkosten bei: 30 Pferde × 9 Stunden à 12 DM; 16 Hunde × 9 Stunden à 5 DM, 1 Hubschrauber × 12½ Std. à 800 DM, Geschirrkosten 1342,30 DM,

129 Beamte vom 3.6., 20.30 Uhr, bis 4.6., 6 Uhr = 9,5 Std.: 49 020 DM – die Liste der Beamten ist minutiös nach Schichten aufgeführt, insgesamt betragen deren Lohnkosten 1 342 528 DM. Dazu kommen die Kosten für Kräfte, die aus Hamburg, Bremen, Hessen, Schleswig-Holstein angereist sind, und für die Beamten, die der Bundesgrenzschutz geschickt hat. Gesamtkosten: 2 762 728,25 DM. Die Polizei ging von 2550 Personen auf dem Gelände aus, daraus ergab sich der Betrag von 1083,42 DM pro Person plus 10 DM Zustellkosten.

Noch während die letzten Atomkraftgegner auf den Türmen sitzen, beginnt man bereits, die Tiefbohrstelle vorzubereiten. Ein Gebiet von einem Hektar muss abgesteckt und gesichert werden. Am 22. August beginnt die Bohrung, am 1. September erreicht sie bei 258,7 Metern den Salzspiegel. Am 29. September vermeldet die Physikalisch-Technische Bundesanstalt in Berlin, dass man mittlerweile eine Tiefe von 1015 Metern erreicht hat. Im Laufe der Bohrung trifft man auf einen Salzüberhang, von dem man bereits durch seismische Untersuchungen wusste. Bei 1900 Metern endet der Salzstock, der Bohrer frisst sich in Buntsandstein. Nach knapp drei Monaten ist die Arbeit beendet. Am 20. November 1980 wird der 60 Tonnen schwere Bohrer zum vierten und letzten Bohrloch transportiert.

Bis zum Februar 1981 umgibt eine Schutzmauer das Bohrloch 1004, dann reißt man sie ein und beginnt, das Vorfeld einzuebnen. Im Frühjahr soll es bepflanzt werden. Das Bohrloch bleibt offen, bis auch die letzten Messungen mit Radiowellen abgeschlossen sind. Bis dahin soll auch die asphaltierte Fläche erhalten bleiben, um Fahrzeugen die Zufahrt zu ermöglichen. Letztere gibt es heute noch.

Auch andere Dinge sind noch erhalten. Zwischen 2017 und 2018 hat ein Archäologiedoktorand mit einem Team von Wissenschaftlern auf dem Areal gegraben. Auf der 600 Meter auf

Verschwundene Gebiete

600 Meter großen Fläche, die das Hüttendorf umfasste, weit mehr als das spätere Bohrloch, fand er 2995 Objekte. Einige davon stammten aus Zeiten vor der Freien Republik, andere von der Räumung, weitere von den Menschen, die auf der späteren Baustelle gearbeitet haben: Nägel, Fensterglas, Scharniere, Kabelbinder, Filter von Gasmasken, Konservendosen. Als er das Gelände abschritt, fielen ihm die vielen auf den ersten Blick unscheinbaren Dellen im Boden auf. Er begann dort zu graben und stellte fest, dass darunter Hütten lagen. Einige der Hütten waren so konstruiert worden, dass man die Erde ein bis zwei Meter aushob und diesen Aushub mit einem Dach versah. Als die Planierraupen über das Gelände fuhren, verfüllten sie diese Löcher, aber alles, was darin war, blieb erhalten. Nach einer Weile wuchs Gras drüber, und der Boden sackte nach. Zwei vollständige Hütten konnten der Doktorand und sein Team rekonstruieren. Sie glichen echten Wohnungen mit Polstermöbeln, Matratzen, Regalen, Kerzen, Töpfen, Porzellangeschirr, einer Ausgabe der Satirezeitschrift *Titanic*. Nichts erinnerte an ein provisorisches Camp, an Plastikgeschirr und Alutöpfe, vielmehr ließen die Funde darauf schließen, dass sich Menschen darauf eingerichtet hatten, eine Weile zu bleiben.

VEB Kulturpark Berlin (heute Spreepark)

52° 29′ 07.1″ nördlicher Breite; 13° 29′ 27.1″ östlicher Länge

Spaziert man im Treptower Park in Berlin an der Spree entlang, kommt man an einem umzäunten Gelände vorbei. Je nachdem, von wo aus man sich nähert, sieht man verlassene Gebäude, eine

Verschwundene Gebiete

kleine Bahnstation, an der kein Zug mehr hält, und ein Riesenrad, dessen Gondeln nur noch vom Wind bewegt werden. Noch zumindest. Das Areal ist besonders, weil es seit jeher Menschen bewegt hat: erst als einziger Vergnügungspark der DDR, später als illegaler Abenteuerspielplatz für Hedonisten, Bohemiens und andere Seelen. In Zukunft soll es ein Park für Kunst, Kultur und Natur werden, der sich an den alten Erinnerungen orientiert, aber viel Raum für neue Experimente lässt.

Die Geschichte des Kulturparks begann Mitte der 1950er Jahre, als die DDR-Führung entschied, einen Vergnügungspark in Berlin zu bauen, obwohl Jahrmärkte und Massenvergnügungen dieser Art nicht im Sinne der Arbeiterbewegung waren. Deshalb entwickelte der Magistrat der Stadt Berlin auch keinen Freizeitpark, sondern einen Kulturpark, in dem Kunst, Natur, Sport und Kinderinteressen zusammenkommen sollten. Das Planungs- und Entwurfsverfahren zog sich rund fünfzehn Jahre hin. Es sollte verschiedene Schwimmbäder geben, Spielplätze, eine Schaugärtnerei, Amphitheater für Konzerte, Lesebühnen, Schach- und Skatgarten, sowie einen Open-Air-Hörsaal. Nur ein Bruchteil davon wurde realisiert.

Im März 1969 begann man, den Kulturpark Berlin auf einer 3,6 Kilometer langen und 600 Meter breiten Fläche im Treptower Park zu bauen. 12 Kilometer Stromkabel wurden verlegt, 3 Kilometer Regenwasserkanäle und Frischwasserleitungen gebaut, 36 000 Quadratmeter Straßen und Wege betoniert. Rund 170 Millionen DDR-Mark wurden für den Kulturpark ausgegeben, dazu kamen 20 Millionen D-Mark.

Auf alten Fotos sieht man Buden, Karussells, Autoscooter und andere Fahrgeschäfte auf einer riesigen Asphaltfläche stehen, im Hintergrund die Wohnwagen der Schausteller säuberlich aufgereiht. Es wirkt wie ein ganz normaler Rummelplatz. Nur war der Kulturpark eben der einzige Vergnügungspark der DDR und

Verschwundene Gebiete

allein die Beschaffung der Fahrgeschäfte ein Problem; denn in der DDR war Anfang der 1960er Jahre der Bau von Karussells und dergleichen verboten worden. Das Material, das man dafür benötigt hätte, war für volkswirtschaftlich notwendigere Dinge verplant worden. Deshalb importierte man gebrauchte Fahrgeschäfte aus ganz Europa: Autopiste, Rupsbahn, Astrojet und Kinderkarussell aus Italien, den High-Sliding aus den USA, NASA, Bayernkurve, Thunderbird aus den Niederlanden, Riesenrad und Achterbahn aus der Bundesrepublik. Nur die beiden Letzten aber durften ihre Namen behalten. Alle anderen wurde umbenannt und umgestaltet. Aus NASA wurde Sputnik, aus Bayernkurve Bob-Bahn, aus High-Sliding Wellenreiter, aus Thunderbird Kosmosgondel. Die Letztere bemalte ein Künstler neu und ließ versehentlich die amerikanische Apollorakete vor der sowjetischen Sojus fliegen – was umgehend geändert wurde. Dazu kamen die Attraktionen, die fahrende Schausteller mitbrachten, die immer wieder wechselten.

Im Oktober 1969 zum 20. Jahrestag der DDR eröffnete der Kulturpark mit vierzehn Fahrgeschäften. Hauptattraktion war Europas mit 40 Metern größtes Riesenrad mit 36 Gondeln. Es kamen 25 000 geladene Gäste, am folgenden Tag waren es 250 000. Viele von ihnen waren zuvor bei der Kranzniederlegung am Sowjetischen Ehrendenkmal gewesen, das ebenfalls im Treptower Park liegt. Der Eintritt betrug 1,05 Mark inklusive 5 Pfennig Solidaritätsbeitrag. Für die Fahrgeschäfte bezahlte man zwischen 20 Pfennig und zwei Mark.

1978, weniger als zehn Jahre nach der Eröffnung, ließ sich nicht mehr leugnen, dass die Secondhand-Fahrgeschäfte aus Italien, USA, Niederlande und der BRD das Ende ihrer Lebenszeit erreicht hatten. Immer wieder hakte irgendwo etwas, Handbücher existierten nicht, und Ersatzteile ließen sich nur gegen Devisen beschaffen – und die wurden zunehmend knapp. Einiges konnte durch die Handwerker und in den Werkstätten der VEB Kulturpark repariert werden, aber von Dauer war das Flickwerk nicht. Deshalb wurde die VEB Anfang der 1980er Jahre offiziell aufgefordert, ein neues Konzept vorzulegen, um die Importe zu ersetzen. Doch dazu kam es nicht mehr.

Für die Feier zum 40. Jahrestag der DDR – dem 20. des Kulturparks – am 7. Oktober 1989 wurden nochmals Devisen freigegeben, um ein neues Riesenrad zu kaufen, auch dieses war mit 45 Metern wieder das höchste Europas. Die Situation muss etwas absurd gewesen sein, denn seit dem Frühjahr hatte es überall in der DDR Demonstrationen gegen die Regierung gegeben. Knapp einen Monat später verkündete Günter Schabowski die Aufhebung der Reisebeschränkung und leitete damit das Ende der DDR ein.

1970 hatte der Kulturpark 1,5 Millionen Besucher, 1985 wurde der zwanzigmillionste begrüßt. Jährlich waren es zwischen 1,2 und 1,7 Millionen Menschen, die sich dort vergnügten. Das änderte sich mit dem Mauerfall. Obwohl der Kulturpark noch zwei Jahre unter städtischer Verwaltung weitergeführt wurde, sanken die Besucherzahlen zunehmend und pendelten sich bei 500 000 ein. 1991 begann das Land Berlin, nach einem privaten Investor zu suchen, und entschied sich für die Spreepark GmbH.

Es ist der Beginn einer Geschichte, bei der man sich fragt, würde man sie als Film sehen, wer sich wohl diesen Unsinn ausgedacht hat. Die Spreepark GmbH bestand aus drei Gesellschaftern und einem Geschäftsführer. Eine der drei Gesellschafterinnen war Pia Witte, deren Mann Norbert die Verantwortung für einen der schwersten Rummelplatzunfälle in Deutschland trug, bei dem sieben Menschen starben und etliche andere schwer verletzt wurden.

Anfang der 1990er Jahre waren viele Menschen in den damals neuen Bundesländern arbeitslos geworden. Das wenige

Verschwundene Gebiete

Geld, das sie hatten, gaben sie nicht auf Rummelplätzen aus. Für die West-Berliner war ein Freizeitpark nichts Besonderes. Keine aussichtsreichen Bedingungen, um einen Vergnügungspark zu eröffnen. Dennoch wurde am 4. April 1992 der Spreepark einge-weiht. Einige der alten Fahrgeschäfte gab es noch immer, neue kamen hinzu: Als in Paris der Freizeitpark «Mirapolis» nach nur vier Jahren dichtmachte, kaufte man dort unter anderem eine Achterbahn, die man Spreeblitz nannte, das Kaffeetassen-Karus-sell und die Parkbahn. Die Reste davon stehen noch heute auf dem Areal ebenso wie die in den 1990er Jahren errichtete Ku-lisse eines englischen Dorfes, mit kleinen geduckten Häuschen mit vielen Giebeln, mittlerweile mit Graffiti versehen und Span-platten abgedichtet.

Indes: Die Besucherzahlen stiegen nicht. Man versuchte, den Ausfall durch saftige Preiserhöhungen zu kompensieren. Es half nichts. Der Park generierte keine Gewinne. Im Gegenteil: Der Schuldenberg wuchs stetig. Man versuchte, mit dem gesamten Park umzuziehen – auch das scheiterte. Stattdessen wanderte Familie Witte nach Peru aus und nahm mindestens fünf Fahr-geschäfte mit. 2004 wurden Norbert Witte und sein Sohn Mar-cel angeklagt, weil sie in dem Karussell «Fliegender Teppich» 167 Kilo Kokain geschmuggelt hatten. Der Vater wurde zu sie-ben, der Sohn zu zwanzig Jahren Haft verurteilt.

Nach seiner Entlassung 2008 lebte Norbert Witte in einem Wohnwagen auf dem Gelände des ehemaligen Spreeparks, das in einem desolaten Zustand war. Nachdem Familie Witte Deutsch-land verlassen hatte, hatte die Spreepark GmbH 2001 Insolvenz angemeldet.

Menschen auf der Suche nach Freiräumen nutzten das Ge-lände auf ihre Weise: Sprayer hinterließen ihre Tags und Bilder. Fotografen fingen die melancholische Stimmung der Ruinen der Spaßkultur ein. Menschen tanzten illegal zu elektronischer

Verschwundene Gebiete

Musik bis zum Morgengrauen. Über ein Jahrzehnt strahlte das Gelände den Charme des Vergangenen und den Reiz des Abenteuers aus.

Überraschend kaufte der Berliner Liegenschaftsfonds 2014 das Gelände. Seit 2016 plant die landeseigene Grün Berlin GmbH unter Beteiligung der Bürger. Man will erhalten, was einst war: Das Riesenrad bekommt neue Gondeln und wird dann wieder seine Runden drehen, das englische Dorf wird renoviert, einige andere alte Attraktionen bekommen neue zeitgemäße Funktionen. Zwischen den Fahrgeschäften werden sich Wege durch eine asphaltfreie Parklandschaft winden, vorbei an Kunstinstallationen, Skulpturen, Baumhäusern, Spielplätzen. Darüber hinaus soll es immer wieder Freiflächen geben. Im Grunde trägt dieser neue Park die Idee des alten VEB Kulturpark in sich: Kunst, Kultur und Natur. Nur, dass man heute etwas anderes darunter versteht.

Saarschleife

49° 29′ 45.2″ nördlicher Breite; 6° 33′ 27.1″ östlicher Länge

Es gibt eine Stelle bei Mettlach, da schlägt die Saar einen großen Bogen. Steht man auf dem Aussichtspunkt darüber, sieht es wunderschön aus. Man blickt auf einen fünf Kilometer langen Bergsporn, der sich rund 150 Meter über die Saar erhebt. 170 Hektar Wald bedecken ihn. Um ihn tuckern Schiffe den Fluss entlang, und mitten im Wald darüber thront eine Schlossruine: Burg Montclair. Oder besser: Es ist nur eine, die man sieht. Denn unter den Wurzeln der Bäume liegen die Reste von drei weiteren.

Verschwundene Gebiete

Die Mitarbeiter des Historischen Museums in Saarbrücken haben sie entdeckt. Eigentlich wollten sie nur herausfinden, wie man die alte Burg Montclair rekonstruieren könnte. Sie wussten, dass deutsche Vermessungsämter im Winter aus einem Flugzeug heraus die Landschaften kartieren lassen. Ein Laser tastet die Oberfläche ab. Am Computer werden die Bäume herausgerechnet. Es entstehen Karten, die bis auf wenige Zentimeter genau sind. Man kann darauf am Rechner verschiedene Schattenwürfe simulieren, indem man den Lichteinfall verändert, so dass selbst nur wenige Zentimeter große Dellen im Boden hervorgehoben werden können. Die Mitarbeiter des Historischen Museums haben auf diesen Karten Stellen markiert, an denen sie vermuteten, dass der Mensch den Untergrund bearbeitet und verändert hat.

Sie stützten sich auf ein Sammelsurium historischer Hinweise über die Besiedlung der Saarschleife: Die Kelten hatten hier gelebt. Es hatte eine alte Burg Montclair gegeben, von der man aus Urkunden wusste, dass sie in der Nähe einer noch älteren Burg namens Skiva errichtet worden war. Aber Details kannte man nicht, man wusste nicht, wie weit sich die keltische Besiedlung ausgedehnt, wie die alte Burg genau ausgesehen hatte und welche Funktion die noch ältere erfüllt haben soll. Das Plateau der Saarschleife hat einige tektonische Sprünge, die Landschaft zu verstehen ist deshalb nicht so einfach. Es gibt natürliche Sandsteinformationen, alte Steinbrüche und eben Burgruinen. Der Schlüssel, um all das auseinanderzuhalten, war der Laserscan.

Die Mitarbeiter sind mit ihrem alten und neuen Wissen auf die Saarschleife gefahren und haben all jene Stellen abgesucht, die besonders aussahen. Sie haben fotografiert und GPS-Daten gesammelt. Beides haben sie über den Laserscan gelegt, und vor ihnen hat sich die über Jahrhunderte in den Untergrund eingeprägte Geschichte entfaltet: Sie konnten den Keltenwall re-

Verschwundene Gebiete

konstruieren, der die gesamte Saarschleife abriegelte. Sie fanden die Stelle, an der eine frühmittelalterliche Palisadenburg gestanden haben muss, von der sie ausgehen, dass es Skiva ist. Auch große Teile der alten Burg Montclair aus dem Jahre 1180 wurden sichtbar und die zerstörten Gebäude der neueren Burg aus dem 15. Jahrhundert, deren Reste heute noch vom Aussichtspunkt aus zu sehen sind.

Läuft man heute von St. Gangolf aus in Richtung Burg Montclair, muss man die Landschaft aufmerksam beobachten, um die Reste des Keltenwalls zu entdecken. Der Wanderweg schneidet ihn, man erkennt die grob behauenen, aufgeschichteten Steine. Einige hundert Meter weiter liegt rechter Hand ein fünf Meter hoher Hügel. Darauf hat die Burg Skiva gestanden, aus Holz und Stein gebaut. Der Hügel ist künstlich aufgeschüttet, es gibt keine geologischen Grundlagen für seine Existenz. Man kann auch noch den Aufgang zur Burg rekonstruieren. Ihr Gelände hatte eine Birnenform. Die Anlage war klein, man muss damals bereits gewusst haben, dass es ein gigantisches Unterfangen wäre, den Kelten gleich, die gesamte Saarschleife verteidigen zu wollen. Skiva verteidigte vor allem die Zollstation, die unten an der Saar gelegen haben muss.

Die Lage war perfekt, um den Fluss zu kontrollieren: Die Saar ist an dieser Stelle durch die steilen Wände sehr übersichtlich, und alle Schiffe mussten einmal im Halbkreis um die Anlage herum. Es war vergleichsweise einfach, sie zu sichten, anzuhalten und Gebühren zu kassieren. Heute schaut man vom Hügel in alle Richtungen und sieht nichts als Bäume. Aber im Mittelalter muss man sich die Landschaft kahl geschlagen vorstellen. Sobald man Kamine hatte oder Holz zum Bauen benötigte, und sei es nur für Dachstühle, wurde abgeholzt. Es gab keine Burgen und Festungen, deren Sichtfeld eingeschränkt gewesen wäre, als man sie erbaute.

Verschwundene Gebiete

Von Skiva sind es nur wenige hundert Meter zur neuen Burg Montclair. Montclair ist nicht der Name einer Adelsdynastie, sondern der Burg selbst. Sie wird das erste Mal 1190 in einer Urkunde des Papstes Clemens III. erwähnt, in der er dem damaligen Erzbischof von Trier seine Besitztümer bestätigt, darunter eben die Burg Montclair. Heutzutage allerdings erreicht man auf dem Weg über die Saarschleife erst die Ruine der neuen Burg Montclair. Sie hat selbst etwas von einem Felsen mit ihren zwei massiven Türmen, Rondellen gleich. Hinter ihnen liegt ein trapezförmiger Innenhof mit zwei kleineren Türmen unterschiedlicher Bauart. Die Burg ist in mehreren Bauphasen ab 1430 errichtet worden. Es gab Reparaturen, Korrekturen und Anpassungen. Während man baute, änderte sich die Waffentechnik, von Bogen und Armbrust wechselte man zur Feuerwaffe. Mit diesen änderten sich auch die Schießscharten. Noch einmal hundert Jahre später setzte man auf die Artillerie, die mit ihren Waffen auch aus weiterer Entfernung schießen konnte. Bereits 1618, zu Beginn des Dreißigjährigen Krieges, war die neue Burg Montclair nicht mehr intakt.

Abgesehen von zugewucherten Schutthaufen, gibt es von der alten Burg Montclair heute nur einige wenige Steine zu sehen, die im Fundament der neuen Burg stecken. Sie sind rechteckig und haben eine Rundung nach außen. Man nennt sie staufische Buckelquader. Auf den Rekonstruktionen der Mitarbeiter des Historischen Museums Saarbrücken dagegen breitet sie sich in ihrer ganzen Größe von 400 Metern aus. Sie fanden Gehöftstrukturen, Wohnbereiche, Gräben. 1351 ist die Burg erobert worden und dabei vermutlich eingestürzt. Es lohnte nicht mehr, sie aufzubauen, denn die Waffentechnik hatte sich verändert und die Burg bot in ihrer alten Form nicht mehr ausreichend Schutz. Nur ihre Steine recycelte man später.

Johann von Montclair, der letzte Burgherr aus der Dynastie

Verschwundene Gebiete

der Clermont, starb 1427. Die Burg fiel an seine Tochter, deren Sohn, Arnold VI. von Sierck, wiederum ab 1430 die neue Burg Montclair errichten ließ. Sie ähnelt sehr der Burg Meinsberg auf der anderen Saarseite, war aber kleiner, moderner, günstiger zu unterhalten und einfacher zu verteidigen.

All das hätten die Mitarbeiter des Historischen Museums nicht entdecken können, wenn die Nationalsozialisten ihre Pläne von einer Ordensburg auf der Saarschleife verwirklicht hätten. Die Pläne dazu hat man vor einigen Jahren in einem Archiv gefunden. Sie wollten an die Tradition der alten Bauwerke anknüpfen und spielten vermutlich auch mit der ikonographischen Wirkung, die ein solcher Bau gehabt hätte. Clemens Klotz, der auch das Seebad Prora auf Rügen entworfen hat, plante eine Kaderschmiede für den perfekten Arier in Führungspositionen mit einem Stadion für 4000 Menschen, Unterkünften und Verpflegungseinrichtungen für 600. Nur kam es anders. Von sechs geplanten Ordensburgen wurden nur drei verwirklicht: Sonthofen, Vogelsang und Krössinsee. Das ist gut, denn diese Burg hätte die Spuren all der andern verwischt und die Vergangenheit endgültig ausradiert. So kann man sie heute zumindest erahnen und darüber staunen, was unter den eigenen Füßen liegt.

Verschwundene Gebiete

D.A.N.K.E.

Eineinhalb Jahre habe ich für dieses Buch recherchiert, mehrere 100 E-Mails geschrieben, über 120 Menschen haben mir von Orten erzählt, die seltsam sind. Einige kannten gleich mehrere solcher Orte, andere Orte waren mehreren Menschen bekannt. Ich habe daraus die 80 vielversprechendsten herausgefischt und weitere Mails geschrieben und mit rund 100 Menschen gesprochen, mit einigen am Telefon, mit anderen irgendwo an einem dieser seltsamen Orte. Ihnen allen und noch einigen anderen möchte ich danken:

Danke an all die Menschen, die mir von den Orten erzählt haben, die sie seltsam finden. Einige davon haben es in dieses Buch geschafft, andere trage ich in meinem Herzen.

Danke an all die Experten, Wissenschaftler, Sachverständigen, Eigenbrötler und anderen Menschen vom Fach, die ihr Wissen mit mir geteilt haben. Die mit viel Geduld sich Löcher in den Bauch haben fragen lassen und mir die noch so kleinsten Details dargelegt haben. Die mir ihren Enthusiasmus und ihre Leidenschaft für ihr Fach und ihre Region vermittelt haben.

Danke an all die Menschen, die mich unterstützt haben, in guten wie in schlechten Zeiten, die mir Autos geliehen, Chauffeuse gespielt, Unterschlupf gewährt und mir den Magen gefüllt haben.

Danke an die Menschen in meiner kleinen Bürogemeinschaft, mit denen man so wunderbar gemeinsam genervt sein und über die eigene schlechte Laune lachen kann.

Dank

Danke auch an meinen Verlag für die wunderbare Zusammenarbeit und an meinen Lektor, der ausschließlich gut gelaunt war. Wenn ich alt werde, möchte ich seine optimistische und immer wohlwollende Haltung erlernt haben.

Danke an die Menschen, die mit mir leben und mich vor der Verwahrlosung bewahrt und dafür gesorgt haben, dass ich neben alldem Fragen und Nachdenken und Tippen auf mich aufpasse und gesund bleibe.

Danke an meinen Sohn, weil er einfach manchmal die Pause-Taste drückt und natürlich, weil er sich darum gekümmert hat, dass ich noch saubere Kleidung im Schrank habe.

Literatur

Appuhn, Horst (1973): Der Fund vom Nonnenchor. Kloster Wienhausen. o. V.

Appuhn, Horst (1968): Die Wandmalereien im Nonnenchor. Kloster Wienhausen. o. V.

Arndt, Jens (2009): Glienicke. Vom Schweizerdorf zum Sperrgebiet. Nicolai.

Baer, Willi und Dellwo, Karl-Heinz (Hrsg.) (2012): Lieber heute aktiv als morgen radioaktiv. Die Geschichte der AKW-Protestbewegung. Laika.

Baumann, Hinrich (Hrsg.) (2005): Die Heidmark – Wandel einer Landschaft. Die Geschichte des Truppenübungsplatzes Bergen. o. V.

Behre, Karl-Ernst (2005): Das Moor von Sehestedt. Landschaftsgeschichte am östlichen Jadebusen. Brune-Mettcker Druck- und Verlagsgesellschaft.

Behre, Karl-Ernst (2012): Die Geschichte der Landschaft um den Jadebusen Friesland-Wilhelmshaven-Wesermarsch. Brune-Mettcker Druck- und Verlagsgesellschaft.

von Büren, Guido und Matzerath, Simon (Hrsg.) (2020): Steinerne Macht. Burgen, Festungen, Schlösser in Lothringen, Luxemburg und im Saarland. Schnell & Steiner.

Czerny, Jochen (Hrsg.) (1997): Republik im Niemandsland. Ein Schwarzenberg-Lesebuch. Rosa-Luxemburg-Stiftung Sachsen.

Dolle, Josef (Hrsg.) (2012): Niedersächsisches Klosterbuch. Verlag für Regionalgeschichte.

Doubek, Katja (2004): Katharina Kepler. Die Hexenjagd auf die Mutter des großen Astronomen. Piper.

Escher, Felix; Richter, Michael (u. a.) (2005): Der Schwerbelastungskörper. Das mysteriöse Erbe der Reichshauptstadt. o. V.

Fritsch, Regina (Hrsg.) (2000): Karl Junker und das Junkerhaus. Kunst und Architektur in Lippe um 1900. Verlag für Regionalgeschichte. Brepols.

Hamburger, Jeffrey F. (Hrsg.) (2005): Frauen, Kloster, Kunst. Neue Forschungen zur Kulturgeschichte des Mittelalters. Brepols.

Jung, Kathrin, u. a. (2019): Walhalla. Bayerische Verwaltung der staatlichen Schlösser, Gärten und Seen.

Kalesky, Günter (1973): Burg Vischering und Wasserburgen Süd-Münsterland-Lüdinghausen. Baugeschichtliche Betrachtungen. Verlag H. Rademann.

Kaule, Martin (2017): Prora. Geschichte und Gegenwart des «KdF-Seebads Rügen». Ch. Links Verlag.

Kavasch, Julius (2005): Meteoritenkrater Ries. Ein geologischer Führer. Auer.

Kegler, Harald (2020): Industrielles Gartenreich. Bauhaus – Wende – Perspektiven. Wirtschaftsförderungsgesellschaft Anhalt-Bitterfeld.

Kemp, Klaus; Wagner, Matthias, u. a. (2004): Das Neue Frankfurt und die Frankfurter Küche. axel dielmann.

Klueting, Edeltraut (Hrsg) (2006): Fromme Frauen – unbequeme Frauen? Weibliches Religiosentum im Mittelalter. Olms.

Kölbl-Ebert, Martina (2016): From local patriotism to a planetary perspective. Impact crater research in Germany, 1930s–1970s. Routledge.

Levy, David H. (2000): Shoemaker by Levy. The man who made an Impact. Princeton University Press.

Lobeck, Lenore (2018): Die Schwarzenberg-Legende. Evangelische Verlagsgesellschaft.

Lorenc, Kito (1981): Sorbisches Lesebuch. Reclam.

Marzela, Clemens und Träger, Harry (2006): Der Braunkohle-Bergbau am Meißner. 1558–1974. Ein historischer Rundblick und Begleitbroschüre für montanhistorische Wanderungen auf dem Meißner. Geiger.

Mußmann, Olaf (1996): Geschichte des Truppenübungsplatzes Bergen. LIT.

Noever, Peter und Schütte-Lihotzky, Margarete (1992): Die Frankfurter Küche von Margarete Schütte-Lihotzky. Ernst und Sohn.

Ochwadt, Curd (1970): Wilhelmstein und Wilhelmsteiner Feld. Vom Werk des Grafen Wilhelm zu Schaumburg-Lippe (1724–1777). Charis.

Overbeck, Helmut (1992): Der Schnelle Brüter in Kalkar. Planung, Bau, vornukleare Inbetriebnahme, Stilllegung. VDI Verlag.

Literatur

Perli, Victor (2017): Atommüll – Vom Technik- zum Standortkonflikt? Konfrontation und Kooperation bei der Endlagersuche. LIT.

Petzholtz, Gerhard (2018): Klein-Glienicke. Große Geschichte. Buchkontor Teltow.

Pritchard, Gareth (2012): Niemandsland. A History of Unoccupied Germany, 1944–1945. Cambridge University Press.

Projektgesellschaft mbH am Bauhaus Dessau (Hrsg.) (1990): Industrielles Gartenreich. Zukunft für die alte Industrieregion Mulde-Mittelelbe. Verlagshaus Riedmühle.

von Richthofen, Dietrich (2014): Fenster in die Erdgeschichte. Europas riesiger Meteoritenkrater. Nationaler Geopark Ries.

Rublack, Ulinka (2019): Der Astronom und die Hexe. Johannes Kepler und seine Zeit. Klett-Cotta.

Rosendahl, Wilfried (Hrsg.) (2000): Hochifen und Gottesacker. Eeine Karstlandschaft zwischen Bregenzer Wald und Allgäuer Alpen. Verband der Deutschen Höhlen- und Karstforscher e. V.

Rostock, Jürgen; Zadniček, Franz (2015): Paradiesruinen Prora. Das KDF-Seebad der Zwanzigtausend auf Rügen. Ch. Links Verlag.

Scheffler, Jürgen (Hrsg.) (2011): Ein Außenseiter in der Kunst. Karl Junker und das Junkerhaus in Lemgo. Verlag für Regionalgeschichte.

Scheffler, Jürgen (Hrsg.) (2014): Junkerhaus. Künstlerhaus und Gesamtkunstwerk. Verlag für Regionalgeschichte.

Schirnig, Heinz (1982): Die sieben Steinhäuser bei Fallingbostel. Lax.

Schlotheuber, Eva (Hrsg.) (2004): Denkweisen und Lebenswelten des Mittelalters. Utz.

Schlotheuber, Eva (Hrsg.) (2008): Nonnen, Kanonissen und Mystikerinnen. Religiöse Frauengemeinschaften in Süddeutschland. Vandenhoeck & Ruprecht.

Schlotheuber, Eva und Seibert, Hubertus (Hrsg.) (2013): Soziale Bindungen und gesellschaftliche Strukturen im späten Mittelalter (14.–16. Jahrhundert). Vandenhoeck & Ruprecht.

Schmole, Angela (o. J.): Grenzschleusen und «Grenz-IM» des Ministeriums für Staatssicherheit (MfS). o. V.

Scholze, Dietrich und Schön, Franz (Hrsg.) (2014): Sorbisches Kulturlexikon, Domowina-Verlag.

Schreiter, Friedemann (Hrsg.) (2017): Musterdorf Mestlin. Vom Klostergut zur «Stalinallee der Dörfer». Ch. Links Verlag.

Schwartz, Uwe; Wernicke, Joachim (2006): Der Koloss von Prora auf Rügen. Gestern – heute – morgen. Verlag Museum Prora.

Literatur

Scott, James C. (2019): Die Mühlen der Zivilisation: Eine Tiefengeschichte der frühesten Staaten. Suhrkamp.

Signori, Gabriela (Hrsg.) (1998): Meine in Gott geliebte Freundin. Freundschaftsdokumente aus klösterlichen und humanistischen Schreibstuben. Verlag für Regionalgeschichte.

Signori, Gabriela (Hrsg.) (2000): Lesen, Schreiben, Sticken und Erinnern. Beiträge zur Kultur- und Sozialgeschichte mittelalterlicher Frauenklöster. Verlag für Regionalgeschichte.

Stommer, Rainer (Hrsg.) (2017): Medizin im Dienste der Rassenideologie. Die «Führerschule der Deutschen Ärzteschaft» in Alt Rehse. Ch. Links Verlag.

Syring, Eberhard (2014): Bremen und seine Bauten. 1950–1979. Schünemann.

Zwahr, Hartmut (1990): Meine Landsleute. Die Sorben und die Lausitz im Zeugnis deutscher Zeitgenossen von Spener und Lessing bis Pieck. Domowina Verlag.